应用文写作
（项目化教程）

陈 斗　颜新跃　刘志东　主编

李 倩　韩 雪　副主编

化学工业出版社

·北京·

内容简介

全书共分为9个项目43个任务，内容包括了解应用文、撰写行政公文、撰写通用事务文书、撰写会议事务文书、撰写社交礼仪文书、撰写大学生报告、文献检索与撰写论文、撰写职场应用文、撰写法律文书。每个项目自成一个系统，每个项目包括若干个任务，每个任务又设有任务分析、相关知识、撰写步骤、范例分析、练习应用等部分，练习应用的参考答案可扫描二维码查看。本书结合了实际的范例，还融入了课程思政元素。本书内容通俗易懂，阐述简练，并配有电子课件，可登录化工教育资源网（www.cipedu.com.cn）进行下载。

本书可作为高等职业院校工科专业的拓展课程教材，职业本科和中等职业院校的公共基础课程教材、函授教材，也可作为企事业员工培训部门、再就业转岗培训机构、公务员考试、大学生就业创业的参考用书。

图书在版编目（CIP）数据

应用文写作：项目化教程/陈斗，颜新跃，刘志东主编．—北京：化学工业出版社，2023.8
ISBN 978-7-122-43485-2

Ⅰ.①应… Ⅱ.①陈…②颜…③刘… Ⅲ.①汉语-应用文-写作-高等职业教育-教材 Ⅳ.①H152.3

中国国家版本馆CIP数据核字（2023）第086994号

责任编辑：葛瑞祎　　　　　　　　　　文字编辑：谢晓馨　陈小滔
责任校对：宋　夏　　　　　　　　　　装帧设计：张　辉

出版发行：化学工业出版社（北京市东城区青年湖南街13号　邮政编码100011）
印　　刷：三河市航远印刷有限公司
装　　订：三河市宇新装订厂
787mm×1092mm　1/16　印张14¼　字数325千字　2023年8月北京第1版第1次印刷

购书咨询：010-64518888　　　　　　　　售后服务：010-64518899
网　　址：http://www.cip.com.cn
凡购买本书，如有缺损质量问题，本社销售中心负责调换。

定　　价：45.00元　　　　　　　　　　　　　　　　　　　版权所有　违者必究

前言

应用文写作能力，已经成为一个现代人人文素质构成的重要部分。对于职业院校学生来说，应用文写作作为一种重要的实用技能，是适应社会发展要求的一种基本职业能力。无论是未来就业的需要，还是个人素质的提升，培养应用文写作能力都具有重要意义。应用文写作不仅是大学生的必修和必须掌握的写作知识，也是从业、就业和创业的关键技能，掌握好应用文写作知识与技能，对今后人生的长远发展具有重要作用。

本书是为适应国家高职高专示范院校建设和教学改革需要而编写的理实一体化教材。本书涉及行政公文、通用事务文书、会议事务文书、社交礼仪文书、大学生报告、文献检索与相关论文、职场应用文、法律应用文等各类应用文的写作，旨在培养学生常用的应用文写作技巧，形成综合职业能力。

本书摒弃传统篇章节模式，采用项目任务式结构编排。结合编者扎实的理论知识、丰富的教学经验、过硬的实践能力，力争使本书更科学、简洁、实用。在编写过程中，本书主要体现以下特色。

第一，采用任务驱动体系，实现"学""练""用"三步教学法。本书共分9个项目43个任务，注重教学过程的实践性、开放性、职业性和可操作性，将理论知识、专业技能和职业素质融入课程中。通过练习应用，学生可完成由理论到实践再到应用的学习过程。

第二，简明易学。以"必需够用"为度，根据应用文撰写的教学特点，精简教学内容，立足于学生角度编写教材，让学生"易于学"。书中的许多案例为教师教学中所积累的经验，在内容的表述上尽可能避免使用生硬的论述，而是力争深入浅出、通俗易懂。书中还配有表格、范例、习题、参考答案等，能帮助学生更好地掌握重要知识点。全书层次分明、条理清晰、循序渐进、结构合理，符合学生的认知规律，能提高学生学习的兴趣。

第三，体现职业教育的特色，注重实际应用和时代性。针对课程涉及的职业岗位和涵盖的职业工种来选取教材内容，以学生为中心，以职业能力培养为主线，并贯穿编写的全过程，使教材具有较强的通用性、针对性和实用性。融入新知识、新技能。体现时代特征，突出理论知识的实用性，培养学生的实践能力和创新能力。范例分析、练习应用与岗位贴近，与实际结合，通过这些加强学生实际应用能力的训练。

第四，落实立德树人，融入课程思政元素。在每个项目的每个任务中都融入了课程思政内容，润物无声，育人无痕。

第五，适当应用信息技术，呈现形式灵活。练习应用的参考答案可扫描二维码查看，部分范例及其分析也可扫描二维码阅读。

本书由湖南铁路科技职业技术学院陈斗、颜新跃、刘志东主编，李倩、韩雪副主编，湖南铁路科技职业技术学院李玲、龚事引、刘晓桂、陈远蓉、贺国方、邓景新等参加了编写工作。其中，项目1由贺国方编写，项目2由韩雪编写，项目3由刘志东编写，项目4由龚事引编写，项目5由李玲编写，项目6由邓景新编写，项目7由李倩、刘晓桂编写，项目8由陈远蓉编写，项目9由颜新跃编写。全书由陈斗负责统稿。在编写过程中，编者参考了一些书刊，并引用了相关资料，在此对这些文献资料的作者表示衷心的感谢。

由于编者水平有限，书中难免有不妥之处，殷切希望广大读者批评指正，以便图书修订时进一步改进。

编者

2023年2月

目 录

项目1　了解应用文

学习目标 / 001

任务1.1　应用文基础及作用认知 / 001

　1.1.1　任务描述 / 001

　1.1.2　相关知识 / 002

　　1.1.2.1　应用文发展史 / 002

　　1.1.2.2　应用文的分类 / 003

　　1.1.2.3　应用文的特点 / 004

　　1.1.2.4　应用文的作用 / 005

　1.1.3　练习应用 / 006

任务1.2　应用文写作方法认知 / 007

　1.2.1　任务描述 / 007

　1.2.2　相关知识 / 007

　　1.2.2.1　应用文的构成要素 / 007

　　1.2.2.2　应用文表达方式 / 010

　　1.2.2.3　应用文行文制度 / 011

　1.2.3　撰写步骤 / 014

　1.2.4　范例分析 / 014

　1.2.5　练习应用 / 015

项目评价 / 016

项目2　撰写行政公文

学习目标 / 017

任务2.1　了解行政公文 / 018

　2.1.1　任务描述 / 018

　2.1.2　相关知识 / 018

　　2.1.2.1　公文的概念 / 018

　　2.1.2.2　公文的特点 / 018

　　2.1.2.3　公文的作用 / 019

　　2.1.2.4　公文的分类 / 019

　　2.1.2.5　公文的结构及组成 / 021

　　2.1.2.6　公文的行文规则 / 021

　　2.1.2.7　公文的语言 / 022

　2.1.3　练习应用 / 024

任务2.2　撰写通知 / 024

　2.2.1　任务描述 / 024

2.2.2　相关知识 / 024
　　　2.2.2.1　通知的概念 / 024
　　　2.2.2.2　通知的行文规则 / 025
　　　2.2.2.3　通知的特点 / 025
　　　2.2.2.4　通知的分类 / 025
　　2.2.3　撰写步骤 / 026
　　2.2.4　范例分析 / 026
　　2.2.5　练习应用 / 028

任务2.3　撰写请示 / 028
　　2.3.1　任务描述 / 028
　　2.3.2　相关知识 / 029
　　　2.3.2.1　请示的概念 / 029
　　　2.3.2.2　请示的特点 / 029
　　　2.3.2.3　请示的适用范围 / 029
　　　2.3.2.4　请示的分类 / 029
　　　2.3.2.5　撰写请示的注意事项 / 030
　　2.3.3　撰写步骤 / 030
　　2.3.4　范例分析 / 031
　　2.3.5　练习应用 / 032

任务2.4　撰写纪要 / 033
　　2.4.1　任务描述 / 033
　　2.4.2　相关知识 / 033

　　　2.4.2.1　纪要的概念 / 033
　　　2.4.2.2　纪要的特点 / 033
　　　2.4.2.3　纪要的适用范围 / 034
　　　2.4.2.4　纪要的分类 / 034
　　　2.4.2.5　会议纪要的写作要求 / 034
　　　2.4.2.6　会议纪要的写法 / 035
　　　2.4.2.7　撰写会议纪要的注意事项 / 035
　　2.4.3　撰写步骤 / 035
　　2.4.4　范例分析 / 036
　　2.4.5　练习应用 / 036

任务2.5　撰写报告 / 037
　　2.5.1　任务描述 / 037
　　2.5.2　相关知识 / 037
　　　2.5.2.1　报告的概念 / 037
　　　2.5.2.2　报告的特点 / 037
　　　2.5.2.3　报告的种类 / 038
　　　2.5.2.4　撰写报告的注意事项 / 038
　　　2.5.2.5　报告与请示的区别 / 039
　　2.5.3　撰写步骤 / 039
　　2.5.4　范例分析 / 041
　　2.5.5　练习应用 / 042

项目评价 / 042

项目3　撰写通用事务文书

学习目标 / 043

任务3.1　了解通用事务文书 / 044
　　3.1.1　任务描述 / 044

　　3.1.2　相关知识 / 044
　　　3.1.2.1　事务文书概述 / 044
　　　3.1.2.2　通用事务文书的特点 / 046
　　　3.1.2.3　写作要求 / 047

        3.1.2.4 写作注意事项 / 047
    3.1.3 练习应用 / 048

任务 3.2　撰写计划 / 048
    3.2.1 任务描述 / 048
    3.2.2 相关知识 / 049
        3.2.2.1 计划的概念和种类 / 049
        3.2.2.2 计划的特点 / 049
        3.2.2.3 结构模式 / 050
        3.2.2.4 写作要求 / 051
    3.2.3 撰写步骤 / 051
    3.2.4 范例分析 / 052
    3.2.5 练习应用 / 053

任务 3.3　撰写总结 / 054
    3.3.1 任务描述 / 054
    3.3.2 相关知识 / 054
        3.3.2.1 总结的概念和种类 / 054
        3.3.2.2 总结的特点 / 055
        3.3.2.3 结构模式 / 055
        3.3.2.4 写作要求 / 057
        3.3.2.5 写作注意事项 / 058
    3.3.3 撰写步骤 / 059
    3.3.4 范例分析 / 060
    3.3.5 练习应用 / 060

任务 3.4　撰写调查报告 / 061
    3.4.1 任务描述 / 061
    3.4.2 相关知识 / 061
        3.4.2.1 调查报告的概念和种类 / 061

        3.4.2.2 调查报告的特点 / 062
        3.4.2.3 结构模式 / 062
        3.4.2.4 写作要求 / 063
    3.4.3 撰写步骤 / 065
    3.4.4 范例分析 / 065
    3.4.5 练习应用 / 065

任务 3.5　撰写汇报材料 / 066
    3.5.1 任务描述 / 066
    3.5.2 相关知识 / 066
        3.5.2.1 汇报材料的概念 / 066
        3.5.2.2 汇报材料的种类和特点 / 067
        3.5.2.3 写作要求 / 068
    3.5.3 撰写步骤 / 070
    3.5.4 范例分析 / 071
    3.5.5 练习应用 / 072

任务 3.6　撰写申请书 / 073
    3.6.1 任务描述 / 073
    3.6.2 相关知识 / 073
        3.6.2.1 申请书的概念和种类 / 073
        3.6.2.2 申请书的特点 / 074
        3.6.2.3 结构模式 / 074
        3.6.2.4 写作要求 / 074
    3.6.3 撰写步骤 / 075
    3.6.4 范例分析 / 075
    3.6.5 练习应用 / 075

项目评价 / 076

项目 4　撰写会议事务文书

学习目标 / 077

任务 4.1　了解会议事务文书 / 077
 4.1.1　任务描述 / 077
 4.1.2　相关知识 / 078
  4.1.2.1　会议文书的含义 / 078
  4.1.2.2　会议文书的分类 / 078
  4.1.2.3　会议文书的特点 / 078
  4.1.2.4　会议文书的作用 / 079
 4.1.3　范例分析 / 079
 4.1.4　练习应用 / 080

任务 4.2　撰写会议主持词 / 081
 4.2.1　任务描述 / 081
 4.2.2　相关知识 / 081
  4.2.2.1　会议主持词的含义 / 081
  4.2.2.2　会议主持词的特点 / 081
  4.2.2.3　会议主持词的写作注意事项 / 082
 4.2.3　撰写步骤 / 083
 4.2.4　范例分析 / 084
 4.2.5　练习应用 / 084

任务 4.3　撰写发言稿 / 085
 4.3.1　任务描述 / 085
 4.3.2　相关知识 / 085
  4.3.2.1　发言稿的含义 / 085
  4.3.2.2　发言稿的作用 / 085
  4.3.2.3　发言稿的写作格式 / 085
  4.3.2.4　发言稿的写作注意事项 / 086
 4.3.3　撰写步骤 / 086
 4.3.4　范例分析 / 087
 4.3.5　练习应用 / 088

任务 4.4　撰写会议报告 / 088
 4.4.1　任务描述 / 088
 4.4.2　相关知识 / 088
  4.4.2.1　会议报告的概念 / 088
  4.4.2.2　会议报告的特点 / 089
  4.4.2.3　会议报告的种类 / 090
  4.4.2.4　会议报告的基本特征 / 090
 4.4.3　撰写步骤 / 091
 4.4.4　范例分析 / 092
 4.4.5　练习应用 / 093

任务 4.5　撰写会议方案 / 094
 4.5.1　任务描述 / 094
 4.5.2　相关知识 / 094
  4.5.2.1　会议方案的含义 / 094
  4.5.2.2　会议方案的作用 / 094
  4.5.2.3　会议方案的特点 / 094
  4.5.2.4　会议方案的种类 / 095
 4.5.3　撰写步骤 / 095
 4.5.4　范例分析 / 096
 4.5.5　练习应用 / 096

任务 4.6　撰写会议记录 / 097
 4.6.1　任务描述 / 097
 4.6.2　相关知识 / 097
  4.6.2.1　会议记录的概念与特点 / 097
  4.6.2.2　会议记录的格式 / 097
  4.6.2.3　会议记录的重点内容 / 097

4.6.2.4 会议记录的注意事项 / 098
4.6.3 撰写步骤 / 098
4.6.4 范例分析 / 098

4.6.5 练习应用 / 099

项目评价 / 099

项目 5　撰写社交礼仪文书

学习目标 / 101

任务 5.1　了解社交礼仪文书 / 102

5.1.1 任务描述 / 102
5.1.2 相关知识 / 102
　5.1.2.1 社交礼仪文书的概念和种类 / 102
　5.1.2.2 社交礼仪文书的特点 / 102
　5.1.2.3 社交礼仪文书的作用 / 103
5.1.3 撰写步骤 / 103
5.1.4 范例分析 / 104
5.1.5 练习应用 / 104

任务 5.2　撰写请柬、邀请函 / 104

5.2.1 任务描述 / 104
5.2.2 相关知识 / 104
　5.2.2.1 请柬的相关知识 / 104
　5.2.2.2 邀请函的相关知识 / 105
5.2.3 撰写步骤 / 106
　5.2.3.1 请柬的撰写步骤 / 106
　5.2.3.2 邀请函的撰写步骤 / 106
5.2.4 范例分析 / 107
5.2.5 练习应用 / 109

任务 5.3　撰写答谢词、祝酒词 / 109

5.3.1 任务描述 / 109

5.3.2 相关知识 / 109
　5.3.2.1 答谢词的相关知识 / 109
　5.3.2.2 祝酒词的相关知识 / 110
5.3.3 撰写步骤 / 111
　5.3.3.1 答谢词的撰写步骤 / 111
　5.3.3.2 祝酒词的撰写步骤 / 112
5.3.4 范例分析 / 112
5.3.5 练习应用 / 114

任务 5.4　撰写欢迎词、欢送词 / 114

5.4.1 任务描述 / 114
5.4.2 相关知识 / 114
　5.4.2.1 欢迎词的相关知识 / 114
　5.4.2.2 欢送词的相关知识 / 115
5.4.3 撰写步骤 / 116
　5.4.3.1 欢迎词的撰写步骤 / 116
　5.4.3.2 欢送词的撰写步骤 / 117
5.4.4 范例分析 / 117
5.4.5 练习应用 / 118

任务 5.5　撰写祝贺词 / 118

5.5.1 任务描述 / 118
5.5.2 相关知识 / 119
　5.5.2.1 祝贺词的含义 / 119
　5.5.2.2 祝贺词的特点 / 119
　5.5.2.3 祝贺词的分类 / 119

5.5.2.4 祝贺词的写作要求 / 119

5.5.2.5 祝贺词的写作注意事项 / 120

5.5.3 撰写步骤 / 120

5.5.4 范例分析 / 120

5.5.5 练习应用 / 121

任务5.6 撰写讣告、悼词 / 121

5.6.1 任务描述 / 121

5.6.2 相关知识 / 121

5.6.2.1 讣告的相关知识 / 121

5.6.2.2 悼词的相关知识 / 122

5.6.3 撰写步骤 / 123

5.6.3.1 讣告的撰写步骤 / 123

5.6.3.2 悼词的撰写步骤 / 124

5.6.4 范例分析 / 125

5.6.5 练习应用 / 126

项目评价 / 127

项目6 撰写大学生报告

学习目标 / 128

任务6.1 了解大学生报告 / 129

6.1.1 任务描述 / 129

6.1.2 相关知识 / 129

6.1.2.1 大学生报告的种类 / 129

6.1.2.2 大学生报告的作用 / 129

6.1.2.3 大学生报告的特点 / 130

6.1.2.4 写作要求 / 131

6.1.3 范例分析 / 132

6.1.4 练习应用 / 133

任务6.2 撰写实验实训报告 / 133

6.2.1 任务描述 / 133

6.2.2 相关知识 / 133

6.2.2.1 实验实训报告的定义 / 133

6.2.2.2 实验实训报告的特点 / 133

6.2.3 撰写步骤 / 134

6.2.4 范例分析 / 135

6.2.5 练习应用 / 137

任务6.3 撰写实习报告 / 137

6.3.1 任务描述 / 137

6.3.2 相关知识 / 137

6.3.2.1 实习报告的概念和种类 / 137

6.3.2.2 实习报告的特点 / 138

6.3.2.3 实习报告的作用 / 138

6.3.3 撰写步骤 / 139

6.3.4 范例分析 / 141

6.3.5 练习应用 / 141

任务6.4 撰写社会实践报告 / 141

6.4.1 任务描述 / 141

6.4.2 相关知识 / 141

6.4.3 撰写步骤 / 142

6.4.4 范例分析 / 142

6.4.5 练习应用 / 143

项目评价 / 143

项目 7　文献检索与撰写论文

学习目标 / 144

任务 7.1　文献检索 / 144

 7.1.1　任务描述 / 144

 7.1.2　相关知识 / 145

  7.1.2.1　相关概念 / 145

  7.1.2.2　文献检索途径 / 145

  7.1.2.3　文献检索的基本方法 / 146

  7.1.2.4　文献数据库及其检索 / 147

  7.1.2.5　大学生信息素养 / 149

 7.1.3　检索步骤 / 150

 7.1.4　范例分析 / 150

 7.1.5　练习应用 / 151

任务 7.2　撰写学术论文 / 151

 7.2.1　任务描述 / 151

 7.2.2　相关知识 / 151

  7.2.2.1　学术论文的概念 / 151

  7.2.2.2　学术论文的特点 / 151

  7.2.2.3　学术论文的选题 / 152

  7.2.2.4　学术论文的材料收集 / 152

  7.2.2.5　学术论文的撰写要点 / 154

 7.2.3　撰写步骤 / 156

 7.2.4　范例分析 / 156

 7.2.5　练习应用 / 156

任务 7.3　撰写学位论文 / 157

 7.3.1　任务描述 / 157

 7.3.2　相关知识 / 157

  7.3.2.1　学位论文的概念和种类 / 157

  7.3.2.2　学位论文的写作要求 / 157

  7.3.2.3　学位论文的标准格式 / 158

  7.3.2.4　学位论文的写作要点 / 159

 7.3.3　撰写步骤 / 162

 7.3.4　范例分析 / 162

 7.3.5　练习应用 / 163

任务 7.4　撰写毕业设计 / 163

 7.4.1　任务描述 / 163

 7.4.2　相关知识 / 163

  7.4.2.1　写作规范的基本要求 / 164

  7.4.2.2　各部分规范的具体要求 / 165

  7.4.2.3　参考文献要求 / 165

 7.4.3　模板格式 / 166

 7.4.4　撰写步骤 / 166

 7.4.5　范例分析 / 167

 7.4.6　练习应用 / 167

项目评价 / 167

项目 8　撰写职场应用文

学习目标 / 169

任务 8.1　了解职场应用文 / 170

 8.1.1　任务描述 / 170

 8.1.2　相关知识 / 170

  8.1.2.1　职场应用文的概念 / 170

  8.1.2.2　职场应用文的特点 / 170

        8.1.2.3　职场应用文的写作要求 / 170
    8.1.3　练习应用 / 171
  任务8.2　撰写简历、自我鉴定 / 171
    8.2.1　任务描述 / 171
    8.2.2　相关知识 / 172
        8.2.2.1　简历的相关知识 / 172
        8.2.2.2　自我鉴定的相关知识 / 172
    8.2.3　撰写步骤 / 174
        8.2.3.1　简历的撰写步骤 / 174
        8.2.3.2　自我鉴定的撰写步骤 / 175
    8.2.4　范例分析 / 175
    8.2.5　练习应用 / 178
  任务8.3　撰写竞聘词 / 179
    8.3.1　任务描述 / 179
    8.3.2　相关知识 / 179
        8.3.2.1　竞聘词的概念 / 179
        8.3.2.2　竞聘词的特点 / 179
        8.3.2.3　竞聘词的写作要求 / 179
    8.3.3　撰写步骤 / 180
    8.3.4　范例分析 / 181
    8.3.5　练习应用 / 181

  任务8.4　撰写求职信 / 181
    8.4.1　任务描述 / 181
    8.4.2　相关知识 / 182
        8.4.2.1　求职信的概念 / 182
        8.4.2.2　求职信的特点 / 182
        8.4.2.3　求职信的类型 / 182
        8.4.2.4　求职信的写作要求 / 182
    8.4.3　撰写步骤 / 183
    8.4.4　范例分析 / 184
    8.4.5　练习应用 / 186
  任务8.5　撰写职业生涯规划书 / 187
    8.5.1　任务描述 / 187
    8.5.2　学习内容 / 187
        8.5.2.1　职业生涯规划书的概念 / 187
        8.5.2.2　职业生涯规划的意义 / 187
        8.5.2.3　职业生涯规划书的写作
               注意事项 / 187
    8.5.3　撰写步骤 / 188
    8.5.4　范例分析 / 189
    8.5.5　练习应用 / 189
项目评价 / 190

项目9　撰写法律文书

学习目标 / 191
  任务9.1　了解法律文书 / 192
    9.1.1　任务描述 / 192
    9.1.2　相关知识 / 192
        9.1.2.1　法律文书的概念 / 192
        9.1.2.2　法律文书的分类 / 192
        9.1.2.3　法律文书的特点 / 192
        9.1.2.4　法律文书的写作要求 / 194
    9.1.3　范例分析 / 195
    9.1.4　练习应用 / 196

任务9.2　撰写起诉状 / 197

9.2.1　任务描述 / 197

9.2.2　相关知识 / 197

　　9.2.2.1　起诉状的概念 / 197

　　9.2.2.2　起诉状的功能 / 197

　　9.2.2.3　起诉状的特点 / 198

　　9.2.2.4　起诉状的种类 / 198

　　9.2.2.5　起诉状的基本格式 / 198

　　9.2.2.6　起诉状的写作要求 / 199

9.2.3　撰写步骤 / 200

9.2.4　范例分析 / 200

9.2.5　练习应用 / 200

任务9.3　撰写答辩状 / 202

9.3.1　任务描述 / 202

9.3.2　相关知识 / 202

　　9.3.2.1　答辩状的概念 / 202

　　9.3.2.2　答辩状的功能 / 202

　　9.3.2.3　答辩状的分类 / 203

　　9.3.2.4　答辩状的特点 / 203

　　9.3.2.5　答辩状的写作要求 / 203

9.3.3　撰写步骤 / 204

9.3.4　范例分析 / 205

9.3.5　练习应用 / 205

任务9.4　撰写授权委托书 / 206

9.4.1　任务描述 / 206

9.4.2　相关知识 / 206

　　9.4.2.1　授权委托书的概念 / 206

　　9.4.2.2　授权委托书的分类 / 206

　　9.4.2.3　授权委托书的功能 / 207

　　9.4.2.4　授权委托书的基本要素 / 207

9.4.3　撰写步骤 / 208

9.4.4　范例分析 / 209

9.4.5　练习应用 / 210

任务9.5　撰写法律类申请书 / 211

9.5.1　任务描述 / 211

9.5.2　相关知识 / 211

　　9.5.2.1　法律类申请书的概念 / 211

　　9.5.2.2　撰写法律类申请书的注意事项 / 212

9.5.3　撰写步骤 / 212

9.5.4　范例分析 / 212

9.5.5　练习应用 / 212

项目评价 / 213

参考文献

项目 1

了解应用文

掌握应用文的基本知识和技能，包括如何撰写各种应用文、使用正确的格式、掌握常见的表达方式和语言技巧等。通过了解应用文的特点、功能和使用场合，有助于学生更好地进行应用文的阅读、撰写和处理。此外，了解各种类型的应用文，可以帮助个人在工作和生活中高效地交流，提高职业素养和沟通能力；同时，对于组织而言，良好的应用文能够提高组织内部沟通效率，促进团队合作和发展。

学习目标

知识目标
（1）熟悉应用文的分类，体会应用文分类对于应用文创作的重要性。
（2）掌握各类型应用文的特点和作用。
（3）掌握应用文的不同表达方式及编写思路。

技能目标
能根据具体、客观的素材准确、熟练地撰写应用文。

素质目标
（1）养成严肃认真、不畏艰难、实事求是的工作作风。
（2）具备机要保密的职业精神。

任务 1.1　应用文基础及作用认知

1.1.1　任务描述

了解应用文的概念，知道应用文发展的历程，懂得应用文在人们日常工作中的重要地位；掌握应用文的分类，能根据应用文不同的特点和作用，进行各类型的应用文写作，发挥应用文在现今的实际作用。

1.1.2 相关知识

1.1.2.1 应用文发展史

应用文是我国各级党政机关、企事业单位、民主党派、社会团体及广大人民群众，在日常工作、生产、科研、学习和生活中办理公务和个人事务时所常用的具有直接使用价值和某种惯用体式的一类文章的总称。它是人们交流思想、互通情况、解决问题、处理事务的工具，是人类在长期的社会实践活动中形成的一种文体。因此，对应用文进行系统规范的学习至关重要。

应用文起源于人类的社会活动，是社会生产、社会发展的产物。它是人类走向文明的重要标志之一。应用文不仅对国家间、政府间、政党间、社团间和人际交往有着其他文种不可替代的重要性，而且与维系社会稳定，促进社会和谐、有序、高效发展有直接的关联。可以说，自有文字开始就有了应用文，如果以时间为轴，应用文的发展经历了以下几个阶段。

（1）史前时期

史前时期是应用文的萌芽时期。人们为了满足生产、生活中的沟通与交流，从实际需求出发，孕育了"应用文"。除了众所周知的"结绳记事"外，还包括其他有资料可考证的实物记事、图画记事及口头形态。

（2）殷商时期

在我国殷商时期，甲骨卜辞所记载的内容比较多，范围比较广，有国家政务、经济、军事作战、帝王日常活动、占卜等各种记载。其中，《殷墟卜辞综述》里把记载的各方面的内容归纳为六大类，分别为祭祀、天时、年成、征伐、王事和旬夕。这些都是对当时生产活动等方面情况的记述，是殷商时期人们生活、活动的文字标记，这也是应用文的初期形态。

（3）周秦至明清时期

① 周秦、两汉时期（规范期）。秦扫天下，首推政令，确立制、诏等公务应用文体裁规范化。

② 魏晋南北朝时期（创新期）。魏晋南北朝在公务应用文体裁规范的基础上，实际使用中对历代各种应用文体裁的功用、特点、写作规律进行了全面、深入、系统的分析研究，进入了应用文的创新时期，对今天的应用文研究仍然具有重要的价值。

③ 隋唐、两宋时期（变革期）。这一时期的应用文受到当时诗词的影响，出现了一些新的文体，如将下行的应用文称作册、制、敕等。

④ 元明清时期（稳定期）。相对于唐宋时期的应用文，明代应用文日趋完善，如上行文有题、奏、启、表等，这是应用文的中期形态。

（4）近现代、当代时期

① 近现代（成熟期）。白话文逐步替代文言文成为应用文的主要特征，应用文的体裁发生了重大变化，许多封建时期所使用的应用文体裁不复存在，如历代公文中使用的制、诏、敕等被废止。

② 中华人民共和国成立至今（演进期）。中华人民共和国成立以后，我国公文制度不断完善，随着社会经济的不断发展与变迁，出现了众多的经济文书，如商品说明书、经济合同、鉴定书等，这是应用文的演进形态。

1.1.2.2 应用文的分类

应用文的种类很多，依性质分为一般性应用文、公文性应用文、事务性应用文；依用途分为指导性应用文、报告性应用文、计划性应用文；依行业分为财经应用文、银行应用文、外贸应用文等。因此，在写作前应根据写作目的，选择合适的应用文文体类型。

（1）依性质分类

不同的应用文，其表现的性质差异较大，有些性质普通，有些性质重要，有些则偏向其他性质（本书将其划分为事务性）。依性质划分的应用文类型如表1.1所示。

表1.1 依性质划分的应用文类型

类型	细分
一般性应用文	简单应用文（非红头）
	复杂应用文（非红头）
公文性应用文	上行文（红头）
	平行文（红头）
	下行文（红头）
事务性应用文	党政机关、企事业单位、社会团体或个人等事务应用文（非红头）

① 一般性应用文。一般性应用文指法定公文以外的应用文，如书信、启事、会议记录、读书笔记、说明书等。一般性应用文还可以细分为简单应用文和复杂应用文两大类。简单应用文指结构简单、内容单一的应用文，如条据（请假条、收条、领条、欠条等）、请帖、聘书、文凭、喜报、海报、启事、证明、电报等；复杂应用文指篇幅较长、结构复杂、内容较多的应用文，如总结、条例、合同、提纲、读书笔记、会议记录等。

② 公文性应用文。公文性应用文是以党和国家机关、企事业单位、社会团体的名义发出的文件类应用文，如布告、通告、批复、指示、决定、命令、请示、公函等。这类应用文往往庄重严肃，适用于特定的场合。公文性应用文还可以细分为上行文、下行文、平行文三大类。上行文是指下级机关或业务部门向所属上级领导机关或业务主管部门的一种行文，如请示、报告等；下行文是指上级领导机关或业务主管部门对所属的下级机关的一种行文，如命令、决定、指示、公告、通告、通知、通报、批复、会议纪要（一般标题为红头）等；平行文是指同级机关或者不相隶属的，没有领导与指导关系的机关、部门、单位之间的一种行文，如函，也包括一些没有上级对下级口吻的通知、通报、纪要等。

③ 事务性应用文。事务性应用文是指党政机关、企事业单位、社会团体或个人处理日常事务时所使用的实用性应用文，如调查报告、规章制度及各种鉴定书等。

（2）依用途分类

党政机关、企事业单位、社会团体或个人在进行应用文写作时，写作的目的是明确的，其用途具有导向性，应针对所描述事物的不同选择较为适宜的应用文类型。依用途划分的应用文类型如表1.2所示。

表1.2　依用途划分的应用文类型

类型	细分
指导性应用文	命令、决定、决议、指示、批示、批复等
报告性应用文	请示、工作报告、情况报告、答复报告、简报、总结等
计划性应用文	计划、规划、设想、意见、安排等

① 指导性应用文。指导性应用文是指具有指导作用的应用文，一般用于上级对下级的行文。

② 报告性应用文。报告性应用文是指具有报告作用的应用文，一般用于下级对上级的行文。

③ 计划性应用文。计划性应用文是指具有各种计划性质或作用的应用文，常用于对某件事或某项工程开始前的预计。

（3）依行业分类

该类应用文多指行政机关使用的公文，如命令、指示和批复等通用性文体。随着社会经济的发展，分工越来越细，为了适应各行各业具体的应用文需要，应用文领域不断拓展，增加和丰富了应用文的种类与内容。依行业划分的应用文类型如表1.3所示。

表1.3　依行业划分的应用文类型

类型	细分
财经应用文	财税工作应用文、生产经营应用文、企业管理应用文和信息交流应用文等
银行应用文	信贷工作文书、事务文书等
外贸应用文	对外公务、商务访问的文体，业务通信，投资与贸易合同、协议书等

1.1.2.3　应用文的特点

应用文写作是以实用为目的的实践活动。从广义角度来说，它是研究应用文体写作基本理论、基本知识和基本技能的一门学问。在学校教学过程中，它是综合性、实用性、实践性很强的基础课程；从狭义角度来看，它具备四个基本要素，即写作主体——作者，写作客体——客观事物，写作载体——文本，写作受体——读者。应用文写作具备以下几个特点。

（1）实用性

解决实际问题是应用文写作的主要任务。例如，企事业单位进行项目投资时要写市场调查分析报告、投资项目合同等；党政机关处理行政事务时，要写通知书及其他工作文书；广大人民群众进行礼仪活动时要写祝贺信、悼词等；民主党派参政议政时要写提案、建议书等。无论是国家层面、社会层面，还是个人层面，都必须先选择适合的具体文种，体现了应用文的实用价值。应用文写作有别于文学创作，它不是可供人欣赏、玩味的文体，而是通用的、具有实用性的文体。

（2）真实性

按照客观真实性写作是应用文写作的原则之一，绝不能存在虚构、凭空想象等成分。应用文写作的核心就是具备真实性。只有真实地向写作受体——读者传递各种信息，上情下达、下情上达，它的文体价值才能有效地实现，否则会失去其意义，给国家、社会、个人带来不利影响，甚至造成危害。

（3）针对性

应用文写作有着明确的、特定的写作受体，有强烈的针对色彩。从文种选择、格式安排到词语的运用，都必须针对写作目的与写作受体而有所取舍。

（4）时效性

应用文写作的时效性包括时代性、及时性、作用时间的有限性。时代性是指写作时应与现实紧密结合，紧跟时代，适应时代的变化与需求；及时性是指写作必须在一定时限内完成，延时则会影响其作用的发挥，甚至耽误工作；作用时间的有限性是指写作只在一定时期内产生直接作用，实现写作目的后，其直接效用就会消失，文本就会变成档案材料保存。

（5）工具性

应用文写作本身不是人们追求的目标，仅仅是为了能动地实现特定目标而采取的手段，它以语言文字作为传递各种信息的工具。其在国家、社会、个人的日常工作、生产、科研、学习和生活中发挥工具作用。

（6）规范性

应用文的格式和结构是相对固定的，严格讲究格式准确。其文本形式和制发程序都有特定要求，讲究规范。在实际写作过程中，不同种类的应用文都有一套为其写作受体服务的相应体式，都有其惯用格式、结构、手法及写作要求，且相对稳定，在相当长时间内不会变化。

1.1.2.4 应用文的作用

应用文的作用根据写作主体、写作客体、写作载体、写作受体等方面的因素确定。在党政机关、企事业单位、社会团体或个人使用应用文时，应用文的作用体现在以下几方面。

（1）组织指挥的作用

上级组织对下级组织进行领导和指导性应用文，可以传达贯彻党和国家的方针、政策、决定和规定，以实施对社会活动的宏观及微观调控，起到交换信息情报、请求和发布各种命令等实际作用。

（2）规范约束的作用

应用文在有限范围内对人们的言行举止具有明显的规范和约束特征，在某种程度上具有法规的性质，如条例、规定和办法等，一旦制发生效必须遵照执行，不得随意篡改及违反。

（3）依据凭证的作用

用以证明事件的发生或财物的收受关系客观存在的应用文，如决议、指示、通知、合同、协议、条据和函等，是收取和发放部门作出决策、处理问题和开展工作的凭证和依据。

（4）宣传教育的作用

为了便于统一思想认识，增强贯彻执行的自觉性，应用文可实现宣传教育的目的，制定和印发诸如表彰性或批评性的通告、通知、通报、办法、制度和章程等。

（5）信息情报的作用

应用文还有用于收集、整理人们在生产活动中的各种信息情报的作用，以供存储、检索和参考，如文摘、简报、财务报告、产品说明书、公报、新闻稿和商业广告文案等。

（6）公关交流的作用

应用文可用于党政机关、企事业单位、社会团体或个人，为了更好地联系和商洽工作，传递和反馈信息，介绍和交流经验，可采用如通知、议案、请柬及书信（函）等应用文。

（7）调查研究的作用

通过调查研究，揭示、描述社会特定活动中的各种现象和问题的应用文，可说明其数量、质量方面的关系和特点，如市场调查报告、意见汇集等。

（8）规划引导的作用

通过制订计划或规划，指导并安排下一步工作的进行，进而提高事情结果达到预期效果的可能性的应用文，如计划、安排、规划和方案等。

（9）商务管理的作用

应用文还可作为外部经营活动或内部管理工作中交换信息情报，形成经营行为的契约规则和管理行为中的运作依据，如公司章程、管理制度和办法、会议纪要、报告、总结、聘书、合同和投标书等。

1.1.3　练习应用

（1）填空题

① 应用文是人们交流思想、互通情况、解决问题、（　　）的工具，是人类在长期的社会实践活动中形成的一种文体。

② 应用文依性质分为一般性应用文、（　　）、事务性应用文。

③ 应用文依用途分为（　　）、报告性应用文、计划性应用文。

④ 应用文依行业分为（　　）、银行应用文、外贸应用文。

⑤ 解决（　　）是应用文写作的主要任务。

⑥ 按照事务（　　）写作是应用文写作特点之一。

⑦ 应用文的格式和（　　）是固定的，严格讲究格式准确。

⑧ 应用文写作的时效性包括时代性、（　　）、作用时间的有限性。

（2）选择题

① 报告性应用文一般用于（　　）的行文。

A.上级对下级　　　B.汇报性　　　C.下级对上级　　　D.指导性

② 部门与部门沟通、交流涉及的应用文，其行文方向属于（　　）。

A.上行文　　　B.平行文　　　C.下行文　　　D.指示文

③ 属于应用文作用的选项有（　　）。（多选）

A.组织指挥　　　B.公关交流　　　C.商务管理　　　D.规划引导

（3）问答题

① 应用文发展经历了哪些阶段？

② 应用文有哪些分类？
③ 应用文有哪些特点？
④ 应用文的作用有哪些？

任务1.2　应用文写作方法认知

1.2.1　任务描述

了解应用文的构成要素，学会构思应用文写作的提纲；在写作提纲的基础上"精雕细琢"应用文的表达方式；培养撰写优秀应用文的能力。

1.2.2　相关知识

1.2.2.1　应用文的构成要素

应用文的构成要素有材料、主旨、结构、语言等，它们是应用文写作的必要条件，是应用文写作的基础。

（1）材料

应用文的材料是指作者为完成写作目的而收集的具体内容，这些具体内容有现实发生的事实材料（直接材料和间接材料），也有过往发生的理论材料（大多数为间接材料）。应用文材料用途单一，使用时有时效性。材料的内容是撰写应用文主旨的重要依据，所以作者要围绕应用文的主旨，选择具有客观性和典型性的真实内容。应用文写作之前，可以通过阅读学习来获取理论材料，以求通过理论材料与现实结合，获取实践材料。对材料的具体要求有以下几点。

① 材料要真实。应用文写作要求内容必须完全真实，文章所涉及的时间、地点、人物、事实、数据须真实，不能存在虚构。因此，在海量收集材料时要认真识别材料的真伪。无论是从媒体上找到的文本材料，还是自己在社会生活中获得的资料，都要进行鉴别，禁止编造材料，保证材料的真实性。

② 材料要典型。应用文的材料要具有代表性，因为典型的材料能突出反映事务的本质。不典型的材料虽然具有真实性，但缺乏反映事务本质的力度。例如写一篇有关当代工人的工作强度的调查报告，如果只片面地选择几项单一的工作进行素材收集，就会有失偏颇，不具备典型性，不宜采用。

③ 材料要新鲜。应用文写作只是在一定的时间范围内有效，具有很强的时效性。这一特点要求应用文所选择的材料要具有新鲜性。新鲜性，就是针对近期发生的事情，用新颖的角度进行描述，给人耳目一新的感觉。提倡新鲜性的同时也要注意应用文的真实性。

以上是对应用文材料的要求，因此在应用文写作过程中，满足材料的要求具有关键性的作用。总的来说，应用文的材料主要有以下几种来源。

学习积累：在日常学习的过程中要不断地积累有用的材料，立足于本部门、本单位，着眼于本行业、本系统，关注社会上的有关情况，并遵循适度、有用的原则。

查阅文献：撰写应用文常常要查阅各种文献，如党和国家的重要会议文献、各级党政机关下发的文件、各种法律书籍等。这些材料相对可靠，必要时可以去档案馆查阅。

现场调研：应用文写作需要大量的第一手资料、直接资料，如总结、调查报告等，这些应用文材料的获得必须亲自动手，通过现场调研、采访等方式进行。调研、采访是应用文写作时获取资料的最重要的方式，它往往决定着应用文写作的成败或质量。

网络搜寻：当前，互联网在我国已相当普及，网络也成为人们日常生活中必不可少的一部分。网络资源应有尽有，为搜集资料提供了便利条件。

（2）主旨

应用文的主旨就是贯穿于一篇应用文中的核心思想或主要意图。主旨就是应用文写作的"立意"，"文以意为主，辞以达意而已""意犹帅也"，表明了立意的重要性。确定主旨，是应用文写作中最重要的环节。虽然应用文的主旨随文种的不同有不同的要求，但是对所有的应用文而言，也存在共同的要求，具体如下。

① 主旨要正确。应用文的功用表现在"文以载道"上，文章表达的观点和主张应该在社会生活中发挥正确的作用。对于现实语境来讲，主旨要正确就是要求应用文的主旨符合国家的方针政策，符合国家的法律与法规；同时也符合我国的国情，符合中华民族的传统美德，符合客观规律。

② 主旨要鲜明。这是要求应用文的主题要表达得明确清晰，表明赞成什么、反对什么，要观点鲜明，绝不含糊其词、模棱两可。这就要求应用文的作者头脑要清楚、思维要敏捷，对事物有明确的认识。同时，也要求应用文的作者具有较好的文字功底，有能力把话说清楚，在表达时不出现歧义。

③ 主旨要集中。这是要求一篇应用文的主旨要相对单一、重点突出。在写作过程中，虽然有时候具体观点可能不止一个，但这些观点在一篇文章中应存在内在的逻辑联系，共同表达一个中心思想。比如一篇经验总结，具体经验可以有好几条，但这几条经验要围绕一个核心，共同表达某种观点。

④ 主旨要深刻。应用文写作要从事物表象深入本质。这要求应用文的主旨不能停留在对表面事实的罗列上，要从事实中归纳出观点、提炼出思想。这是针对那些如总结、调查报告等思想内容比较复杂、篇幅较大的应用文而言的。此类应用文的主旨要深刻，要能反映某些规律性问题，帮助人们达到对某一客观事物的深刻认识。

（3）结构

结构是指文章的篇章布局。文章的结构相当于人的骨架。应用文的结构可以分为内部结构和外部结构两大类。其中内部结构又可分为逻辑结构和篇章结构，外部结构可分为纵式结构、横式结构和交叉结构三类。

① 结构的表现形式。应用文结构的表现形式如表1.4所示。

② 层次和段落。结构的区别主要是在主体方面，主体可分为若干个层次，每个层次可由若干个段落组成，层次、段落均可分为以下两种主要结构类型。

a.并列式结构：层次或段落之间的逻辑关系是平等的、并列式，从不同侧面共同说明

表1.4　应用文结构的表现形式

名称	含义	要求
层次	思想观点或情节的次序和地位	保持段意的单一性；内容要完整；长短要适度
段落	文章思想内容出现转折、停顿、强调、间歇等情况时所造成的文字的停顿	单一、完整、美观
开头	文章的开端	适应主旨要求；自然和谐，凝练明快；生动新颖，起笔"抓"人
结尾	文章的收尾	总结全文，巧妙有力，令人回味
过渡	上下文之间的衔接转换	承上启下，文脉通畅
照应	前后内容的对照呼应	强化重点，印象深刻，给人启示

某一方面的问题。比如一个单位的年终工作总结，可以分为"思想政治工作""生产销售工作""后勤保障工作"三个大层次，这三个层次是并列关系，共同反映该单位的工作全貌。

b.递进式结构：层次或段落之间的逻辑关系为后一层（段）是对前一层（段）的深入、提高或升华。这种结构方式在总结、调查报告或学术论文中常常可以看到。例如写一篇关于当代大学生就业问题的调查报告，其主体可分三个层次：第一层，对某校大学生就业情况的介绍；第二层，在搜集情况的基础上分析大学生就业难的原因；第三层，提出解决大学生就业难问题的设想。

③ 开头和结尾。除了少数应用文只由一个段落构成全文外（如部分命令或令、批复），绝大多数应用文都有开头和结尾。依文种的不同，其开头和结尾的写法也不同。开头常见写法有以下几种。

目的缘由法：开头一段写明撰写该篇应用文的目的、缘由和根据，引出主体。适用文体有命令或令、通知、通报、决定、请求、批复等。

陈述概况法：开头一段陈述有关概况，便于主体加以展开。适用文体有总结、调查报告、会议纪要等。

阐明论点法：开头一段揭示该篇应用文的主题，或分析、评论事物的性质，或得出某种结论，总之，是以针对全文的思辨成果作为开头。适用文体有调查报告、通告等。

致意表态法：开头一段向一方致意，或表明一方的态度、观点。适用文体有批复和某些公关礼仪方面的应用文。

结尾常见写法有以下几种。

点题概况式：用一句话或一段话概括全文的意思。总结、讲话稿、论文经常以此法结尾。

号召希望式：结尾处向受文对象发出号召，提出希望。通报、会议报告等常以此法结尾。

祈请期盼式：请求、报告、函等常以此法结尾，如"上述请求，请予批准""以上要求如无不妥，切盼回复"等。

专门用语式：报告、批复、通知等常以此法结尾，如"特此报告""此布""此复"等。

④ 结构原则。应用文具有自己的特殊性，这就决定了应用文结构的原则和要求与其他文体有所不同，应用文的结构原则主要有以下几点。

a.反映社会的发展规律和内在联系：文章是社会客观事物的反映，而世界上一切客观事物的发展变化都是有规律的，这就要求应用文写作必须反映社会的发展规律和内在联系。

b.服从表现主题的需要：主题是应用文的灵魂，它不仅决定着材料的取舍和提炼，而且也支配着文章的谋篇布局。结构方式可以多种多样，但是结构方式选用的标准、原则都只能为主题服务。如果不遵守这一标准、原则，盲目地谋篇布局，就不能形成严密统一的文章。

c.适合不同种类的应用文的特点：应用文写作中的不同文体，在实践中逐渐形成了各自的特点。比如公文分开头、主体、结束语等几部分，总结的结构分基本情况概述、做法、成绩与经验、存在的问题和今后努力的方向等。不同的文体反映角度、方式不同，因而在写作过程中要因"体"制宜。

（4）语言

应用文的语言是指适应不同的交际目的、对象、内容和领域的需要所形成的语言运用风格，如口语（谈话、演说）和书面语（事务语体、政论语体、科技语体和文艺语体等）。

① 应用文的语言特点

a.准确庄重：应用文表述应准确，不含糊其词，没有多余的语气词，词句显得庄重不可侵犯。

b.严谨精练：语言不可以含蓄，不引申或象征，不迂回曲折，一般单句多，复句少，短句多，长句少。

c.平直质朴：语言一般不带强烈的感情色彩，词语浅显、通俗，只用直笔说明和叙述，结合恰当的议论，一般不用或少用描写、夸张和抒情等方法。

② 标点符号

a.标点符号的位置：句号、问号、叹号、逗号、顿号、分号和冒号一般占一个字的位置（2个字符），居左偏下，不出现在一行之首；引号、括号和书名号的前一半不出现在一行之末，后一半不出现在一行之首；破折号和省略号都占两个字的位置（4个字符），上下居中，中间不能断开；连接号和间隔号一般占一个字的位置，上下居中；着重号、专名号和浪线式书名号标注在字的下方，可以随字移行。

b.顿号：除并列的词语之间用顿号外，不带括号的汉字数字或"天干地支"作序次语时也用顿号，序数词之后用逗号；如果序次语用了括号，就不必再用顿号；相邻数字连用表示概数时，中间不用顿号，但如果是一种缩略形式，中间仍要用顿号；没有停顿的并列词语之间一般不用顿号。

c.引号：文中直接引用的用引号，句末点号放在引号内，如果是把引用的话作为引用者文字的一部分，句末点号放在引号外；不直接引用，而只是转述别人的话的意思，不用引号；如果引文有多个自然段，每段开头用一个前引号，再直接引文，全部结束时才用一个后引号。

1.2.2.2　应用文表达方式

应用文主要有叙述、议论、说明三种表达方式，这是由应用文的特点所决定的，有别于文学作品存在抒情、描写等表达方式。

（1）叙述的表达方式

一般来说，叙述就是把事情的经过和事物发展变化的过程表述出来，各种文体的写作几乎都要用到叙述的方式。应用文中的叙述要求直截了当、平铺直叙，抓住主要事实，作概要精当的叙述，不能像文学作品中的叙述那样追求情节的起伏、一波三折和巧设悬念，更不能使用意识流等现代派的叙述手法来进行写作。

（2）议论的表达方式

应用文中的议论即对客观事物进行评论，以此表明作者自己的观点和态度。很多应用文文体都离不开议论，如总结、调查报告、经济分析报告和审计报告等，公文中的通报、报告和议案等也要通过议论来分析原因、判断是非、发表见解和表明立场观点等。

应用文中的议论与文学作品中的议论有所不同，文学作品中的议论是为了说服对方、打动读者，可以从不同角度寻找各种论据，旁征博引、反复论证，有时还可以采用动情的、哲理性的和形象化的议论。应用文中的议论不能脱离实际，要以事实为依据，不掺入个人主观好恶情感，要抓住要点作简洁明了的议论。

（3）说明的表达方式

应用文中的说明就是用简洁、准确、科学和朴实的语言，把事物的性质、范围、特征和功能等方面的情况介绍清楚。常见的应用文文体有产品介绍和产品使用说明书。其他应用文中也会用到说明的表达方式，如对财务报表、统计表和审计表中的资料及数据所作的说明，还有对一些规定、条例的性质和范围等所作的解释。

应用文中的说明也不同于文学作品中的说明，应用文中的说明要避免感情化、艺术化，以及拟人和比喻等修辞手法。

除了上述三种主要的表达方式外，应用文中还经常会穿插一些图表，目的是让难以用文字说清楚的数据和资料变得一目了然，如名目繁多的商品价格、数据及所占比例的情况，各类人员的工资收入和消费支出的变化，产品、投资额、利润及物价指数等的上升和下降趋势变化等。借助图表的形式，可以让这些数据和资料既形象、直观和清晰，使人印象深刻，又便于分析、评价和判断，远胜于文字的表现力。

1.2.2.3 应用文行文制度

行文制度是指应用文在运行传递中应遵循的有关制度，主要包括行文关系、行文方向、行文方式和行文规则。一般应用文的运行传递比较灵活，而党政机关的公文则应遵守《党政机关公文处理工作条例》和《党政机关公文格式》（GB/T 9704—2012）的规定施行。

（1）行文关系、行文方向和行文方式

正确认识和选择应用文的行文关系、行文方向和行文方式，是用好应用文的必要条件。

① 行文关系。行文关系是指应用文在行文时发文单位与受文单位之间的关系。如今社会上的机关单位大致可分为三大类型：一是国家政权机关，包括国家立法机关、行政机关、司法机关和军事机关等；二是政党、团体和各种社会组织的机关，如工会、妇联等；三是企业、事业实体单位所设立的机关，如厂矿、公司等企业单位和文化、教育等事业单位。这些机关的组织关系，决定了应用文的行文关系表现为表1.5所示的四种形式。

表1.5 应用文行文关系的表现形式

关系	概念
上下级关系	即领导和被领导关系,如我国行政管理体系中的国务院和省政府、市政府、县政府、乡(镇)政府之间的关系,省政府内一个厅内部的厅和处、科之间的关系,总公司和分公司之间的关系。这种关系常常使用上行文或下行文,且一般逐级行文,一般不能出现越级行文的情况,特殊情况需要越级行文的,应当同时抄送被越过的机关。涉及指示、决定、命令、请示和报告等应用文文体
平级关系	即同等级别的关系,如省政府与省政府之间、市政府与市政府之间、县政府与县政府之间、省政府下属的各个厅之间、厅下属的各个处之间、总公司下属的各个分公司之间等都是平级关系,一般涉及计划类、契约协议类和书信类等应用文文体
隶属关系	即同一垂直组织系统中存在直接职能往来的上下级机关之间的关系,如省政府所管辖范围内的市政府、县政府和乡(镇)政府是隶属省政府的。与上下级关系一样,一般使用上行文和下行文
非隶属关系	即不属于同一垂直组织系统、不发生直接职能往来的机关之间的关系,包括平级机关或不同级别的机关,如公司内部各个职能部门之间、市教育局和省交通厅之间等属于非隶属关系。这种关系通常使用函、通知或者联合行文等应用文文体

② 行文方向。应用文行文方向就是以发文单位为立足点,根据工作需要和行文关系,应用文向不同层次的机关单位运行的方向。因此,行文方向不同,所使用的应用文文体就会不同,主要有以下四个行文方向。

a. 上行:应用文向发文机关单位的上级机关单位运行。

b. 下行:应用文向发文机关单位的下级机关单位运行。

c. 平行:应用文向发文机关单位的同级单位或非隶属的单位运行。

d. 泛行:应用文既向发文机关单位的上级单位、下级单位和平行单位运行,也向不相隶属的单位运行,方向不定。

③ 行文方式。行文方式是由工作需要和机关单位的组织关系决定的行文方法和形式,种类较复杂,主要有三种分类依据,如表1.6所示。

表1.6 应用文行文方式的表现形式

依据	方式	概述
按受文机关单位或行文对象的范围分类	逐级行文	行文机关单位向自己的直接上级上行应用文或向直接下级下行应用文
	越级行文	行文机关单位越过自己的直接上级或直接下级,向非直接上级或非直接下级行文
	多级行文	行文机关单位同时向直接上级和非直接上级或直接下级和非直接下级一次性行文
	普发行文	行文机关单位向所属的所有机关单位一次性行文
	通行行文	行文机关单位向隶属机关单位和非隶属机关单位、群众等一次性泛向行文
按发文机关单位的个数分类	单独行文	只有一个机关单位署名发出的应用文
	联合行文	由两个或两个以上平行机关单位联合署名发出的应用文

续表

依据	方式	概述
按行文对象的主次分类	主送	行文机关单位直接向与行文内容关系最密切、需主要负责受理或贯彻执行应用文的机关单位行文
	抄送	行文机关单位在主送的同时，向需要执行或知晓行文内容的其他机关单位行文

（2）行文规则

行文规则应当遵照《党政机关公文处理工作条例》第四章的规定施行：

第十三条　行文应当确有必要，讲求实效，注重针对性和可操作性。

第十四条　行文关系根据隶属关系和职权范围确定。一般不得越级行文，特殊情况需要越级行文的，应当同时抄送被越过的机关。

第十五条　向上级机关行文，应当遵循以下规则：

（一）原则上主送一个上级机关，根据需要同时抄送相关上级机关和同级机关，不抄送下级机关。

（二）党委、政府的部门向上级主管部门请示、报告重大事项，应当经本级党委、政府同意或者授权；属于部门职权范围内的事项应当直接报送上级主管部门。

（三）下级机关的请示事项，如需以本机关名义向上级机关请示，应当提出倾向性意见后上报，不得原文转报上级机关。

（四）请示应当一文一事。不得在报告等非请示性公文中夹带请示事项。

（五）除上级机关负责人直接交办事项外，不得以本机关名义向上级机关负责人报送公文，不得以本机关负责人名义向上级机关报送公文。

（六）受双重领导的机关向一个上级机关行文，必要时抄送另一个上级机关。

第十六条　向下级机关行文，应当遵循以下规则：

（一）主送受理机关，根据需要抄送相关机关。重要行文应当同时抄送发文机关的直接上级机关。

（二）党委、政府的办公厅（室）根据本级党委、政府授权，可以向下级党委、政府行文，其他部门和单位不得向下级党委、政府发布指令性公文或者在公文中向下级党委、政府提出指令性要求。需经政府审批的具体事项，经政府同意后可以由政府职能部门行文，文中须注明已经政府同意。

（三）党委、政府的部门在各自职权范围内可以向下级党委、政府的相关部门行文。

（四）涉及多个部门职权范围内的事务，部门之间未协商一致的，不得向下行文；擅自行文的，上级机关应当责令其纠正或者撤销。

（五）上级机关向受双重领导的下级机关行文，必要时抄送该下级机关的另一个上级机关。

第十七条　同级党政机关、党政机关与其他同级机关必要时可以联合行文。属于党委、政府各自职权范围内的工作，不得联合行文。

党委、政府的部门依据职权可以相互行文。

部门内设机构除办公厅（室）外不得对外正式行文。

1.2.3 撰写步骤

（1）确定主旨

每篇应用文都要围绕着一个主题展开。主题越具体专一，就越容易写出应用文。

（2）确定对象

例如私人信件为家人、朋友、爱人而写；商务信件为生意伙伴而写；广告为一般大众而写；海报为某一群人而写。了解为谁而写，就可以使应用文的内容适度而得体，使信息能全面地传达给对方。

（3）确定写作目的

为什么要写这篇应用文？是要把你的信息传递给对方，还是要对方为你提供信息，是洽谈生意还是联络感情。一篇应用文虽然确定了主题，有时却达不到目的，这是为什么？是因为目的不明确，就会造成内容不确切，使阅读对象费解。

（4）确定格式和结构

不同类型的应用文，其格式和结构是不相同的。信件有信件的格式和结构，广告有广告的格式和结构。不了解各类应用文的格式和结构，就写不好应用文。

1.2.4 范例分析

[应用文表达方式范例1]

××市公安局公安交通管理局
关于对108国道部分路段采取交通管制措施的通告
二〇一八年　第17号

为了保障108国道的交通安全畅通，根据《中华人民共和国道路交通安全法》的有关规定，决定从2018年9月29日起，对108国道部分路段采取以下交通管制措施：

一、108国道进京方向昼夜禁止20吨以上货运机动车通行。

二、108国道出京方向昼夜禁止5吨以上货运机动车通行。

特此通告。

××市公安局公安交通管理局
二〇一八年九月二十三日

应用文表达方式范例1分析

例文内容要求有关人员遵守，带有强制性，因此用通告文种行文。标题采用完全式，由发文机关名称、事由和文种名称三个要素构成。开头部分点明发文目的、依据及总的要求，言简意赅。主体部分以分条列项的形式写出通告的具体内容，语言简明准确。正文中数字使用正确。文号中的数字形式，宜与此前历次文件相一致。

[应用文表达方式范例2]

关于住房申请的报告

××市经济适用住房管理办公室：

　　我校现有在职职工201人，离退休职工85人，总计286人。住房不由市机关统一分配，目前职工住房十分困难。

　　现亟待解决住房的有125户。其中婚后无房的35人，大龄青年等房结婚的21人，住房拥挤的10户，住在危房的45户。

　　为了解决职工住房困难，曾多次专门研究解决办法，因资金和地皮问题，没有办法新建住宅。我们多次向市领导汇报住房问题困难现状，就目前的情况我校拟采取申请经济适用房的办法。

　　请审批！

××市第三中学
二〇一九年七月十二日

应用文表达方式范例2分析

　　例文请求上级机关批准经济适用房，文种应为"请示"，不能写成"报告"。此文首先犯了文种使用不当的错误。其次，学校是教育局下属单位，"请示"面向单位应为××市教育局。最后，文中罗列了很多住户，但最终未形成具体需解决多少用户。内容不清，将使公文无法进一步办理。

1.2.5　练习应用

（1）填空题

① 应用文材料要素中，具体要求材料要（　　　　　　　　）。
② 应用文材料要素中，具体要求主旨要（　　　　　　　　）。
③ 应用文有（　　　　　　　　）四个行文方向。

（2）选择题

① 应用文构成的要素主要有（　　）。（多选）
　A.材料　　　　　　B.主旨　　　　　　C.结构　　　　　　D.语言
② 应用文的编写思路有（　　）。
　A.总分思路　　　　B.归化思路　　　　C.平行思路　　　　D.避重就轻思路
③ 应用文的行文方向有（　　）。
　A.逐级　　　　　　B.泛行　　　　　　C.多级　　　　　　D.联合

（3）问答题

① 应用文的语言特点有哪些？

② 应用文的表达方式有哪些？
③ 应用文的平行文抄送规则有哪些？
④ 应用文行文规则中的请示规则有哪些？

项目评价

针对此项目，相应的项目考核评分细则参见表1.7。

表1.7 评分细则

维度	评分内容及标准	得分
知识（40分）	（1）熟悉应用文的分类（10分） （2）掌握各类型应用文的特点和作用（15分） （3）掌握应用文的不同表达方式及编写思路（15分）	
能力（30分）	能根据具体、客观的素材准确、熟练地撰写应用文（30分）	
素质（30分）	（1）养成严肃认真、不畏艰难、实事求是的工作作风（15分） （2）具备机要保密的职业精神（15分）	
合计		

注：每项内容的得分不得超过该项的配分。

项目1-
练习应用-参考答案

项目 2

撰写行政公文

撰写行政公文是应用文写作的基本功，本项目从行政文员岗位实际需求出发，围绕行政文员岗位职责设计了五个工作任务，通过这些任务的训练，学生可以达到该岗位的职业要求。

学习目标

知识目标

（1）了解行政公文的概念、分类，掌握其特点及行文规则。
（2）了解通知的概念、种类、行文规则，掌握其特点及写作的基本要求。
（3）了解请示的概念、种类，掌握其特点、写作基本要求和注意事项。
（4）了解纪要的概念、种类，掌握其特点、写作基本要求和注意事项。
（5）了解报告的概念、种类，掌握其特点、写作基本要求和注意事项。

技能目标

（1）能按照国家行政公文的格式要求，正确撰拟行政公文。
（2）能根据行政公文的行文规则，正确确定行文方向和行义方式。
（3）能根据实事求是、精简高效的原则，及时、准确、高效地处理公文。
（4）能根据公文的具体要求，正确、熟练地撰拟通知、请示、纪要和报告。

素质目标

（1）具备对行政公文严守保密，廉洁奉公的职业素养。
（2）培养处理行政事务的组织管理能力、沟通协调能力和决策能力。
（3）养成处理行政事务的实事求是的工作作风、吃苦耐劳的工作精神、严肃认真的工作态度。

任务2.1　了解行政公文

2.1.1　任务描述

公文写作是人在社会化生存中不可缺少的基本技能，它是达成社会活动和沟通人际关系的一种常见的路径。掌握日常公文写作技能，能更好地促进自身发展，实现个体和集体、社会的有机融合，从而更好地服务他人和社会。本任务要求理解公文的概念、分类及特点，掌握公文的行文规则。

2.1.2　相关知识

2.1.2.1　公文的概念

公文，又称公务文书，是党政机关、企事业单位、社会团体在处理公务时使用的具有法定效力和规范式的一类应用文。它是传达政令，指导、布置和商洽工作，请示和答复问题，报告和交流情况，联系公务，记载工作活动的重要工具。

2.1.2.2　公文的特点

相对于一般应用文来讲，狭义的公文具有以下几个基本属性：一是公文形成的主体是国家机关及其他社会组织；二是公文形成的条件是行使职权和实施管理；三是公文是具有规范体例格式的公务文书；四是公文是国家机关及其他社会组织处理政务、办理事务的重要工具。以上基本属性，决定了公文具有以下几个特点。

（1）法定的作者

公文的作者必须是依法成立，并能以自己的名义行使职权及承担责任的组织和个人，如党和国家的各级机关、各类组织，国家领导人，机关首长，等等。撰写公文不是个人行为，即使以个人名义发布公文，发布人所代表的也是机关或组织。因此，以领导人名义作为公文的作者，实际上并非以私人身份出现，而是以其所在机关法定领导人身份行使职权的一种表现。

（2）法定的权威性

具有法定地位的机关、组织，都有自己的组织系统、领导与被领导关系和职权范围，它们在行使法定职权和实施有效管理的公务活动中所制作的公文，在其管辖范围内具有法定的权威性。这些公文一经发出，在制作者的职权范围内就具有强制执行或处理事务的约束力，有关单位和个人必须严格执行和照章处理。

（3）现实执行效用

任何公文都是针对现实存在的问题和为解决现实问题而撰写和制发的，在一定的时间内撰写完成和传达，并在一定的时间内发挥作用。换句话说，公文所具有的特定效用是有一定时间性的，即在一定的时限内对受文者具有不同程度的强制约束力。一份公文执行办理完毕，其现行效用随之消失。现行效用消失后，公文就成为档案文献。

（4）法定的处理程序

公文的制发和办理必须经过规定的程序，如公文的制发必须经过起草、核稿、签发的程序。经过机关领导人签发的文稿才能缮印、用印和传递。任何人不得违反上述程序擅自处理。

2.1.2.3 公文的作用

（1）领导和指导作用

上级机关发给下级机关的公文都具有领导和指导作用。上级机关传达贯彻党和国家方针、政策、决定和规定的公文，必然要对下属机关产生领导和指导作用。

（2）行为规范作用

相当一部分公文体现了党政机关对人们行为的要求，要求人们坚决执行。通过公文发布的一些法律、法令和行政法规等，同样对所辖成员起着规范和指导作用。

（3）宣传和教育作用

一般来说，有些政策规定本身就是最好的宣传，而传达贯彻党和国家的方针、政策又是公文所担负的重要任务。一般情况下，公文在传达某一方针、政策，规定人们应该怎么做的同时，还要说明为什么要这样做，这无疑增强了它的宣传和教育作用。

（4）联系知照作用

有关机关之间的许多工作都是通过公文进行联系、协调的，许多具体问题也因此得到及时处理，还有许多对工作的开展具有重要意义的信息资料也是由此获得的。公文在保证各机关正常而有秩序地开展工作方面发挥了极大的作用，公告、通告、通报等知照性的公文主要是告知对方有关事项。

（5）依据和凭证作用

各种公文都反映了制发机关的意图，具有法定的效力，受文机关以此作为处理工作、解决问题的依据，因此公文具有依据作用。有些公文，如会议纪要等，还具有某项活动的凭证作用。事实上，所有公文都具有某种意义上的凭证作用。公文不仅传达了发文机关的意图，同时也是证实这个意图的最好凭证。

公文的上述作用是相互联系的。公文的作用并不是单一的，可以同时兼有多种作用。

2.1.2.4 公文的分类

根据公文的来源、性质、适用范围和处理时限等因素，可将公文划分为不同的类型。常见的分类方法有如下几种。

（1）根据内容和适用范围划分

根据《党政机关公文处理工作条例》，行政机关的公文按内容可划分为命令（令）、决议、议案、决定、公告、通告、公报、通知、通报、报告、请示、批复、意见、函、纪要15种。

（2）按行文方向划分

按行文方向的不同，公文可划分为上行公文、下行公文、平行公文和泛行文。

① 上行公文，即下级机关向上级机关发送的公文，如请示、报告等。

② 下行公文，即上级机关向下级机关发送的公文，如命令（令）、决定、批复等。

③ 平行公文，即平行机关或不相隶属机关之间为协商或通知有关事项而制发的公文，如函等。

④ 泛行文，泛行文是既向发文机关的上级单位、下级单位、平行单位行文，也向不相隶属的单位行文，行文面广，方向不定，如公告等。

公文的上行、下行和平行有时有交叉现象。例如，函主要用于平行机关或不相隶属机关之间，但有时也用于上级机关与下级机关的联系，但这种交叉并不影响公文的基本分类。

（3）按承担职能划分

根据承担职能的不同，公文可分为指挥性公文、知照性公文、报请性公文、规范性公文等。

① 指挥性公文，即表明上级机关决定意图，指挥下属机关和有关人员行动的公文，如命令（令）、决议、决定、批复等。

② 知照性公文，即向有关对象通知、知照某些事项、情况、规定和要求的公文，如公报、通知、通报、公告、通告等。

③ 报请性公文，即向上级机关汇报情况或请示问题的公文，如请示、报告。

④ 规范性公文，即对有关问题作出明确规定，以规范人们行动的公文，如决定、通告。

⑤ 提议性公文，即向有关机关提出问题或建议的公文，如议案。

⑥ 联系性公文，即有关机关之间联系工作时使用的公文，如函。

⑦ 实录性公文，即以对实际情况的记录为基础形成的公文，如纪要。

（4）按机密程度划分

按机密程度的不同，公文可分为绝密公文、机密公文、秘密公文和普通公文。

① 绝密公文。绝密公文的内容涉及党和国家最高一级核心机密，一旦泄露，会使国家的安全和利益遭受特别严重的损害。绝密公文的阅读对象在一定时间内必须绝对限制在一定知晓范围内，它的保密程度最高，知密范围最小。

② 机密公文。机密公文的内容关系到重要的国家秘密，一旦泄露，会使国家的安全和利益遭受严重损害。

③ 秘密公文。秘密公文的内容关系到国家的一般秘密，一旦泄露，会使国家的安全和利益遭受损害。

④ 普通公文。普通公文是在本机关、本组织内传阅的没有密级的公文。

（5）按处理时限划分

按处理时限的不同，公文可分为特急公文、急办公文及常见公文。

① 特急公文，即内容事关重大而紧急，必须以最快的速度制发和处理的公文。这类公文需在文面注明"特急件"。

② 急办公文，即涉及重要工作和需要急速形成和处理的公文。此类公文较特急件的处理时限稍缓，文面上需注明"急件"。

③ 常见公文，指常规时间和程序办理的公文，文面上不需注明。

2.1.2.5 公文的结构及组成

公文的结构是指公文的组织构造，具有规范性和相对确定性的特征。

（1）公文的基本组成部分

① 标题。一份公文要用与其他公文相区别的名称作为标题。其主要作用是概括和揭示为受文者所关注的内容，为查找、利用与管理公文提供一个检索标志。

② 正文，即公文的主体部件，用于系统表达使受文者对特定事物获得明确认识所需要的信息。

③ 作者，又称为发文机关，是指制发公文并对其负全责的机关的全称或规范化简称。

④ 日期，又称为成文日期，是指公文形成的具体时间，通常以领导者签发的时间为准，联合行文时间以最后签发机关的领导人签发日期为准。特殊情况下以会议通过的时间、印发时间、批准时间作为公文形成的时间。

⑤ 印章或签名。印章实际上是指作为机关权力象征的公章在公文上留下的印记；签名则是指签发公文的领导人亲笔在正式发出的公文上所签注的姓名。

⑥ 主题词，是用以揭示公文基本内容并经过规范化处理的名词术语。

（2）公文的其他组成部分

① 文头，又称为版头，用于强调公文责任归属和权威性的标记。一般由作者全称或规范化简称后加"文件"二字构成。

② 发文字号，是由作者对其制发的公文依次编排的顺序代码。

③ 签发人，是代表机关核准并签发文稿的机关主要负责人的姓名。

④ 保密等级，是公文涉密程度的标志。

⑤ 紧急程度，是表明公文送达和办理时间要求的标志。

⑥ 主送机关，是对所收受公文负实际责任的机关的全称、简称或统称。

⑦ 附件是指附属于正文的其他公文或材料，它使正文内容具体和完整化。

⑧ 抄送机关，是对所收受公文一般不需承担直接办理、答复责任，而只需了解公文内容或者协助办理的机关或组织的全称、简称或统称。

⑨ 注释，又称为附注，主要用于标注秘密文件的阅读、传达范围，以适应工作和保密需要；也用于对正文中确需解释的名词术语或有关事项进行解释说明。注释的作用是使正文更加简明。

⑩ 印发说明，是对公文印制发出情况进行介绍。

2.1.2.6 公文的行文规则

行文规则是指各级机关、单位之间公文往来应遵循的程序和原则。行文规则具体规定了各级机关、单位之间的行文关系。《党政机关公文处理工作条例》第四章第十四条规定："行文关系根据隶属关系和职权范围确定。"这里所讲的关系包括四种：一是处于同一组织系统的上下级关系，即领导与被领导的关系；二是处于同一专业系统的上级主管业务部门与下级主管业务部门之间的指导与被指导关系；三是处于同一组织系统或专业系统的同级机关之间的平行关系；四是非同一组织系统、专业系统之间的不相隶属关系。这些行政隶属关系决定着机关、单位之间公文的授受关系。例如，上行文和下行文适用于第一类和第二类关系，平行文适用于第三类和第四类关系。

根据以上四种关系，《党政机关公文处理工作条例》第四章规定具体的行文规则概括起来有如下几个方面。

① 各级国家行政机关的行文关系，根据各自的隶属关系和职权范围确定。按行政隶属关系报送政府审批的请示，可由政府批复，也可由政府授权其办公厅（室）或主管部门答复。政府部门报请政府批转执行的公文，可由政府批转，也可由政府授权其办公厅（室）转发，还可冠"经政府同意"由部门下达。

② 凡属政府各部门职权范围内的事项，需要行文的，一律以部门名义直接行文。下级政府需要解决的问题，属上一级政府职能部门权限范围内的，可直接向上一级政府职能部门行文。各地区之间、同级政府各职能部门之间需要商洽解决的问题，可以相互行文。

③ 政府各部门可以向上一级或下一级政府有关业务部门行文，也可以根据本级政府的授权向下一级人民政府直接行文。

④ 同级政府之间、同级政府的部门之间、各级政府与上一级政府的部门之间可以联合行文；政府（及其部门）与同级党委（及其部门）、军队机关（及其部门）可以联合行文；政府部门与同级人民团体和行使行政职能的事业单位也可以联合行文。联合行文由主办机关与协办机关共同签发，由牵头主办机关编号印发，原稿由主办机关存档。

⑤ 地方各级国家行政机关公文中涉及其他机关、部门职权范围的问题，未经协商致或未经上级机关批准、裁决的，不得各自向下行文。如擅自行文，上级机关可责令纠正或撤销。

⑥ 向上级机关的请示要一文一事。不得用"报告"或其他形式的公文请示问题。地方各级国家行政机关不得越级请示。因特殊情况必须越级请示的，应抄送被越过的直接上级机关。

⑦ 请示一般只写一个主送机关，并一律送交受文机关的办公厅（室）统一办理，不得直接送领导个人，也不得抄送下级机关。

⑧ 受双重领导的机关上报公文，根据公文内容写明主送机关和抄送机关，由主送机关负责处理、答复。上级机关向受双重领导的下级机关行文，应同时抄送该下级机关的另一上级机关。

⑨ 国家行政机关的公文，不得向党政机关作批示、交任务，如内容涉及党的工作，与同级党政机关联合行文。

⑩ 对上级行政机关的来文，如无具体贯彻意见，可原文翻印下发，也可以以收文的形式下发，不另重复行文。已在各类会议上印发的领导人的讲话、会议纪要，不再另行发文。经批准在报刊上全文发表的文件，视为正式文件依照执行，不另行文。在报刊上发布的行政规章，由发文机关印制少量文本，供存档备查。

2.1.2.7 公文的语言

语言既是表达思想的工具，也是构成文章的基础。所有文章，从内容到形式都要靠语言支撑，没有语言，就没有文章。由于不同体裁的文章写作目的的不同，因此对语言的要求各异。公文的特点及其作用决定了公文的语言必须达到以下几项基本要求。

（1）平实

所谓平实是指平易、质朴、实在。平实强调文风朴实，通俗易懂；强调直接说事，客观论理；强调语言的自然，不施粉饰，不露斧凿之痕。

平易就是意思表达得清楚、通俗、易懂。因为文章是写给人看的，让人一看就懂的文字才能产生亲切感，才能让人倍加喜爱。与此同时，只有受文对象看懂了，把作者的意图领会了，才能正确地贯彻执行。

质朴是指公文的语言必须自然、朴素，没有经过粉饰，不含任何虚伪的成分，也没有夸大和溢美之词。质朴的语言具有一种"清水出芙蓉，天然去雕饰"之美，运用质朴的语言来写公文，不但能够写得真切，而且可以写得生动。老舍先生说过："文字不怕朴实，朴实也会生动，也会有色彩。"

实在是指公文的语言表意直接，不绕圈子；每句话都落在实处，或说事，或论理，没有废话；说事客观、具体，不给读者留揣摩余地，以免其误解作者的意图。

（2）准确

所谓准确是指意思表达真实、明确和恰如其分，没有含混不清的地方，没有言过其实的地方，没有褒贬失当的地方。语言的准确在内容上主要体现为所写事实清楚、确凿，所用数字准确无误。准确在词句的运用方面主要体现为以下几点。

第一，严格区分词义的大小和轻重，词语的选用要恰当。汉语词汇丰富，同义词、近义词很多，它们的意义大多只有细微的差别，如果不严加区分，很容易造成表意不准确的问题。

第二，注意词义的修饰、限定，防止产生歧义。一词多义是中文的一大特点，为了确保作者意思表达的正确性，最大限度地减少读者的误解或曲解，在遣词造句方面要注意定语、状语和补语的使用，以使句子中心词的意思更加明确、具体，避免产生歧义。

第三，注意关联词语的使用和句式的选择，以使句间关系紧密，语气贯通。

第四，注意语言逻辑关系，防止概念不清或判断失当。正确的语言逻辑关系不仅可以使语言条理清晰，而且能够反映出事物的内部规律，将事物的概念表述得清清楚楚，使判断准确无误。

（3）简洁

简洁就是简练、干净。通俗地讲，简练就是没有废话，没有词藻堆砌，没有不必要的词句重复，言简意赅。遣词造句要让人一看就知道讲的是什么，明白该如何去做；没有枝蔓，不晦涩难懂。

公文语言的简洁主要在于两点：一是文字简练，即用最少的文字表达尽量多的内容；二是坚决杜绝套话、空话、废话，竭力将可有可无的字、词、句、段删去。

（4）得体

公文是为解决实际问题而写的，其语言要受明确的写作目的、特定的读者对象、一定的使用场合等条件的制约，因此一定要得体。公文语言的得体包括以下几点。

第一，要符合作者的地位和身份，即叙事论理、遣词造句一定要注意作者的身份，要能正确体现作者和受文对象之间的特定关系。例如下级对上级的请示，可以用"请研究、批复"的话，但不能用"务必同意"之类的词句。

第二，语言色彩要符合特定的行文目的及文章内容的性质。例如颁布政令要庄重严肃，通报错误要义正词严，申请、请示要平和委婉，等等。

第三，要正确使用公文的习惯语，切实弄清它们的含义和用法。如信函中的称谓、问候和致敬语等。

以上只是对公文语言最基本的要求。实际应用当中，仅满足于这些基本要求是不够的，还应该讲究语言的鲜活、优美和情味。在这一方面，古代的公文为我们树立了典范，如汉高祖刘邦的《求贤诏》、唐太宗李世民的《百字敕》等。

2.1.3 练习应用

（1）填空题

① 公文具有（　　）的特点。

② 公文的基本组成部分包括（　　）。

③ 公文的特点及其作用决定了公文的语言必须达到（　　）的基本要求。

（2）选择题

① 公文按行文方向划分不包括（　　）。

A.上行文　　　　B.下行文　　　　C.泛行文　　　　D.知照性行文

② 公文按机密程度的不同，不包括（　　）。

A.绝密公文　　　B.特急公文　　　C.秘密公文　　　D.机密公文

（3）问答题

① 公文有哪些作用？

② 行文关系主要包括哪几个方面？

任务2.2　撰写通知

2.2.1 任务描述

理解通知的概念、分类，掌握其特点及写作要求。体味例文，模拟写作，培养撰写各类通知的能力。

2.2.2 相关知识

2.2.2.1 通知的概念

通知是发文主体向特定的受文对象（一般是其下级机关或下属单位）告知有关事项的知照性公文。它适用于批转下级机关的公文，转发上级机关和不相隶属机关的公文，要求下级机关办理和需要有关单位通知或者执行的事项，任免人员等。通知是使用用途较广的一种公文，写作灵活自由，使用比较方便。

2.2.2.2　通知的行文规则

通知作为下行文一般向本机关隶属的直接下一级机关行文。通知不能用于泛行文和平行文，但办公厅（室）得到机关的授权，或在办公厅（室）的职权范围内，以自己的名义可向机关的直接下级机关，其级别与办公厅（室）级别相同或高半级制发通知，这种通知属于下行文，并非平行文。

2.2.2.3　通知的特点

（1）广泛性

通知是公文中适用范围较广、使用频率较高的文种。大到国家级的党政机关，小到基层的企事业单位，都可以发布通知。

（2）灵活性

通知的发布形式不受限制、灵活多样，既可以用文件形式印发，也可以刊登报纸，或以广播、电视等形式发布。

（3）周知性

通知把需要知晓、办理或执行的事项告知有关单位和人员，有的还可以通过新闻媒体全文播放或摘要发布，具有很强的周知性。

（4）时效性

通知是一种制发比较快捷、运用比较灵活的公文文种，它所办理的事项都有比较明确的时间限制，受文机关要在规定的时间内完成，不得拖延。

2.2.2.4　通知的分类

（1）发布性通知

发布性通知是用于发布行政规章制度及党内规章制度、意见和办法等，带有法规性文书的告知通知。一般来说，该类通知的篇幅较长，且相关规章制度、意见、办法等如同通知应用文的附件，皆在通知的落款部分之后展示，而通知本身的正文内容一般比较简短。

（2）指示性通知

上级单位向下级单位对某一项工作的布置、要求、意见等往往用通知的形式传达。这种通知带有指令性，必须有根据、有目的、有任务、有要求。

（3）传达性通知

这种通知带有指示性、规定性，多用于上下级之间、职能部门与有关部门之间。对通知中的有关精神必须遵照办理、贯彻执行。在写法上，一般是先交代问题的来龙去脉，再讲有关指示、意见、规定等，最后谈希望和要求。

（4）转发和批转性通知

上级或同级的来文要传达到下属单位贯彻执行，需要用通知的形式，这种通知叫转发性通知。其写法一般有两种：一是照转照发；二是除转发文件以外，再根据本地区或本部门的具体情况，提出一些具体要求和希望。上级领导部门转发下属单位的来文，如报告、请示、意见等所用的通知称为批转性通知。有的照批照转，有的加些指示性的意见。

（5）会议通知

会议通知要求以极其简短的文字，写明会议名称、目的、内容（日期、时间、地点、出席对象以及对出席者的要求等）。

（6）任免通知

任免通知即上级机关对于所任免的人员需要用通知行文任免和聘用。有的行政机关负责人的任免除向规定范围发通知外，还要向社会公布。

（7）事务性通知

事务性通知是用于安排一般具体事务的通知，如调整机构、启用印章、变更作息时间、安排节假日值班等所发的通知都属于这一类。这类通知应用广泛，内容单一，或者要求下级机关办理，或者需要有关单位周知，或者需要有关部门协助共同执行等。

2.2.3 撰写步骤

通知一般由标题、称呼、正文、落款四部分构成。

（1）确定标题

标题写在第一行正中，可只写"通知"二字，如果事情重要或紧急，也可写"重要通知"或"紧急通知"，以引起注意。有的在"通知"前面写上发通知的单位名称，还有的写上通知的主要内容。

（2）明确称呼

所谓称呼写被通知者的姓名、职称或单位名称，在第二行顶格写。有时，因通知事项简短、内容单一，书写时略去称呼，直起正文。

（3）撰写正文

另起一行，空两格写正文。正文因内容而异。开会的通知要写清开会的时间、地点、参加会议的对象及开会主题，还要写清要求。布置工作的通知要写清所通知事件的目的、意义、具体要求和做法。

（4）确定落款

落款分两行写在正文右下方，一行为署名，一行写日期。

2.2.4 范例分析

[通知范例1]

通　知

各部门、各子公司：

　　为了全面提升公司全员的职业素养、岗位技能及综合能力，加强团队建设和企业文化建设，经公司研究决定，全公司各部门通力配合，举办此次培训活动。现将培训相关事宜通知如下。

　　一、培训课题：专业技术人员综合素养与能力培养提升专题培训

二、培训时间和地点：3月14日上午9:00第一会议室

三、培训人员：全公司职工

四、培训纪律

1.所有参加培训人员必须按时参加，不允许迟到、早退、请假。有特殊原因者需提前向部门领导请示。

2.所有参加培训人员须提前到会场签到。

3.培训期间手机设为静音或关机，培训中禁止接打电话。

4.培训时要注意力集中，认真做好笔记。讨论交流时积极发言。

5.保持培训场所干净整洁。

五、培训考核

1.培训组织负责人员做好培训记录。

2.所有参训人员培训后3个工作日内递交个人心得总结，或进行相关考核检验培训效果，以及递交培训效果评估表。

××××有限公司
2020年3月10日

通知范例1分析

这是一则指示性通知。在撰写指示性通知应用文时，要写清楚通知的原因、依据、意义或目的，以及应知或应办事项，如交代任务、政策措施、具体办法和注意事项等，而且写作的结构层次要清晰。

范例所示的指示性通知是公司内部发布的，所以不涉及发文字号。在称呼处直接写明主送单位为"各部门、各子公司"；正文第一自然段以"为了……"的形式写明发布该通知的目的，然后以"经公司研究决定……"提出应办事项，最后分点罗列应办事项的具体内容。当然，发文机关、单位和成文时间是少不了的。

[通知范例2]

通　知

各位同仁：

国庆佳节即将到来，根据国务院关于法定节假日的规定和我单位工作实际情况，现将2020年国庆节放假的有关事项通知如下：

一、单位放假时间为10月1日到7日，10月8日正常上班。

二、如有需加班的部门，加班工资按照国家规定并根据单位实际情况发放。

三、各部门、各办公室要落实好安全工作责任制，防火防盗，确保公司员工的人身和财产安全。

四、各部门、各办公室要安排好值班人员，保证联络畅通，并于9月30日前将值班人员的名单及联系电话报综合科。

五、各部门负责人要做好值班检查工作，严明纪律，严格要求；对无故脱岗人员要

进行严厉批评，造成责任事故的，要追究部门领导和值班人员的责任。

六、国庆节期间设总值班室，联系电话：0731-×××567。

××××有限公司
2020年9月28日

通知范例2分析

这是一则事务性通知。事务性通知与指示性通知相似，但事务性通知注重应知或应办事项的列示，对事务具体如何执行没有过于细致的指示，而指示性通知则更注重指示性与指导性。

范例的第一自然段写明了发布通知的背景和依据是"国庆佳节即将到来，根据国务院关于法定节假日的规定和我单位工作实际情况"，以"现将……通知如下"的格式引出通知的事项。分列各点对国庆期间的相关事务和注意事项进行说明，最后还公布了放假期间的公司联系电话，方便工作对接。

2.2.5 练习应用

（1）填空题

① 通知的特点有（　　　　　）。

② 通知一般由（　　　　　　　）四部分构成。

③ 通知分为（　　　　　　　）几类。

（2）选择题

① 通知是发文主体向特定的受文对象（一般是其下级机关或下属单位）告知有关事项的（　　）。

A.知照性公文　　　B.指挥性公文　　　C.规范性公文　　　D.联系性公文

② 通知的称呼是（　　）写。

A.第二行空两格　　B.第二行顶格　　　C.第二行空四格　　D.第一行顶格

（3）问答题

① 具体说明通知的特点。

② 通知的行文规则是什么？

（4）应用题

写一份会议通知。

任务2.3　撰写请示

2.3.1 任务描述

理解请示的概念、分类，掌握其特点及写作要求。体味例文，模拟写作，培养撰写各类请示的能力。

2.3.2 相关知识

2.3.2.1 请示的概念

请示是下级机关请求上级机关对某项工作给予指示或批准时所使用的公文。

2.3.2.2 请示的特点

（1）呈请性

呈请性请示是下级机关、单位向上级机关、单位请求指示和批准的公文，具有明显的请求性。

（2）求复性

求复性请示的目的是请求上级作出指示或批准，要求上级作出答复，有请必复。

（3）超前性

超前性请示必须在问题发生或处理前行文，不可先斩后奏。

（4）对应性

为了便于领导作出答复，对应性请示行文必须一文一事，即每则请示只能要求上级批准一个事项或解决一个问题，并且一般只写一个主送机关、单位，即使需要同时送其他机关、单位，也只能用抄送形式。

2.3.2.3 请示的适用范围

① 属超出本机关工作职权范围，须经请示批准才能办理的。

② 对国家的有关方针政策或上级机关的有关规定、决定等不甚了解或有不同理解，需请上级机关解释或重新审定的。

③ 工作中出现了新情况、新问题，必须处理却又无章可循，有待上级机关批示的。

④ 遇到职权范围内难以克服或无力克服的困难，需请上级机关支持、帮助的。

⑤ 属涉及全局性或普遍性而本机关无法独立解决的工作上的困难和问题，必须请示上级机关，以求得到上级机关的协调和帮助的。

2.3.2.4 请示的分类

（1）按照内容性质分类

① 政策性请示。对党和国家的方针、政策、法律、法规和上级的指示等有不明确或不同的理解，或者在工作中遇到了无章可循的新情况、新问题，以及由于本单位情况特殊需要对上级普遍性要求加以变通，这些情况都要写请示，请求上级机关指示。这类请示即政策性请示。

② 事务性请示。下级机关准备办理按规定需要上级机关批准的事项，或者既需要上级机关批准又需要上级机关帮助的事项，或者虽然不需要上级机关批准但需要上级机关帮助的事项，如增加机构、增加编制、上项目、列计划、申请经费、购置设备等，都应当写请示，

请求上级机关批准或拨款等。这类请示即事务性请示。

（2）按照不同的行文目的和作用分类

① 请求指示。请求指示的请示一般是政策性请示，是下级机关、单位需要上级机关、单位对原有政策规定作出明确解释，对变通处理的问题作出审查认定，对如何处理突发事件、新情况或新问题作出明确指示的请示。

② 请求批准。这类请示是下级机关、单位针对某些具体事务向上级机关、单位请求批准的请示，主要目的是解决某些实际困难和具体问题。其涉及的事情或问题的原则性没有请求指示的原则性强，比"通报"这一文体的等级高。

③ 请求批转。当下级机关、单位就某一涉及面广的事项提出处理意见或办法，需要各有关方面协同办理，但按规定又不能指令平级机关或不相隶属的部门办理，而需要上级机关、单位审定后批转执行时，就要用到请求批转类的请示应用文。

2.3.2.5 撰写请示的注意事项

在写请示应用文时，除了要注意前述提到的一文一事、一则请示一个主送机关及必须事前行文等问题外，还需注意以下事项。

① 一般不能越级请示，而要逐级请示；如果遇到特殊情况必须越级行文的，应抄送越过的直接上级机关。这里的特殊情况是指亟待解决或处理的，不越级请示就会延误时机的事情。

② 不要同时上报下发，即在上级机关、单位作出答复前，不得抄送下级机关。

③ 不能将请示直接送领导个人。

④ 请示的缘由要充分，体现请示的必要性；要求合理，方便上级机关、单位作出答复，促使问题或事情及时解决。

⑤ 语言要简明，以便突出请示的重点，引起上级的重视；语气要得体、谦恭且委婉，体现请示的请求性。

⑥ 为了方便上级机关、单位了解作出答复，有时在使用请示这一文体时还会出具附注，即在成文时间下一行居左空两格，加圆括号注明发文机关联系人的姓名和电话号码。

2.3.3 撰写步骤

请示一般包括标题、主送机关、正文、落款和日期这几个部分，每个部分有其具体的格式和表现内容。

（1）确定标题

请示的标题主要有两种格式：一是发文机关＋事由＋文种，如"××公司关于贯彻按劳分配政策两个具体问题的请示"；二是事由＋文种，如"关于要求解决学生宿舍拥挤等问题的请示"。

（2）明确主送机关

请示的主送机关一般只有一个，即直接上级机关、单位，不能多头请示。如果本机关受双重领导，则在报送请示时可同时抄送另一领导机关、单位。

（3）撰写正文

请示的正文一般由请示缘由、请示事项及结束语等组成。

① 请示缘由。请示的缘由实际上就是提出请示事项和要求的理由、背景及依据，它是撰写请示的关键，直接关系到上级机关审批请示的态度。这部分内容既要实事求是、有理有据、说明充分，又要条理清楚、开门见山。如果缘由比较复杂，还必须写明必要的事实和数据，不能为追求简要而作简单化处理，要让领导知晓批准或不批准这个请示将会分别出现什么局面。

② 请示事项。请示事项要具体，要实事求是地写清拟请上级给予指示、批准的具体内容和要求，所提的要求要符合国家法律、法规，符合实际，并具有可行性和可操作性。如果内容比较复杂，则要分条列项写。写作时语气要得体，用语要明确，不能含糊其词。

③ 结束语。一般是提出批准或指示的请求，此部分的行文要谦和有礼、大方得体。常用的语句有"以上请示，请予审批""以上请示如无不妥，请批转各地区、各部门研究执行""当否，请批示"等。

（4）确定落款和日期

请示的落款和日期包括发文机关名称和成文日期，必要时还需要加盖印章。标题若有发文机关名称，落款可以省略。

2.3.4 范例分析

[请示范例1]

关于加强全民健身宣传工作的请示

市委宣传部：

2008年北京奥运会后，党和国家日益重视全民健身工作。2009年国务院颁布《全民健身条例》，2011年国务院推出《全民健身计划（2011—2015）》，2014年国务院印发的《关于加快发展体育产业促进体育消费的若干意见》中，首次提出将全民健身上升为国家战略，全民健身事业进入了一个新的发展阶段。

近年来，在市委、市政府的领导下，我市全民健身活动蓬勃开展，健身工程建设扎实推进，健身组织不断完善，体育健身队伍不断壮大。全民健身事业取得了丰硕成绩。

积极开展全民健身宣传工作，是市委、市政府重视体育发展、执政为民、造福一方的政策理念的具体体现。在丰富百姓精神文化生活、促进社会主义文化大发展大繁荣、普及科学健身知识、提高市民生活水平等方面，都发挥着不可替代的作用。

因此，我们建议将全民健身的宣传工作纳入全市年度宣传总体计划，加大宣传力度。尤其要加大对"××球王"系列大赛这一"草根"赛事的宣传，扩大赛事的知名度和影响力，带动我市全民健身工作更上一层楼。

当否，请批示。

××市体育局
2015年4月20日

请示范例1分析

该请示的标题格式为"事由+文种",没有发文机关,在正文结束后写明发文机关为"××市体育局"。其属于请求批转类的请示。

[请示范例2]

××化工厂关于贯彻按劳分配政策两个具体问题的请示

省劳动厅:

　　按劳分配是社会主义分配的基本原则,也是社会主义优越性之一。几年来,我厂由于认真贯彻了按劳分配政策,极大地激发了广大职工的社会主义劳动积极性,使得生产率成倍地增长,乃至几倍地增长。

　　为全面贯彻按劳分配原则,进一步调动职工的劳动积极性,现就两项劳资政策问题请示如下:

　　一、拟用2020年全厂超额利润的10%为全厂职工晋升工资。其中2020年5月12日在册职工每人晋升一级,凡班(组)长和车间先进生产(工作)者及其以上领导和先进人物再依次晋升一级;全厂技术突击组成员每人浮动一级工资,组长每人浮动两级工资。

　　二、拟用2019年全厂超额利润的10%一次性为全厂职工每人增发奖金平均100元,具体金额按劳动出勤率和完成定额计算。

　　以上请示,妥否,请批示。

××化工厂
2020年5月10日

请示范例2分析

范例标题的格式采用"发文机关+事由+文种"的形式,主送机关为省劳动厅,正文的第一、二自然段阐明了作出请示的背景和缘由,然后以"现就两项劳资政策问题请示如下"的形式引起下文,接着将要提及的具体请示内容分条列示,最后在正文下方隔一行左侧空两字的位置书写结语,提请上级机关、单位批示。

范例请示中只阐述了一件事,就是按劳分配政策的问题。文中"拟用"二字体现了请示应用文的请求性,表达工厂是向省劳动厅先行请示并等待指示或批准。撰写人要注意,凡是把握不准的政策请示,都应撰写请求指示的请示,占据工作的主动性。

2.3.5　练习应用

(1)填空题

① 请示的特点有(　　　　　)。

② 请示格式一般由(　　　　　　　　)几部分构成。

③ 请示按照不同的行文目的和作用分为(　　　　　　　　　　)三类。

④ 请示的正文一般由(　　　　　　　　)组成。

（2）选择题
① 政策性请示属于（　　）。
A.决议性纪要　　　　B.请求批转　　　　C.请求指示　　　　D.请求批准
② 请示的主送机关一般为（　　）。
A. 1个　　　　　　　B. 2个　　　　　　C. 3个　　　　　　D. 4个
（3）问答题
① 请示的适用范围是什么？
② 撰写请示的注意事项是什么？
（4）应用题
以学校名义撰写申请购买办公用品的请示。

任务2.4　撰写纪要

2.4.1　任务描述

理解纪要的概念、分类，掌握其特点及写作要求。体味例文，模拟写作，培养撰写各类纪要的能力。

2.4.2　相关知识

2.4.2.1　纪要的概念

纪要是在对会议的情况和议定事项加以归纳、整理的基础上，将其主要精神反映出来的公文文种。纪要适用于记载会议的主要情况和议定事项，一般称为会议纪要。它既可上呈，又可下达，还可被批转或被转发至有关单位去遵照执行，使用广泛。

会议纪要与会议记录的区别十分明显，从应用文写作和公文处理的范畴来看，会议纪要必须遵循应用文写作的一般规律；而会议记录只是办公部门的一项业务工作，属于管理服务的范畴，只需真实地记载会议实况，保证记录的原始性、完整性和准确性即可。

2.4.2.2　纪要的特点

（1）内容的纪实性

会议纪要应如实地反映会议内容，它不能离开会议实际进行再创作，不能搞人为的拔高、深化和填平补齐。否则，就会失去其内容的客观真实性，违反纪实的要求。

（2）表达的提要性

会议纪要是依据会议情况综合而成的。撰写会议纪要应围绕会议主旨及主要成果来整理、提炼和概括。重点应放在介绍会议成果，而不是叙述会议的过程，切忌记流水账。

(3) 称谓的特殊性

会议纪要一般采用第三人称写法。由于会议纪要反映的是与会人员的集体意志和意向，常以"会议"作为表述主体，"会议认为""会议指出""会议决定""会议要求""会议号召"等就是称谓特殊性的表现。

2.4.2.3 纪要的适用范围

会议纪要用于记载、传达会议情况和议定事项，其行文方向较灵活，可以是上行文、下行文或平行文，因此对企事业单位和机关团体等都适用。由于会议纪要必须严格按照执法处理程序写作，所以起着指导和规范的作用。

2.4.2.4 纪要的分类

(1) 按会议内容分类

① 决议性纪要。这类纪要主要记载和反映领导层制定的决策事项，作为传达和部署工作的依据，对今后的工作具有指导作用，常用于领导办公会议。

② 研讨性纪要。这类纪要主要记载和反映经验交流会议、专业会议或学术性会议的研讨情况，旨在阐明各方的主要观点、意见或情况，主要用于职能部门和学术研究机构召开的专业会议或学术研讨会议。

③ 协议性纪要。这类纪要主要记载双边或多边会议达成的协议情况，以便作为会后各方执行公务和履行职责的依据，对协调各方今后的工作具有约束作用，常用于领导机关主持召开的多部门协调会或不同单位联席办公会。

(2) 按会议性质分类

① 办公纪要。用以传达由机关、单位召开的办公会议所研究的工作、议定的事项和布置的任务，要求与会单位和有关方面、有关人员共同遵守、执行。

② 其他纪要。指专门工作会议、专题讨论会、座谈会、学术研究会等会议形成的纪要。这类纪要有的起通报会议情况的作用，使有关人员尽快知道会议的基本情况和主要精神；有的具有指导作用，它所传达的会议精神可指导有关方面的工作。

(3) 按写法分类

根据纪要写法的不同，会议纪要又可分为分项式纪要、综述式纪要和摘要式纪要三类。具体内容将在纪要正文部分详细介绍。

2.4.2.5 会议纪要的写作要求

(1) 把握会议精神

纪要写作首先要弄清楚会议的目的、任务、内容和形式，掌握会议的所有文件材料，参加会议的全过程，并认真做好记录，特别要注意阅读会议的主体文件和材料、领导的发言。掌握会议的主要精神，按照会议精神对材料进行分类和筛选。

(2) 抓住要点，突出会议主题

纪要虽然是会议情况和结果的反映，但不能面面俱到、照搬会议记录，而应该围绕会议主题，抓住要点，突出重点，把会议的主要情况简明扼要地反映出来，把会议议定的事项叙述清楚。

（3）注意与会议记录的差别

会议记录是如实记录；纪要则以会议记录为基础和依据，表现会议的主要内容。另外，会议记录只作为机关单位内部存查使用的文书，不对外公布；纪要则在一定范围内公布传达，作为正式行政公文使用。纪要报送上级时，会议主办单位需另拟一份报送报告，与纪要一并报上。

（4）使用会议纪要的习惯用语

纪要常常以"会议"为第三人称记述会议内容，因此，纪要的主体部分应注重使用"会议认为""会议提出""会议决定""会议要求""会议号召"等作为层次或段落的开头语。

2.4.2.6　会议纪要的写法

会议纪要主要有3种写法。

① 集中概述法（综合式）。这种写法是把会议的基本情况，讨论研究的主要问题，与会人员的认识、议定的有关事项（包括解决问题的措施、办法和要求等），用概括叙述的方法进行整体的阐述和说明。这种写法多用于召开小型会议，而且讨论的问题比较集中、单一，意见比较统一，容易贯彻操作，篇幅相对短小。如果会议的议题较多，可分条列述。

② 分项叙述法（条项式）。召开大中型会议或议题较多的会议，一般要采取分项叙述的办法，即把会议的主要内容分成几个大的问题，然后另上标号或小标题，分项来写。这种写法侧重于横向分析阐述，内容相对全面，问题也说得比较细，常常包括对目的、意义、现状的分析，以及目标、任务、政策措施等的阐述。这种纪要一般用于需要基层全面领会、深入贯彻的会议。

③ 发言提要法（摘录式）。这种写法是把会上具有典型性、代表性的发言加以整理，提炼出内容要点和精神实质，然后按照发言顺序或不同内容，分别加以阐述说明。这种写法能比较如实地反映与会人员的意见。某些根据上级机关布置，需要了解与会人员不同意见的会议纪要，可采用这种写法。

2.4.2.7　撰写会议纪要的注意事项

撰写会议纪要应当注意两个问题：一是概括全面，要如实反映会议精神。不得随意取舍，不得以偏概全，不能是自己赞同的就多写，不赞成的就略写或不写。要求写作者能够准确地把握会议宗旨，了解会议全过程，掌握有关会议全部材料，并且要有客观的、实事求是的态度，以便从大量的讨论、发言及不同的见解、意见中抓住实质性的问题，从理论上加以归纳、总结。二是要具备一定的分析综合能力和表达能力。这样，表述才能做到重点突出，条理清晰，文字简练，不拖沓冗杂。

2.4.3　撰写步骤

会议纪要的写法因会议内容与类型的不同而有所不同。就总体而言，一般由标题、正文、落款、日期构成。

（1）确定标题

会议纪要的标题有单标题和双标题两种形式。

单标题：由"会议名称+文种"构成。

双标题：由"正标题+副标题"构成。正标题揭示会议主旨，副标题表示会议名称和文种。

（2）撰写正文

正文是纪要的主体部分，是对会议的主要内容、主要精神、主要原则、基本结论和今后任务等进行具体的综合和阐述，由开头、主体和结尾组成。

开头：主要指会议概况，包括会议时间、地点、名称、主持人、与会人员和基本议程。

主体：主要指会议的精神和议定事项。常务会、办公会、日常工作例会的纪要，一般包括会议内容、议定事项，有的还可概述议定事项的意义。工作会议、专业会议和座谈会的纪要，往往还要写出经验、做法、今后工作的意见、措施和要求。

结尾：一般写法是提出号召和希望，但要根据会议的内容和纪要的要求来写，有的是以会议名义向本地区或本系统发出号召，要求广大员工认真贯彻执行会议精神，达成目标；有的是突出强调贯彻落实会议精神的关键问题，指出核心问题；有的是对会议作出简要评价，结合提出希望和要求。

（3）撰写制文时间

会议纪要的时间可以写在标题的下方，也可以写在正文的右下方、主办单位的下面，要用汉字和阿拉伯数字写明年、月、日，如"2022年10月11日"。

2.4.4 范例分析

请扫描二维码进行相关内容的学习。

2.4.5 练习应用

（1）填空题

① 纪要具有（　　　　）的特点。

② 纪要总体而言一般由（　　　　　　　）组成。

③ 纪要的四个写作要求为（　　　　　　　）。

（2）选择题

① 主要记载和反映领导层制定的决策事项为（　　）。

A.决议性纪要　　　　B.研讨性纪要　　　　C.协议性纪要　　　　D.其他纪要

② 召开大中型会议或议题较多的会议一般采用（　　）。

A.集中概述法　　　　B.分项叙述法　　　　C.发言提要法　　　　D.其他方法

③ 主要记载双边或多边会议达成的协议情况为（　　）。

A.决议性纪要　　　　B.研讨性纪要　　　　C.协议性纪要　　　　D.其他纪要

（3）问答题
① 什么是会议纪要，请具体说明它有哪些特点。
② 纪要的适用范围是什么？
（4）应用题
针对班级召开的疫情防控班会写一份会议纪要。

任务2.5　撰写报告

2.5.1　任务描述

理解报告的概念、分类，掌握其特点及写作要求。体味例文，模拟写作，培养撰写各类报告的能力。

2.5.2　相关知识

2.5.2.1　报告的概念

报告适用于向上级机关汇报工作、反映情况、提出意见或者建议，以及答复上级机关的询问。报告属于上行文，一般产生于事后和事情过程中。

2.5.2.2　报告的特点

（1）内容的汇报性
一切报告都是下级向上级机关或业务主管部门汇报工作，让上级机关掌握基本情况并及时对本单位的工作进行指导。

（2）语言的陈述性
因为报告具有汇报性，是向上级讲述做了什么工作或工作是怎么样做的，有什么情况、经验、体会，存在什么问题，今后有什么打算，对领导有什么意见或建议，所以行文上一般都用叙述法，陈述其事。

（3）行文的单向性
报告是下级机关单位向上级机关单位行文，是为上级机关单位的宏观领导提供依据，一般不需要受文机关的批复，属于单向行文。

（4）成文的事后性
多数报告都是事情做完或发生后向上级机关单位作出汇报，是事后或事中行为。

（5）双向沟通性
报告虽不需要批复，但却是下级机关单位以此取得上级机关单位的支持和指导的桥梁，同时上级机关单位也能通过报告获得信息、了解下情，成为上级机关单位决策指导和协调工作的依据。

2.5.2.3 报告的种类

根据报告的主要用途，可以将报告分为以下几类。

（1）工作报告

凡是用来向上级汇报工作的报告，都是工作报告。工作报告又可分为综合工作报告和专题工作报告两种。综合报告涉及面广，要把主要工作范围之内的方方面面都汇报，可以有主次的区分，但不能有大的遗漏。大到国务院提供给人民代表大会的政府工作报告，小到某单位向上级提供的年度、季度、月度工作报告，都属于这种类型。专题报告的涉及面窄，只针对某一方面的工作或者某项具体工作进行汇报，如党的机关关于"三讲"工作的报告、行政机关关于技术性工作的报告等。

（2）情况报告

如果本单位出现了正常工作秩序之外的情况，如发生了事故、出现了意想不到的问题等，对工作产生了一定程度的影响，应该及时向上级将有关情况原原本本地进行汇报。即使对工作没有太大影响，一些有倾向性的新动态、新风气，以及最近出现的新事物等，必要时也要向上级报告。凡此种种，都属于"情况报告"。作为下级机关，有责任做到"下情上达"。保证上级机关耳聪目明，对下面的情况始终了如指掌，这就是情况报告的意义。如果隐情不报，则是一种失职的表现。

（3）建议报告

对自己职权范围内的某方面工作有了深思熟虑、切实可行的设想之后，将其归纳整理成意见、办法、方案，上报上级，希望上级机关采纳，这就是建议报告，如林业局制发的《关于切实加强森林防火工作情况的报告》。对于建议报告，上级如果采纳，可能会批转给有关部门实施，这是建议报告目的的最终实现。但上级部门也可能不予采纳，这也是很正常的。作为下级机关，有建议的权利，却没有逼迫上级机关一定采纳的权力，对此也要有清醒的认识。

（4）答复报告

答复上级机关询问的报告，称为答复报告。这种报告内容针对性最强，上级询问什么就答复什么，不能答非所问。对待上级机关的询问一定要慎重，如果不了解实情，要经过深入的调查研究后再作答复。

（5）报送报告

报送报告是向上级报送文件、物件时使用的报告，正文通常非常简略，只需写明"现将××报上，请指正（请查收）"即可。真正有意义的内容都在所报送的文件里。

2.5.2.4 撰写报告的注意事项

报告写作一般要求在掌握充分材料的基础上进行综合分析，提炼出正确的主题和新颖的观点，然后用简洁的语言来表述。

（1）立意要新，内容要真实、具体，重点要突出

报告应该在占有大量材料的基础上进行分析研究，归纳出新颖的观点，提炼出能反映本质的、规律性的主题。报告的内容必须实事求是，并分清主次轻重；材料要具体，既要有概

括性的东西，也要有典型的具体事例。

（2）注意工作报告和情况报告的区别

工作报告反映的是常规性的工作，内容相对稳定，写法也相对固定，有的工作报告还向上级提出工作建议。而情况报告汇报的是偶发或突发的特殊情况，内容多不确定，写法相对灵活。有的工作报告有不同程度的说理，而情况报告重在叙述、说明有关情况。

（3）报告要及时

写情况报告要及时，以便及时让上级机关掌握情况。

（4）报告结尾使用习惯用语

根据报告的不同内容使用不同的习惯用语。提出建议、请求上级机关批转给下级机关的工作报告，常以"如无不妥，请批转有关单位执行"等请求式用语作结语，其他各类报告常以"特此报告""专此报告""请审示"等用语作结语。

（5）报告中不能夹带请示事项

受文单位不用答复报告，如果夹带请示事项，不但不便处理，甚至还会贻误工作。对呈转性建议报告中所提请求上级机关批转有关单位执行的意见，其实也是下级机关提出的建议，不应看作一种请示。

2.5.2.5 报告与请示的区别

报告与请示的区别见表2.1。

表2.1 报告与请示的区别

区别	请示	报告
是否批复或批示	需要上级作出批复	对上级没有肯定性的批复要求
行文时间	事前行文	事中或事后行文
上级的答复用法	均用批复	只能使用批示

2.5.3 撰写步骤

（1）确定标题

常用的写法有两种，一是"发文机关+主要内容+文种"的写法，如《中共中央纪律检查委员会关于清理党政干部违纪违法建私房和用公款超标准装修住房的报告》；二是"主要内容+文种"的写法，如《关于进一步加强我市公共场所防火工作的报告》。

（2）明确主送机关

行政机关的报告，主送机关尽量要少，一般只送一个上级机关即可。行政机关受双重领导的情况比较多见，只报送其中一个上级机关显然不妥，因此，有时主送机关可以不止一个。报告应报送自己的直接上级机关，一般情况下不要越级行文。

作为党的机关公文的报告，要按《党政机关公文处理工作条例》第十五条的规定执行。向上级机关行文，原则上主送一个上级机关，根据需要同时抄送上级机关和同级机关，不抄送下级机关。

(3) 撰写正文

① 工作报告。工作报告正文围绕主旨展开陈述，内容一般包括基本情况、主要成绩、经验教训、今后意见或提出有关建议等几个部分。不同类型的工作报告，汇报的侧重点有所不同。如果内容较多，应分条列项写，或分若干部分写，但各条项、各部分之间要有逻辑关系，避免无序交叉。

基本情况可简要交代时间、背景和工作条件；主要成绩应把工作的过程、措施、结果和成绩叙述清楚；经验体会主要是指对工作实践的理性认识，要从实际工作中概括出规律性的东西来，以便指导今后的工作；存在问题要写出工作中的缺点与不足；基本教训是指工作失误的原因和值得吸取的教训；今后意见是指改进工作的意见，或者提出今后开展工作的建议。不同类型的工作报告，在这些内容上各有不同的侧重点。

② 情况报告。情况报告正文围绕主旨，实事求是地概括叙述事件发生的原因、经过、性质，同时要写出处理意见、处理情况或处理建议。情况报告常用于向上级汇报下列事项。

a.严重的灾害、事故、案情、敌情。

b.关系国计民生的新政策、新规定的贯彻执行情况及群众的反映等。

c.督促办理或检查某项工作的情况，如财务、税收、物价、质量、安全、卫生等项工作的检查结果。

d.举办重大活动、召开重要会议的基本情况，各级各类代表会议的选举结果等。

e.对某项工作失误和产生问题的检讨与反思。

f.其他重要的、特殊的、突出的新情况。

情况报告写法不强求一致，但要力求做到内容集中、单一，突出重点，抓住事物本质，实事求是地反映情况；把情况和问题讲清楚，把事情的经过、原委、结果、性质写明白；提出处理意见和建议，要写得具体、明确、简要，尤其要注意提出意见、建议的角度；不能在报告中夹带请示事项；理顺文章的思路和结构，无论是纵式结构还是横式结构，都要脉络清楚、层次分明；写作要及时，以便让上级机关和有关领导尽快了解重大、特殊、突发的种种新情况。

③ 答复报告。答复报告正文包括答复依据和答复事项两部分内容。答复依据是指上级要求回答的问题要写得十分简要，有时一两句话即可；答复事项是指针对所提问题答复的意见或处理结果，既要写得周全，也要注意不要节外生枝、答非所问。

④ 建议报告。建议报告正文可分为情况分析和意见措施两部分。情况分析部分可以介绍情况，分析问题；或者肯定成绩，指出不足，总结经验教训；或者说明提出意见、建议的目的、原因和依据。这部分一般写得比较简明扼要，其后常以"特提出如下意见（或建议）""拟采取如下措施"等语领起下文。意见措施部分是在前一部分的基础上切合实际地提出做好某项工作的意见、措施、建议，这是建议报告的重点部分，也是建议报告在写法上有别于情况报告和工作报告的地方。意见措施部分往往采取条文式的写法，要求写得脉络清楚、逻辑严谨、主次分明。

建议报告需上级机关批转，有些只对上级机关的某项工作、某一征求意见的文稿等提出看法、建议，不需要上级表态或批转。

(4) 确定落款

落款要确定发文机关名称和发文日期，必要时还需加盖印章。

2.5.4 范例分析

[报告范例1]

关于代培全日制本科生初步安排的报告

××省教育厅：

在接到要求我院为××省代培部分全日制本科生的通知后，院领导进行了认真研究，初步安排如下：

一、由于我院教师、仪器设备和教室等条件的限制，我院今年只能招收200人左右。

二、为加强对学生的管理教育，我们拟将这批学生单独编班。按每班50人编成4个班。

三、我院决定开设的专业为机器制造和热处理。

以上是我院为代培全日制本科走读生的具体安排。

特此报告。

机械制造学院
二○二○年六月十日

报告范例1分析

这是一份专题工作汇报，其内容是就下一步开展上级所布置的"为××省代培部分全日制本科生"工作的初步安排进行专题汇报。

[报告范例2]

××公司办公室关于××同志职称评定的报告

市政府办公室：

接到市办公室对我公司××同志职称评定情况的查询后，我们立即进行了调查，现将有关情况汇报如下：

××同志是我公司的技术员。该同志于1983年下半年至1986年上半年在××工学院受过三年函授教育，学习了有关课程，但未能取得学历证明。今年上半年评定职称时，根据上级有关文件精神，因缺乏学历证明，决定暂缓评定他的工程师职称，待取得证明后补办。该同志认为这是刁难，故向市政府写了申诉。接到市政府办公室查询半个月内，我们派人去××工学院查到了有关材料，他们已出具了该同志的学历证明。现在，我公司已为××同志补办了评定工程师的手续。并向本人说明了情况，他表示满意。

特此报告。

××公司办公室（公章）
2020年5月9日

报告范例2分析

这是一篇答复性报告。正文的缘由部分先简介接到上级机关的查询情况，后以惯用语衔接导出下文。事项部分具体介绍对上级机关查询问题的具体调查和处理结果，有理有据，简洁明确。

2.5.5 练习应用

（1）填空题

① 报告具有（　　　　　　）的特点。

② 报告根据主要用途分为（　　　　　　　　）。

③ 报告一般由（　　　　　　　　　）四个部分构成。

（2）选择题

① 报告属于（　　）。

A. 上行文　　　　B. 下行文　　　　C. 泛行文　　　　D. 平行文

② 专题工作报告是属于（　　）。

A. 工作报告　　　B. 情况报告　　　C. 答复报告　　　D. 建议报告

③ 向上级汇报严重的灾害属于（　　）报告。

A. 工作报告　　　B. 情况报告　　　C. 答复报告　　　D. 建议报告

（3）问答题

① 报告写作的注意事项是什么？

② 具体说明报告的特点。

（4）应用题

撰写一份个人述职报告。

项目2-
练习应用 - 参考答案

------- 项 目 评 价 -------

针对此项目，相应的项目考核评分细则参见表2.2。

表2.2　评分细则

维度	评分内容及标准	得分
知识 （30分）	（1）熟悉行政公文的概念、分类，掌握其特点及行文规则（10分） （2）掌握通知的概念、种类、特点、行文规则、写作的基本要求（5分） （3）掌握请示的概念、种类、特点及写作的基本要求（5分） （4）掌握纪要的概念、种类、特点及写作基本要求（5分） （5）掌握报告的概念、种类、特点及写作基本要求（5分）	
能力 （40分）	（1）能根据具体行政公文要求，正确、熟练地撰拟通知（10分） （2）能根据具体行政公文要求，正确、熟练地撰拟请示（10分） （3）能根据具体行政公文要求，正确、熟练地撰拟纪要（10分） （4）能根据具体行政公文要求，正确、熟练地撰拟报告（10分）	
素质 （30分）	（1）具备对行政公文严守保密、廉洁奉公的职业素养（10分） （2）具备处理行政事务的组织管理能力、沟通协调能力和决策能力（10分） （3）养成处理行政事务的实事求是的工作作风、吃苦耐劳的工作精神、严肃认真的工作态度（10分）	
合计		

注：每项内容的得分不得超过该项的配分。

项目 3

撰写通用事务文书

　　文化是人类整体的生活方式，人们的日常生活和工作则是这个整体中的主体。当各种各样的日常事务进入应用写作层面，必然会出现种类繁多的事务性文书。因为日常，所以常用。我们把计划、总结、调查报告、汇报材料、改进工作方案、规章制度、公示、启事、海报、申请书、读书笔记等最常用的应用文归纳集中为通用事务文书。这类文书直面我们的生活，以工作和生活中的实际需要为写作动机，以解决方方面面的日常问题为写作目的。这类文书看似容易，但各种文种均有自己相对独特的写作规范和技巧，学习时千万不能掉以轻心，应该以踏实、务实的心态对待这类与生存技能、自身发展和职场工作密切相关的应用文体。可以这样说，只有掌握了这些通用事务文书，才能真正从校园进入社会、适应社会、融入社会。

　　撰写通用事务文书是应用文写作的基本功，本项目从文员、文书、文秘等岗位员工的实际需求出发，围绕文员、文书、文秘等岗位的具体要求设计了六个工作任务，通过这些任务的训练，学生可以达到该岗位的职业要求。

学习目标

知识目标
（1）了解通用事务文书的概念、分类、特点。
（2）掌握通用事务文书的写作要求。
（3）掌握通用事务文书的结构模式及写作技巧。

技能目标
（1）能对具体的事务文书就观点、材料、结构、格式、语言等方面加以分析评鉴。
（2）会修改常用事务文书的格式、语言、体例。
（3）能熟练撰写计划、总结、调查报告、汇报材料、申请书等各类常用事务文书。

素质目标
（1）在撰写通用事务文书时，培养精益求精、一丝不苟的工匠精神。
（2）敢于在通用事务事务文书中提出自己的观点，勇于维护真理。
（3）加强社会沟通能力。

任务3.1　了解通用事务文书

3.1.1　任务描述

了解通用事务文书的概念、分类、作用、特点，掌握其写作要求。体味例文，模拟写作，培养撰写通用事务文书的能力。

3.1.2　相关知识

3.1.2.1　事务文书概述

（1）文书的概念

所谓文书，是指在公务活动中为了处理各种公私事务所形成和使用的体式规范、内容系统的文字材料。它是概括各类文书材料的泛称，既包括公务文书，也包括私人文书，即文书＝公务文书＋私人文书。

（2）文书的种类

文书按其使用者的身份，可以分为私人文书和公务文书。

私人文书是个人或者家庭、家族在其活动中形成和使用的文书，如书信、自传、遗嘱、家谱、著作手稿、房契、地契等。公务文书即公文，也称为狭义的文书。公文种类很多，可以从不同的角度进行分类。

第一，按照作用分类可以将公文分为通用公文和专用公文两类。

通用公文是各个领域的机关和部门普遍使用的，反映领导和行政管理活动的文件材料。通用公文又可以分为法定公文和非法定公文两类，法定公文是指现行的《党政机关公文处理工作条例》（简称条例）等法规文件中规定使用的文种，《条例》规定的用于党政机关的公文共有15种，即命令（令）、决定、公告、通告、通知、通报、议案、报告、请示、批复、意见、函、纪要、决议、公报。非法定公文是与法定公文相对而言的名称，也称机关常用公文，是指《条例》规定的15种之外但又在机关中经常使用的其他公文，如计划、总结、简报等。

专用公文是某些专业领域的机关或各种机关领域中的专业对口部门在专业活动中产生和形成的文件材料。这类文书具有很强的专业特点，如司法文书、对外文书、统计文书、经济文书、会计文书、军事文书、科技文书等。

第二，按行文方向可以将公文分为上行文、平行文和下行文三类。

上行文是下级组织向上级组织的行文，如请示、报告、意见。平行文是不相隶属的社会组织包括平级组织之间的行文，如函、通知、纪要、议案、意见（其中，意见是重复使用）。下行文是上级组织对所属的下级组织的行文，如命令（令）、决定、公告、通告、通报、决议、公报、意见、通知、纪要（其中，意见、通知、纪要也是重复使用）。

第三，按来源和使用范围可以将公文分为外发文件（发文）、收来文件（收文）和内部文件三类。

一个社会组织为了完成自己的职责范围内的任务，一方面要与上下级和同级有关组织进行联系，另一方面要在组织内部进行分工、安排工作。前者形成的是发文和收文，它们反映本组织与其他组织活动的联系；后者形成的是内部文件，反映组织内部的活动，属于内部文件的有计划、总结、会议记录等。

第四，按照功能性质可以将公文分为法规性文公、指挥性公文、部署性公文、知照性公文、报请性公文、批答性公文和奖惩性公文。

（3）事务文书的概念

事务文书是党政机关、社会团体、企事业单位在处理日常事务时，用来沟通信息、安排工作、总结得失、研究问题的实用文体，是应用文写作的重要组成部分。由于这类管理类文体处理的日常事务亦为公务，所以事务文书属于广义的公文范畴。它与狭义公文（党政机关公文15种）的区别在于：一是无统一规定的文本格式；二是不能单独作为文件发文，需要时只能作为公文的附件行文；三是必要时它可公开面向社会，或提供新闻线索（如简报）或通过传媒宣传（如经验性总结、调查报告等）。传统的事务文书包括计划、总结、调查报告等，但随着日常事务的增多，汇报材料、改进工作方案、申请书、读书笔记等也进入了常用事务文书的范畴。

（4）事务文书的种类

事务文书按照不同的标准，可以分为不同的种类，常用事务文书有以下几类。

① 计划类文书。计划类文书是单位或个人对一定时限内的工作、生产或学习有目的、有步骤地安排或部署而撰写的文书。这类文书包括计划、规划、方案、安排、要点、打算、设想等。

② 报告类文书。报告类文书是反映工作状况和经验，对工作中存在的问题或具有普遍意义的重要情况进行分析研究的文书。这类文书包括总结、述职报告、调查报告、调研报告等。

③ 规章类文书。规章类文书是政府机构或社会各级组织针对某方面的行政管理或纪律约束，在职权范围内发布的需要人们遵守的规范性文书。这类文书包括章程、条例、办法、规则、规程、制度、守则、公约等。

④ 简报类文书。简报类文书是记录性文书。这类文书包括工作简报、工作动态、内部参考、信息快报等。

⑤ 会议类文书。会议类文书是用于记录或收录会议情况和资料的文书。这类文书包括会议计划、会议安排、会议记录、讲话稿、开幕词、闭幕词等。人们习惯于把这类文书称为会议材料。

（5）事务文书的作用

① 咨询建议的作用。事务文书对决策者和上级有关部门具有咨询、建议的作用。通过总结经验教训，掌握现代管理所需信息，对工作中的焦点、难点问题进行调查研究，调整工作思路，改进工作方法，及时地修改工作计划，取得更高的工作效率。

② 规范约束的作用。为了使全体社会成员或组织内的人员共同遵守一定的行为准则，

就需要制定各种规章制度，如章程、条例、准则等，它起着约束、监督的作用。计划类的文书是单位、部门要求其成员在特定的时期内，为了完成或达到一个共同的目标，采取统一行动的依据，对计划范围内的每一个成员都有规范和约束作用，同时又是监督检查工作完成情况的依据。

③ 喻事明理的作用。为了推动各方面工作的开展，各行业、各部都要依据上级精神，及时向下级各部门讲解政策、布置任务。通常情况下，上级部门以会议的形式来达到这个目的，领导人在会议上使用的讲话稿，也起到了这一作用。再如调查报告、简报等文种也可起到宣传教育作用，它们或直接或间接地用工作实践中的经验、做法来分析形势、讲解政策、明确任务、传达信息。

④ 留存备查和交流情况的作用。有的材料可以当作留存备查的依据和凭证，如会议记录、大事记等。有的材料在机关或行业的活动中又起着交流情况的作用，便于上下左右的沟通联系，如简报、调查报告等。

3.1.2.2 通用事务文书的特点

（1）广泛性

无论是事务文书所涉猎的内容，还是事务文书所发挥的作用，都体现了一种广泛的特性。如开展工作前要做计划，工作告一段落或完成后要进行总结，反映情况、问题要写调研报告，追踪工作情况要写简报，等等。因此事务文书可以用来指导工作、总结经验教训、传递信息、沟通情况等，随着社会的不断发展，事务文书将起到更广泛的作用。

（2）指导性

事务文书没有法定权威性和强制执行的作用，一般只具有指导性和辅助决策、交流信息、留存备查的用途。事务文书虽然不具有行政公文的法定权威性，但它仍然具有相应的约束力。事务文书的这种约束力主要体现在一定的权限范围之内，对单位内部产生指导作用。如调研报告所提炼总结的经验教训，简报所传递的信息，计划所设计的工作思路和方案等，往往都有具有很强的现实指导价值。

（3）规范性

事务文书的格式虽没有法定公文严格，但多数文种都有其惯用体式和样式。这些体式、样式是人们在长期的实际生活和工作中形成的，具有相对的稳定性，不能随意更改。

（4）灵便性

与行政公文和法规文书相比，事务文书写作在遵循一定规范的前提下，有着更大的灵便性。这主要体现在发文程序较简便，行文顺序较灵活，采用的表达方法也较多样，没有其他公文那般严格的审批程序、制作规矩和表达方式上的限定，表现出一种随事就文的特点。

（5）及时性

事务文书的及时性特征比较明显，写作往往是以具体工作中出现的问题或情况为出发点的，它要紧紧跟随工作和时代的脚步，及时对出现的新问题、新情况作出反应。例如计划、总结对具体工作事务的指导，会议简报对会议事务的关注，调研报告对建议决策的深入研究和准备等，都是为了更好地开展工作，都具有应时、应事的特征。

3.1.2.3　写作要求

（1）以方针政策为指导，以法律规定为依据

事务文书的政策性很强，它是党和国家的方针政策在有关实际工作中具体的体现。拟稿者须认真领会有关的政策，并运用政策原则去指导工作。同时，事务文书还必须以法律规定为依据，不能与现行政策和法规相抵触。

（2）深入调查研究，获取真实材料

撰写事务文书要了解实际情况，进行深入细致的调查研究，尽可能多地搜集、积累材料，只有这样才能明情况、知变化、定决策，才能发挥事务文书的指导性功能与务实的作用。

（3）实事求是，切实可行

事务文书，或拟订计划，或制定规范文书，或调研总结，或拟会议材料，都是为了解决工作中的实际问题，因此必须要实事求是，具有科学的可行性。

（4）格式约定俗成，语言准确简练

事务文书的格式虽然不像行政公文那样程式化，但许多文种的格式也有约定俗成的共同特点。在结构方面，事务文书要求开门见山、突出重点、层次分明；在语言方面，要求用语准确，尤其是规章类文书，更讲究炼词炼句，不能出现歧义，表述不能模糊。在写作过程中遵循职业道德。

3.1.2.4　写作注意事项

要写好事务文书，应注意把握如下几点。

（1）写作目的要明确

要根据不同的具体事项选择不同的文种来写作，使事务文书具有很强的针对性。这种针对性往往体现在发文单位对开展某项工作的指导性需求上，如计划是要对今后的工作提出明确的设想；总结则是对前一阶段工作的经验教训作出认识，以便今后更好地开展工作；调研报告是对某些具体问题进行研究，其目的是弄清事实、解决问题，从而促进工作；简报则是要及时反映工作进展、出现的情况、存在的问题等，其目的在于了解和掌握工作的全局。

（2）运用材料要真实

由于事务文书运用于具体的工作实践中，对工作具有很强的指导性和规约性。如果对基层工作缺少深入研究，对某些问题缺乏实际了解，那么所写的事务文书只能停留在工作的浅层，不可避免地会给工作带来某些缺失。写作中运用的材料要力求具体、翔实和充分，这样才可能有选择的机会；所选择的材料必须是真切的，符合生活真实的，没有虚假或作秀的成分；所选材料还要尽可能具有代表性和典型的价值，这样才能揭示事物的本质。

（3）写作态度要端正

所谓写作态度端正，是说要正确认识事务文书的写作，要有实事求是的态度和精神。对事务文书写作态度的要求往往就是对工作态度的要求。实事求是的态度是写好事务文书的重要条件，事务文书所涉及的内容多是预见未来、发现问题、解决问题、总结经验教训或作出

工作评价等诸多方面。这些内容的写作往往需要建立在作者对工作的一种正确认识之上，而对某些问题（情况、工作）的认识，在很大程度上又取决于态度。所以无论是做好工作，还是写好事务文书，都需要有实事求是的态度和精神。

3.1.3 练习应用

（1）填空题

① 所谓文书，是指在公务活动中为了处理各种公私事务所形成和使用的体式规范、内容系统的文字材料。它是概括各类文书材料的泛称，既包括（　　），也包括私人文书。

② 公务文书即公文，也称为狭义的文书。公文种类很多，可以从不同的角度进行分类。按照作用分类可以将公文分为（　　）和专用公文两类。

③ 事务文书是党政机关、社会团体、企事业单位在处理日常事务时，用来沟通信息、安排工作、总结得失、研究问题的（　　），是应用文写作的重要组成部分。

④ 事务文书对决策者和上级有关部门具有（　　）的作用。

（2）选择题

① 按来源和使用范围可以将公文分为外发文件、收来文件和内部文件三类，不属于内部文件的是（　　）。

A.公告　　　　　B.计划　　　　　C.总结　　　　　D.会议记录

② 按行文方向可以将公文分为上行文、平行文和下行文三类，不属于上行文的是（　　）。

A.请示　　　　　B.报告　　　　　C.意见　　　　　D.通知

③ 法定公文是指现行的《党政机关公文处理工作条例》等法规文件中规定使用的文种，目前党政机关公文共计有（　　）种。

A. 13　　　　　B. 14　　　　　C. 15　　　　　D. 16

④ 不属于党的机关公文种类的是（　　）。

A.通告　　　　　B.决议　　　　　C.公报　　　　　D.条例

（3）问答题

① 事务文书主要分为哪几类？

② 通用事务文书的特点主要有哪些？

③ 通用事务文书的写作要求是什么？

任务3.2　撰写计划

3.2.1　任务描述

了解计划的概念，掌握其结构、写作要求。体味例文，模拟写作，培养撰写各类计划的能力。

3.2.2 相关知识

3.2.2.1 计划的概念和种类

计划是单位或个人对未来一定时间内要做的工作从目标、任务、要求到措施预先作出设计安排的事务性文书。在未来一定时间或一个阶段内打算做什么、怎么做、预期达到什么样的目标，将这些写成书面材料就是计划。

计划是一个统称，常见的"方案""要点""安排""打算""规划""设想"等，都属于计划一类。一般说来，对某项工作从目的、要求、方式方法到具体进度，都作了全面计划的，叫方案；上级对下级布置一个阶段的工作或者一项重要的任务，需要交代政策、提出具体要求的，叫要点；预定在短期内要做的一些具体事情，叫安排；准备在近期要做的事情，而对其中的指标或措施等考虑得还不周全的，叫打算；拟订比较长期的计划而涉及面广，又只能是一个大轮廓的，叫规划；为长远的工作或某种利益着想而作出的非正式的、粗线条的计划，叫设想。可根据内容、性质、范围、时间的不同而选用不同的名称。

计划虽不是党和国家公文法规中确定的主要、正式文种，但我们对它的使用非常多。可以说大至国家，小到一个乡村、学校、连队、车间、商店，为了做好工作，搞好生产，组织好学习，都离不开计划。《礼记·中庸》中说"凡事预则立，不预则废"，这句话充分说明了制订计划的重要性。

计划是对未来一定时期内的全面工作或某项工作提出指标、要求、措施、步骤、期限的文种。它是科学管理中的主要环节，是搞好管理工作的基础，是宏观控制的依据，是获得最佳成效的途径。决策部门的领导者可以凭此统筹全局，纵横协调，综合平衡，理顺关系，减少盲目性，增强预见性，合理安排人力、财力、物力，以低消耗取得高效益，从而取得领导、指挥群众去实现计划目标的主动权。

（1）适用范围

计划是对工作预想和打算的书面化。它是为完成一定时期的工作任务而事先作出筹划和安排的一种事务文书。它是党政机关、企事业单位、社会团体搞好行政管理的基础。科学、切实的计划可以减少工作的盲目性，增强预见性；可以合理安排人力、财力、物力，高效地完成工作任务。

（2）计划的种类

计划的种类很多，从不同的角度、不同的标准可以分为以下几类。

① 按性质分，有综合性计划、专题性计划等。
② 按内容分，有生产计划、工作计划、学习计划、教学计划、科研计划等。
③ 按范围分，有国家计划、部门计划、单位计划、个人计划等。
④ 按时间分，有中期计划（如年度、季度、月度计划）、长期计划（一般指10年以上的远景规划）等。
⑤ 按形式分，有文件式计划、条文式计划、表格式计划、条文加表格式计划。

3.2.2.2 计划的特点

计划的特点包括预见性、针对性、可行性、约束性。计的表意是计算，划的表意是分割；计划从属于目标达成而存在，计划的表意定义是分析计算如何达成目标，并将目标分解成子目标的过程及结论。

（1）预见性

计划是在工作实施之前制订的，是对某项工作的目标、措施、方法、完成步骤及可能出现的情况作出的正确预想。在制订计划时，必须站得高、看得远，对全局形势和本单位的具体情况有正确的把握，才能预想得周密、切实。没有预见性就没有计划，预见性是计划的本质特征。

（2）针对性

计划一是根据党和国家的方针政策、上级部门的工作安排和指示精神而定，二是针对本单位的工作任务、主客观条件和相应能力而定。总之，根据实际情况制订的计划，才是有意义、有价值的计划。

（3）可行性

计划中所提出的工作任务和奋斗目标，不是凭空预想出来的，而是根据有关政策，结合本单位实际情况进行充分的分析、推理和估计后制订出来的有效的措施和步骤。计划的目标、任务要实事求是，措施、步骤要切实可行。如果目标过高，任务难以完成，措施难以落实，就失去了制订计划的意义；反之，如果目标过低，就不能充分调动群众的工作积极性。

（4）约束性

计划一旦被群众讨论通过或上级批准，它就对实践产生了一定的行政约束力。制订计划后与之相关的实践活动，都必须按计划的内容严格执行。在执行过程中如果发现制订的计划有不可行之处，应及时、认真地加以研究，慎重修改。

3.2.2.3 结构模式

计划的内容结构通常由标题、正文和落款三部分组成。

（1）标题

计划的标题通常由制订计划的单位名称、适用时间、内容要点、文种名称四个要素组成。例如《××公司2007年全面施行安全责任制的计划》，其中的"××公司"就是单位名称，"2007年"就是适用时间，"全面施行安全责任制"就是内容要点，"计划"就是文种名称。也有省略不写内容要点的，如《××市科技局2007年一季度工作计划》。

（2）正文

计划的正文包括前言、计划事项、措施和步骤、结尾四个部分。

① 前言。一般是写明制订计划的指导思想，提出任务的依据和目的，以及总任务、总要求等内容，即说明"为什么"要制订这一计划。主要应当写明两点：一是计划的制订根据党和国家哪些方针政策或上级指示；二是对面临的形势作简要的分析，对前段时间工作的基本情况作简要的概括（也可以不写）。

② 计划事项。要写清计划的目标，说明"做什么"。目标是对计划总任务的分解。任何工作计划都是在提出总任务的前提下，确定完成任务的各项基本目标，包括应该达到的指标在数量和质量上的要求。这部分内容要做到重点突出，简洁明确，数量、质量指标清楚、准

确。如《××市人民政府2021年工作计划》，全文由并列的七大部分组成，其中第一部分"总体要求和主要指标"与第二部分"推动国民经济发展再上新水平"就是说明"做什么"。

③ 措施和步骤。即针对所提出的工作指标和任务，写清楚"怎么做"。措施是指围绕计划目标而设计的一系列的实施办法，如要动员和依靠什么力量、利用哪些有利条件、采取哪些措施、克服哪些困难、负责人、配合合作的单位及个人等。措施是实现目标的保证，一定要周到严密、切实可行；步骤是指目标实现的程序设计和时间安排。计划的实现是一个过程，包含了不同的阶段，每一阶段又包含了若干环节。因此，工作计划的实施步骤要对计划目标的各个阶段和各个环节从时间、空间作出全局性的分析和评估，做好统筹安排，明确计划在实施中应先做什么、后做什么，以及重点解决的问题等。

④ 结尾。主要是对计划实施的重点和主要环节的强调，还可以说明注意事项，分析计划实施过程中可能出现的问题，提出实施前景的展望或要求。多数特别综合性的工作计划，一般都要有一个"号召性"的结尾。

（3）落款

计划的落款主要包括以下两项内容：一是如有指标和数字材料，可以用"附件"的形式列于正文之后、制订计划机关名称之前；二是在正文下方署上制订计划的机关名称和时间，如果标题中已注明，此处可不再标示。

3.2.2.4　写作要求

（1）服从大局

任何机关、单位的工作计划都要体现党和国家的路线、方针和政策，符合国家总体战略要求，服从和服务于新时期党和国家的总任务、总目标；既要服从大局，又要体现本机关（单位）的特点。

（2）目的明确

计划应当立足于当前和今后一段时期内需要解决的主要问题和所要做的主要工作，突出工作重点，切忌面面俱到。

（3）切实可行

制订计划要实事求是，从实际出发，深入调查研究，坚持走群众路线，广泛征求和听取有关人员和专家的意见，集思广益，进行科学的分析和综合的平衡。既要体现改革精神，又要充分考虑计划的可行性；既要积极稳妥，又要留有适当的余地。

（4）责任分明

计划往往牵涉各个方面，需要各个方面紧密配合、协同作战。因此，一定要明确工作计划实施过程中的任务分工，明确责任，以利于落实和检查计划所确定的各项目标的完成情况，同时也作为考核有关部门工作的重要依据。

3.2.3　撰写步骤

计划可以帮助人们规划自己的时间，在合理的情况下最大限度地安排时间和精力，全力投入工作中去。会制订计划的人一般都很自律，能够取得很好的成就，下面介绍撰写计划的步骤。

（1）确定计划名称

要尽可能具体地写出计划名称，如"2023年元旦文艺晚会计划书"，将名称置于页面中央；当然也可以写出正标题后将此作为副标题写在下面。

（2）撰写正文

正文一般包括前言、主体和结尾三个部分。

① 前言，主要是对基本情况的分析，或是对计划的概括说明，如依据什么方针、政策及上级的什么指示精神，完成任务的主客观条件怎么样，制订这个计划要达到什么目的，完成计划指标有什么意义。

② 主体，是指计划的三要素：目标（做什么）、措施（怎么做）和步骤（分几步做完）。"计划的三要素"繁简可以不同，但缺一不可。主体的表述方式常用的有综述式、条文式、表格式、交错式等几种。

③ 结尾，可以展望计划实现的前景给人以鼓舞，也可以提出总的希望或者发出号召。

3.2.4 范例分析

[计划范例]

××市加快建设新一代政务云行动计划

为加快××市新一代政务云（以下简称"政务云"）建设，推进资源整合、信息共享，促进电子政务集约化发展，现制订本云行动计划。

一、总体要求

（一）指导思想。以习近平新时代中国特色社会主义思想为指导，搭建××市"一朵政务云"，构建政务云体系。

（二）建设原则。坚持政府购买服务、市场化运作。搭建高效政务云平台，为全市提供统一政务云服务。

（三）行动目标。实现云运动计划资源的集纳建设、弹性伸缩、动态分配，为全市提供统一的基础设施服务和通用数据库工具、中间件等各类共性支撑服务。

二、重点工作

（一）搭建政务云体系架构。以"云网合一、云数联动"为基础，以电子政务外网为依托，以数据赋能为目标，建成全市逻辑统一的政务云体系架构。

（二）提升政务云平台服务能力。按照安全可靠、高效可用的原则，建成泛在、高性能、精益服务、低使用成本的新型基础设施。

（三）加快应用系统部署上云。

（四）推动数据资源提质增效。到2021年年底，初步构建起数据要素市场，政务数据资源更加规范，社会数据资源价值得到进一步提升，数据安全体系更加完善。

（五）加强政务云安全体系建设。全面落实安全主体责任，建立健全安全管理制度，构建全范围、多层次的安全防护体系。

三、保障措施

（一）加强组织领导。市数据资源工作领导小组领导全市政务云平台建设工作，市数据资源工作领导小组办公室负责协调调度和考核监督等工作。

（二）明确经费保障。原则上按照市，县（市）区、开发区分级保障的方式，切实保障政务云购买服务经费。按实际资源使用情况弹性计费、据实结算，先使用后付费。

（三）完善政策体系。由市数据资源工作领导小组办公室牵头制订政务云"1+N"各项管理政策。

（四）落实考核监督。各地各部门的政务云使用情况要纳入年度相关考核。对政务应用上云迁云情况差的单位，暂停信息化项目和运维链路经费审核。

××市人民政府办公室
2020年11月17日

计划范例分析

例文是××市人民政府制订的加快建设新一代政务云行动计划。从结构布局上看，全文明显地包含了前言和主体两大部分，没有单独的结尾。在具体写法上，例文先是写了一段简短的序言，交代行文的目的，并用过渡句"现制订本云行动计划"提领下文。主体部分采用并列的结构模式，从总体要求、重点工作和保障措施三个方面进行阐述，既有"做什么"又有"怎样做"，以及做到什么程度，内在逻辑关系十分紧密，给人以严谨顺畅、圆满缜密之感。特别是对重点工作和保障措施的表述，注重运用撮要表达的技法，率先提炼出段旨句，而后加以具体阐述，表意十分明晰，并且都落实到具体的责任单位，而这对于确保计划内容的贯彻实施显然是非常重要的。

3.2.5　练习应用

（1）填空题

① 计划的写作要求是（　　　　　　）。

② 计划是单位或个人对未来一定时间内要做的工作从目标、任务、要求到措施预先作出设计安排的（　　）文书。

③ 计划的标题通常由制订计划的单位名称、适用时间、内容要点、（　　）四个要素组成。

④ 一般说来，对某项工作从目的、要求、方式方法到具体进度，都作了全面计划的叫（　　）。

（2）选择题

① 表述全局性的长远设想的文件，称作（　　）。

A.规划　　　　　　B.方案　　　　　　C.安排　　　　　　D.设想

② 上级对下级布置一个阶段的工作或者一项重要的任务，需要交代政策、提出具体要

求的称作（　　）。

  A. 要点　　　　　　B. 方案　　　　　　C. 安排　　　　　　D. 设想

  ③ 为长远的工作或某种利益着想，而作出的非正式的、粗线条的计划，称作（　　）。

  A. 规划　　　　　　B. 方案　　　　　　C. 安排　　　　　　D. 设想

（3）问答题

  ① 计划的特点有哪些？

  ② 具体说明写好计划需要把握的关键点。

（4）应用题

  ① 写一份个人年度学习计划。

  ② 写一份班级学期工作计划。

  ③ 跨入大三下学期就即将进入就业工作季，请从职业目标、自我认识、发展路线、成功标准、实践锻炼方法、实施计划承诺等方面写一份个人求职计划书。

任务3.3　撰写总结

3.3.1　任务描述

  了解总结的概念，掌握其结构、写作要求。体味例文，模拟写作，培养撰写各类总结的能力。

3.3.2　相关知识

3.3.2.1　总结的概念和种类

  总结是人们对过去一定阶段内的工作、生产、学习等实践活动的回顾、分析和评价，从而得出经验教训，引出规律性认识，指导今后工作的事务性文书。总结的使用范围很广，单位或个人都经常用到它。通过总结，可以全面检查工作的完成情况，对工作中的成绩和问题作出符合客观实际的判断，并且能将工作中的体会集中起来，使之条理化、理性化。总结从不同的角度有不同的分类办法，从内容的角度来分，主要有以下两种。

（1）全面总结

  全面总结又叫综合总结，主要是对一个地区、一个单位、一个部门或某一系统前一阶段的各项工作进行综合性分析，是全方位、多角度、深层次的总结。

（2）专题总结

  专题总结也称经验总结，是对某项具体工作或某项工作的某一侧面，或工作中某一突出问题所作的专门性分析总结。这类总结的内容比较集中、单一，针对性强，写作时要求有一定的认识深度，能够概括出带有规律性、指导性的内容。从写作目的来讲，这类总结强调经验教训或带有倾向性、普遍性的问题。因而，在写法上要求更细致、更具体、更集中，但篇幅不宜过长。

3.3.2.2 总结的特点

总结与其他事务文书相比较，具有如下特点。

（1）实践性

总结是对前一段实践活动的回顾，所选用的材料必须是自身实践活动中真实、具体的材料，总结中的观点必须是从自身实践中抽象出来的规律性认识，总结中的经验必须是实践者的实践经验。由此看来，实践是总结的基础，没有实践，总结就无从下手，实践性是总结的根本属性。

（2）理论性

在对实践活动回顾的过程中，要运用分析、归纳、综合等抽象的逻辑思维方法，把比较零散、肤浅的实践活动的感性认识上升为带有规律性的理论认识，以指导未来的实践工作，从而体现出总结较强的理论性。

（3）自我性

总结中回顾的实践活动是本单位、本部门已经完成的工作，因而通常用"我"或"我们"等第一人称对过去的事实进行自我分析、自我评价。

3.3.2.3 结构模式

总结的内容结构通常由标题、正文、结尾和落款部分构成。

（1）标题

① 公文式标题。即由单位名称、事由和文种组成，如《共青团县委关于开展读书活动的总结》；也可以由单位名称、时间、事由和文种组成，如《××市交通局2017年工作总结》；还可以省略单位名称，由事由和文种组成，如《科研工作总结》《外事工作总结》等。

② 新闻式标题。新闻式标题有两种形式：一是单行标题，如《开展法制宣传教育工作的回顾》；二是双行标题，正标题突出主题，副标题说明单位、事由和文种，如《为用而学，学了能用——××公司开展岗位培训工作的总结》。这种类型的标题多用于专题总结。

（2）正文

正文通常由开头和主体两部分组成。

① 开头。开头又称前言、引言。全面总结的开头一般要用概括性的文字，把总结的时间范围、工作的指导思想及背景，本地区、本单位工作的基本情况作必要的说明，并对总结的主要精神和主要内容作必要的提示。写某一具体事件的专题总结，要求把事件的处理依据，以及事件的时间、地点、主要经过、结果和有关背景情况交代清楚。

② 主体。这部分内容主要包括工作的具体做法、经验教训及今后的努力方向。

工作的具体做法、成绩与经验是全文的重点，包括对所做工作采取的措施、方法和步骤，取得的效果、成绩及其主、客观原因，以及有何经验和体会。

问题与教训是指工作中存在的问题、不足及其所带来的影响、造成的损失，分析出的失误和问题的原因，以及由此得出的教训。这一部分要根据总结类型的不同和行文的整体要求而有所侧重,但总的要求是篇幅不宜太长。

今后的工作设想和努力方向,是在总结经验教训的基础上,对今后工作提出改进措施和努力方向,或者说明工作的发展趋势,提出新的目标,以起到展望前景、鼓舞斗志的作用。

从结构形式上看,总结的正文包括以下五种写法。

a.三大块式:这是综合性工作总结常见的一种基本形态。它通常由三大部分即"三大块"内容组成,包括基本情况概述、主要做法(或称主要经验、主要经验和做法、经验与体会、经验与教训等)、问题及今后打算(或称今后打算)。在内容详略处理上表现为"两头小、中间大",即"凤头、猪肚、豹尾"。

b.因果倒置式:这是专题性工作总结极其普遍的一种形态。它将经验、体会置于中心部位。通常开头先讲这一专题工作所取得的成绩,这就是"果",随后分条列项地表述取得这一成果的原因,也就是经验、体会,这就是"因"。先"果"后"因",形成"因果倒置"。至于这一工作中存在的问题,通常是置于结尾,三言两语一带而过,属表态性的。

c.条款并列式:把情况、效果、做法、经验、体会、问题、意见等融合在一起,归纳成若干条,逐一加以叙述、议论,不采取大问题套小问题的方法,而是每个问题都具有相对的独立性。

d.正反对比式:把情况特别是经验与教训糅在一起,归纳成几个大问题,逐一从事实与道理、正面与反面、经验与教训的对比结合上进行叙述和议论。

e.层层递进式:这也是专题总结经常采用的一种布局形态。通常是先写一个非常简明的开头,说明开展某一工作或活动的原委、背景,然后在主体部分里按照这一工作进行的过程,从初期到后期、从远处到近处、从低级到高级,分为几个层次逐一加以说明,步步深入、顺理成章。

(3)结尾

结尾应表明存在的问题及努力方向。要具体写明存在什么问题和缺点,原因是什么,有哪些教训可以借鉴,今后应如何去做。在结构安排上,可以从纵式和横式两个角度来安排,常见的有以下几种。

① 分段式。又可分为以下三种情形。

a.五段式:由情况概述、取得的成绩、经验体会、存在的问题和教训、今后的努力方向五个部分组成,每个部分既可用序号,也可用小标题列出。这种方式是写总结的习惯用法,所以又称传统式、程序式。这种写法可以使文章眉目清楚、头绪分明,适用于较大型或综合性的总结。

b.三段式:由情况概述、经验做法、今后努力方向三部分组成。例如,有一篇题为《发挥干校优势办好干部教育》的总结,第一部分简明扼要地介绍了农牧渔业部办干部培训班的背景、时间,以及在干部培训工作中取得的重大成绩,使读者对干部培训班有个概括的了解;第二部分细致地总结了办干部培训班的经验和做法,有分析、概括、事例、结论,富有说服力;第三部分在总结经验的基础上找出差距和不足之处,以便尽快地使干部培训工作完善起来。

c.二段式:由情况概述、经验做法两部分组成。例如,《首钢公司开展职工教育的情况和一些做法》就是分两大部分写的:第一部分介绍首钢公司职工教育工作的基本情况;第二部分总结出四点经验体会。三段式、二段式写法适用于问题比较集中的专题总结。

② 阶段式。即把工作的整个过程，按时间顺序划分成几个阶段来写，每个部分写一个阶段，把这个阶段的工作情况和经验教训结合起来写。这种写法便于看出工作的发展进程和每个阶段的特点，适合于总结周期较长而又有明显阶段性的工作。写作时，要注意突出各个阶段的特点，注意各阶段之间的连贯性。

③ 条文式。也称条款式，是把总结内容按事物的逻辑关系、性质或主次关系分成若干方面，用序数词给每部分编号后逐条写出，往往在同一条里把成绩经验、方法措施、问题教训等融为一体进行阐述，也称经验体会式。写作时，可按经验体会为序分条，结合经验体会自然地介绍工作情况，夹议夹叙，讲清问题；可按工作项目为序分条，在介绍工作情况的基础上引出经验教训。这种写法适用于专题经验总结。

④ 小标题式。把不同方面的情况归纳起来，分成几个问题，每个问题分别用小标题表示，每个小标题都是从感性材料上升到理性认识后概括出来的。写作时，各部分既围绕一个中心，又有相对的独立性。这种写法适用于经验总结或内容较多的综合性总结。例如，有一篇题为《我们是怎样开展政务信息多重服务的》的总结，把主要做法和经验体会分列为"正视来自实践的课题""形成多重有序的格局""建立综合配套的机制"三个观点，用小标题的形式明确表示出来，然后在这些观点的统率下，按情况写明具体做法，并把这些做法条理化、系统化，上升到理论高度，总结出经验。

（4）落款

总结的落款和计划的落款相同。要交代出总结的单位名称和日期。如果标题中已有单位名称，结尾就不必再写。若是经验性的总结，一般作者署名写在标题之下、正文之上，文后不再写单位名称，也不标日期。

3.3.2.4 写作要求

（1）找出规律，突出重点

总结的目的在于立足当前、面向未来，以便对今后工作的认识更加明确、行动更加自觉、步伐更加稳健有力。为此，就必须通过总结找出工作中带有规律性的东西，即能够揭示事物本质、内在联系和指导价值的东西。所以，写总结切忌写成流水账。所谓"流水账"，即不分主次，不讲轻重，事无巨细，面面俱到，眉毛胡子一把抓，西瓜芝麻一起捡。克服这种现象的唯一办法就是突出重点。所谓"重点"，是指事物的主要矛盾和矛盾的主要方面。具体来说，就是把工作中的基本经验、主要做法，贯彻党的方针政策上的成功之处，指导工作开展的得力之法，推动事业顺利进行的关键所在等总结提炼出来。只有这样的总结，才是积累智慧的宝库、达到认识彼岸的桥梁。那种千年模式的通用总结（即每到年底，把上一年的"总结"找出来，改改日子，换换数字，开头增加点新的提法，以此应付上级机关）理应加以杜绝。

（2）功夫下在平时

写总结最根本的一条是要有丰富的材料，因为"巧妇难为无米之炊"。要想解决这个问题，只靠写总结时才去现翻材料，现给下级打电话要数据、要例子是不行的，而是要把积累材料的功夫真正下在平时。例如，可以积累党和国家在方针、政策上重大的、最新的提法；

上级组织有关本部门、本系统工作的一些新的要求；本机关每一位领导在有关工作上的一些新的意见、见解、评论、想法，特别是他们随时随地、随口而出的一些零碎的想法、看法，一定要写在纸上、记在心中。以上这些是"上头"，还要注意掌握"下头"，即机关内部及下属基层单位出现的工作新动向、新苗头，以及典型人、典型事，特别是群众中出现的对工作精神的见解、评价及含义深刻的"火花"式的语言。积累的方法是处处留心，看到就摘，听到就记，越记越丰富，越记越熟悉。既有上情，又有下情，这"情"就是写总结的养料，有了丰富的养料就如虎添翼，写起总结就会信手拈来、轻车熟路，否则，临起草总结时"抱佛脚""先搭架子后填肉"，这样临时拼凑、填充起来的总结势必言之无物、空话连篇。

（3）磨刀不误砍柴工

当正式接受撰写总结的任务之后，不可立刻铺纸操笔，而应在具有大量材料的基础上认真分析研究，进行思维加工，将零散、感性的材料进行归纳、分析，使其上升到系统、理性的高度。明确结论，确立观点，然后列出提纲，做好书面设计。待上述准备工作完结后，再下笔写作。从时间上看，好像这样花费了不少时间，不太划算，不如接到任务后马上动笔来得快，其实不然。经过较为充分的思考，观点确定准、材料选得精、结构思路清，这样写出的总结一般不会出现返工的情况；相反，匆忙上阵，缺乏充分思考，写出的总结不仅"缺胳膊少腿"，还会出现大规模返工的现象，甚至被领导推倒重来，反而耽误了时间。所以"七分想，三分写"是快速成文的一条经验，俗话说得好："磨刀不误砍柴工。"

（4）不要"十步九回头"

当按照提纲正式动笔写作时，一开始不要过多考虑文字的技巧，要以"小卒子过河勇往直前"的精神把初稿铺就出来。这就如同盖大楼一样，先把四周垒起来，而后再精雕细琢。在"冲"出初稿之后，再进行修改、推敲、润色，使之成文。总之，千万不要写写停停、停停改改，"十步九回头"，改乱了撕掉，撕后再写。如此边写边改，边停边改，既浪费时间，又容易产生烦躁的情绪，扰乱了预想的安排。总之，起草稿犹如"冲锋"，尽量一气呵成，宜粗不宜细；修改稿子时则要精雕细琢，宜细不宜粗。

（5）行文要规范

总结不是一个主要的、正式的文种，加之它的行文属性是中性，因此在上报和下发时，都要从主要的、正式的文种中选择报告和通知作"文件头"，载运着总结向上和向下行文，切不可"天马行空，独来独往"。总结虽作为附件随"文件头"运行，但它与一般文件的附件不一样，其落款处也要加盖印章，以示负责。

3.3.2.5　写作注意事项

要写好总结，应注意把握如下几点。

① 认真调查，收集材料。这是写好总结的前提。总结是反映客观现实的，而客观现实是纷繁复杂的，要了解客观现实，掌握总结的各方面情况，必须到现实生活中去调查研究，收集大量的材料。

② 实事求是，一分为二。这是写好总结的基础。写总结必须从本单位的实际出发，坚持一分为二的观点，既要看到成绩，又要看到不足；既从纵向比，又从横向比。对成绩和问

题不能任意夸大、缩小、弄虚作假，也不能脱离实际。

③ 研究材料，找出规律。这是写好总结的关键。获得材料后，必须对材料进行分析研究，从中找出规律性的东西。写作时要根据党的路线、方针、政策与本单位的实际情况，有针对性地总结那些具有指导意义、行之有效的经验，要在提出问题、分析问题的基础上，明确提出解决问题的办法。

④ 围绕中心，突出重点。这是写好总结的根本方法。必须围绕中心，选择典型事例，突出重点问题。对材料要有选择和取舍，举例要能说明问题，做到有材料、有观点，材料和观点有机统一，不可不分主次、面面俱到。

⑤ 叙议结合，语言简朴。这是写好总结的要求。总结是工作中常用的一种实用文体，它不同于叙事性的文章，也不同于文学作品。语言要求简洁朴实，不能拖泥带水、过分修饰。从表达方式上讲，它既要用叙述的方式摆情况、谈成绩、讲做法，又要用议论的方式分析原因、谈论体会、说明原因，要求叙议结合。

3.3.3　撰写步骤

对于每个职场人来说，写好总结是非常重要的，往往很多人把工作做好了，但是不会表达。试想一下，如果你在给领导的工作汇报或者总结中连一件事情都交代不清楚，领导会不会认为你的能力不够。在职场沟通中，大家都追求效率，空洞、啰唆的表达在对方看来就是浪费时间。要知道领导通常都比较忙，时间对于领导来讲是非常珍贵的，如果你的总结写不好，他很可能不清楚你具体做了哪些工作，领导也就看不到你工作的价值。下面就来了解撰写总结有哪些步骤。

（1）汇总素材、熟悉情况

这是写好总结的第一步，也是首要环节。在撰写总结之前，要尽可能多地收集与撰写总结相关的一切资料，并进行阅读，熟悉和掌握相关情况。

（2）初步提炼、去粗取精

面对众多的材料，哪些该采用、哪些要摒弃，就需要我们在认真阅读、熟悉材料的基础上，进行初步提炼、去粗取精。着重从找出重点、总结做法、归纳成效、提炼特色、分析经验、研究不足等方面入手。

（3）理清思路、谋篇布局

在充分获取材料、对整体情况了然于胸之后，即可着手进行撰写总结的工作。具体要求如下所述。

① 定好提纲。要在前面准备的基础之上，把撰写的大致思路搞清楚，紧紧围绕撰写这份材料的目的、方向和准备展现的重要内容，定好提纲，为后续的撰写工作奠定基础。

② 细分层次。具体而言就是在主要做法、工作成效、取得经验等部分细分出具体的写作方向，使材料整体层层递进。

③ 拟好标题。包括大标题、小标题、首句，都需要反复推敲、反复锤炼，力求让别人一看标题和首句就知道材料的主要内容，力求标题和首句就是凸显材料的重点内容，就是党建工作的成效、特色、做法和经验。这里要特别注意的是，标题能够使用排比、对偶的句式

为佳，但也不可为了追求形式上的统一，而忽视内容的实际需要。要坚持形式服务于内容并体现内容，不能为了追求标题形式上的统一而导致该段落的内容空洞无物，让人阅读后不知所云。

（4）撰写初稿、一气呵成

撰写总结材料要一鼓作气、一气呵成，尽可能在连续的时间内将文稿撰写完毕，如遇到内容暂时不知如何下手时，切不可中途停顿过久。在撰写过程中主要把握以下几个方面。

① 文题一致，观点突出。所撰写的内容要与工作材料的主题保持一致，特别是与大标题、小标题和首句的观点保持一致，做好观点与素材的结合。

② 综合概括，具体剖析。在撰写的时候要特别注意处理好综合概括和具体剖析的关系。全面的概括有利于让别人看到整体的工作情况，对典型事例的分析又向人展现特色的一面。

③ 语言生动，内容充实。要学会引用经典名言警句或者领袖的话语，尽量使用短句，用通俗易懂、朗朗上口的大众化语言进行表述。

（5）精心修改，反复推敲

写好一份总结材料如同撰写一篇文章一样，不能追求一次成功的效果，一份好的总结材料的出炉总要经历精心修改、反复推敲的过程。

3.3.4 范例分析

请扫描二维码进行相关内容的学习。

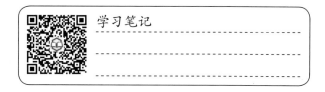

学习笔记

3.3.5 练习应用

（1）填空题

① 总结是人们对过去一定阶段内的工作、生产、学习等实践活动的（　　），从而得出经验教训，引出规律性认识，指导今后工作的事务性文书。

② 全面总结又叫（　　），主要是对一个地区、一个单位、一个部门或某一系统前一阶段的各项工作进行综合性分析，是全方位、多角度、深层次的总结。

③ 总结的内容结构通常由（　　）部分构成。

（2）选择题

① 总结与其他事务文书相比较，具有的特点为（　　）。

A.实践性　　　　　　　　　　　　B.理论性
C.自我性　　　　　　　　　　　　D.实践性、理论性和自我性

②（　　）是写好总结的第一步，也是首要环节。

A.汇总素材、熟悉情况　　　　　　B.初步提炼、去粗取精
C.理清思路、谋篇布局　　　　　　D.撰写初稿、一气呵成

③（　　）是写好总结的根本方法。

A.认真调查，收集材料　　　　　　B.围绕中心，突出重点
C.实事求是，一分为二　　　　　　D.研究材料，找出规律

（3）问答题

① 总结有哪些主要作用？

② 简述总结的正文的五种写法。

③ 简述总结的写作要求。

（4）应用题

① 写一份年度个人学习总结。

② 写一份班级学期总结。

任务3.4 撰写调查报告

3.4.1 任务描述

了解调查报告的概念，掌握其结构、写作要求。体味例文，模拟写作，培养撰写各类调查报告的能力。

3.4.2 相关知识

3.4.2.1 调查报告的概念和种类

调查报告，就是用书面语言表达调查研究结果的一种公文文体。它是在作者对客观事物进行深入、周密的调查研究和分析综合的基础上写出来的。调查报告可以帮助我们比较全面系统地认识事物、解决问题，用以推动工作的深入开展。

调查研究的结果，要用调查报告的形式表现出来。因此，写好调查报告，不仅可以为各级领导机关制定和执行正确的方针、政策提供可靠的依据，而且对宣传辩证唯物主义的思想路线，即坚持实事求是、一切从实际出发、理论联系实际，反对唯心主义和形而上学，克服主观主义、形式主义和官僚主义，培养和造就社会主义事业的管理者和领导人才，都发挥着重要作用。

（1）调查报告的概念

调查报告是对某种情况、某项经验、某个问题或某个事件进行有目的、有系统的调查，将调查获得的材料进行深入细致的分析研究之后，所写出的反映客观实际、揭示事物本质与发展规律的书面报告。调查是报告的基础和依据，报告是调查结果的反映，而深入细致的分析研究是写好调查报告的关键。

（2）调查报告的种类

从内容、性质和用途上分，调查报告可分为以下三类。

① 反映情况的调查报告。反映情况的调查报告因调查目的、范围和用途的差异，可分为个案性调查报告和综合性调查报告两种。

a.个案性调查报告：这种报告主要是反映某一具体情况的，其调研目的是把这一具体问题界定清楚。调研范围单一、具体。报告的内容一般用来作为处理某个具体问题的依据或重要参考。

b.综合性调查报告：这种报告是反映总体基本情况的，其调研目的是掌握某一领域或某一方面的概貌。调研范围相对宽广，涉及的对象较多。报告的内容主要用作宏观决策的参考，或者用于说明某种客观现象。

② 总结典型经验的调查报告。总结典型经验的调查报告是为了概括出先进人物或先进地区、先进单位的经验，使其便于在整体上发挥普遍影响。调研对象是一个或一类特定的先进典型。调查报告写成之后，其中所概括的经验可以为有关人员或单位所借鉴，或可以使之从中受到启发，也可作为有关主管部门开展学习先进活动的素材。

③ 揭露问题的调查报告。揭露问题的调查报告是为了查清事实，获得足以说明问题性质、程度的材料，调查对象一般是暴露出问题和问题涉及的有关单位和人员。揭露问题的调查报告不仅可以用来澄清是非、辨明真伪、教育群众，还可以直接用作对有关责任单位和责任人进行处理的重要依据。

3.4.2.2　调查报告的特点

调查报告具有鲜明的特性，突出表现在以下几个方面。

（1）真实性

调查报告的基础是客观事实，真实是调查报告的生命，调查所获得的材料必须是真实情况的反映，调查报告中所列举的事例、数据等必须是确凿无误的，不容许有任何的虚假或浮夸。否则，就会影响和干扰决策的正确性。

（2）针对性

调查报告都是就某一具体的情况、问题、事物、经验到某一具体的地区、单位或部门对相关人员进行有的放矢的调查研究，提出或回答人们最为关注的问题，而不是毫无目的地盲目调查，具有较强的针对性。

（3）规律性

调查报告要对大量的事实材料进行分析、综合，概括升华为具有规律性的认识，以发挥其普遍性的指导作用。只反映客观事实，而没有揭示出事物的本质和发展规律，调查报告就会失去价值。

（4）时效性

调查报告反映的是当前的情况和新出现的事物，揭露的是现实生活中急需解决的问题，推广的是有利于推动目前工作的经验。从这个意义上讲，它具有很强的时效性，否则调查报告也就失去了意义。

3.4.2.3　结构模式

调查报告的内容结构通常由标题、前言、主体和结尾四部分组成。

（1）标题

调查报告的标题应当写得新颖、明朗、简洁，要从其内容和作用的需要出发，做到题文相符，揭示主旨，有画龙点睛之妙。调查报告的标题常用的拟写方法有以下四种。

① 公文式标题。一般由事由和文种组成，如《关于当代大学生消费情况的调查报告》《关于海南进口和倒卖汽车等物资问题的调查报告》。

② 文章式标题。直接揭示调查报告的内容和研究范围，如《国民法律意识调查》。

③ 正副式标题。是指将调查的事项、范围及对象作为副标题，而以正标题概括调查报告的主题思想或主要内容，如《基层民主的新验证——赵县村民代表会议制度建设调查》。

④ 提问式标题。通过提问来引起读者的注意，如《用公款请客为何愈演愈烈？》《中等偏下的物价从何而来？》《房价为何居高不下？》等。

（2）前言

调查报告的前言也称导言、引言和开头，类似新闻报道的导语，但较之更详细。调查报告的前言通常要写明调查的线索、目的，以及调查的时间、地点、对象、范围、方法、基本情况和结论等。要求紧扣主题，做到简练概括。有的调查报告开门见山，直接进入主体部分，而将前言部分省略掉，以求简洁。

（3）主体

主体部分是调查报告的基本内容，它以调查所得的确凿的事实和数据介绍调查对象的基本情况及其发生、发展与变化过程，以及从这些事实材料中所总结出来的经验教训。有的调查报告还提出解决问题的建议。主体部分内容的安排要做到先后有序、主次分明、详略得当、重点突出、逻辑严密、层层深入。其写法以叙事为主，夹叙夹议，常用的结构方式有纵式、横式和纵横结合式三种。

① 纵式结构。这种结构方式是按照事物发生发展的过程顺序或按调查的时间先后顺序进行叙述和议论，适用于内容比较简单的调查报告。

② 横式结构。这种结构方式是将调查所得的各种事实、数据材料进行概括、分类，按问题性质从几个不同侧面或角度说明问题，并常使用序码分列小标题的方式使其结构清楚。它适用于涉及面广、事件线索较为复杂的调查报告。

③ 纵横结合式结构。这种结构方式运用于内容丰富的调查报告，通常是先交代事件发生的原因及发展过程，接着进行分析归纳，总结事物的基本性质和特点。

（4）结尾

调查报告的结尾应当简洁明了地写出通过对事实材料的分析所得出的结论。有的结尾以简练的语句概括报告的主要观点，以进一步深化主题，增强调查报告的说服力和感染力。除经验性调查报告外，多数是针对所调查的问题，通过分析，提出解决问题的办法、措施、意见和建议。有的调查报告通过对事实材料的分析，提出发人深思的问题，启迪人们进行更深层次的思考和探索；也有的调查报告将结论性意见写在前言或主体中，而不写在结尾部分。调查报告的最后要落款，写明调查单位（调查组）名称及时间。如果有附件，应当标明其名称及件数。

3.4.2.4 写作要求

（1）在调查上下功夫，确保材料的真实性和说服力

"没有调查就没有发言权",同样,没有调查就没有调查报告的写作权。"一切结论产生于调查情况的末尾",撰写调查报告必须以认真、细致、周密的调查活动作为坚实的基础,只有这样,才能保证其所用材料的真实性,才能使之具有说服力。相反,不下苦功夫进行调查,往往容易导致报告的不真实,或者以偏概全,或者挂一漏万,而这又势必影响通篇报告的质量,这种调查报告对实际工作没有任何指导作用。因此,要写好调查报告,必须对调查对象进行深入细致的了解,力求获取全面材料,包括正面的、反面的、现实的、历史的、上层的、下层的(领导和群众)等。只有这样,选用起来才会得心应手、左右逢源,才能对大量的事实材料进行分析比较,从而得出正确结论。在调查过程中,还要坚持运用马克思主义的立场、观点和方法来观察问题、认识问题和解决问题,它是调查活动趋于正确的思想基础和理论基础。

(2)在研究上做文章,确保调查报告的指导性

研究是对调查所得材料的深化,也是写好调查报告的关键所在。没有这个环节,所撰写的调查报告只能是事实现象的堆砌和罗列,不具有任何实用价值。要在辩证唯物主义和历史唯物主义的指导下,通过对调查对象的精心比对和分析,对全部情况和材料进行"去粗取精,去伪存真,由此及彼,由表及里"的改造制作,扬弃表面的、支流的东西,抓住事物的主要矛盾和矛盾的主要方面;要侧重于对事物内部联系的研究,努力寻觅和挖掘其深层意义,找出规律性,然后将其上升到理论的高度,实现认识的升华。在此基础上所得出的结论及提炼出的主旨必然是新鲜的,具有时代特色和实际的指导意义。

(3)要合理安排框架结构,做到眉清目楚、线条分明

调查报告文种所涉及的内容十分广泛,既要反映出事物或事件发展的全过程,又要进行恰切有力的分析,找出根源,提出下一步工作意见;既要提出问题,又要解决问题;既要摆事实,又要讲道理;既要以材料说明观点,又要用观点统率材料。为此,在撰写时必须精心设计其框架结构,以便合理地使用所获取的材料,更好地突出全文的主旨。其外形结构的安排方式通常有三种:一是分部分式,即以调查点为核心,调查了几个点,就分为几部分叙写;二是分阶段式,即按照时间顺序或事物的产生、发展和变化过程的先后顺序,将其划分为若干个阶段,逐段进行叙写,前后有所概括、有所归纳;三是分问题式,即将调查情况归结为几个方面的问题,按其内容性质的主次、轻重的逻辑顺序,逐一进行叙写。究竟采用何种形式,应视具体的内容表达需要确定,要眉清目楚,有助于说明问题。

(4)要力求准确,做到材料翔实、逻辑严密

调查报告的准确性首先表现为政策与见解的准确。所谓政策与见解的准确,是指对复杂的事物要通过实际调查,作出彻头彻尾、彻里彻外的分析,提出精辟的见解,以便制定出正确的方针政策。例如《湖南农民运动考察报告》一文中,作者在"十四件大事"一节里,使用大量的数据和生动具体的事例,使得表述十分翔实,而且在引据数据事实上非常严格,非常确切,没有诸如"左右""近一个时期""大概""差不多""基本上""可能"等词语。可见,没有深入细致的调查研究,没有严谨求实的工作作风,就不能做到这样。

(5)应注重表达手法的特定性,用语要生动活泼、耐人寻味

调查报告要用事实说话,要反映事物发生、发展和变化的过程,并要对其进行分析,找出规律性的东西,用以指导工作。这样,在写作时势必既有叙述,又有议论,是叙述和议论

（即夹叙夹议）的有机结合。优秀的调查报告无一不是两种表达方式的高度统一体。在语言运用上，应力求生动活泼，富于表现力。要善用比喻、排比、引用等修辞手法，这些均有助于语言表达的生动形象。

3.4.3 撰写步骤

调查报告写作的基本步骤如下所述。

（1）深入调查，充分占有材料

写调查报告，最根本的是一定要做好调查研究工作。调查研究是写好调查报告的基础、前提和先决条件。经过深入细致的调查，我们应该充分获得以下材料：要获得现实的和历史的材料；要获得"点"和"面"的材料；要获得正面的和反面的材料；要获得典型的和一般的材料；要获得直接的和间接的材料。只有材料充分、全面，才有助于调查者正确地分析情况，作出正确的判断，才能找出规律性的东西。

（2）分析材料，正确提炼主题

一篇调查报告质量的高低、价值的大小，其决定性因素就是能否提炼出深刻的、有价值的观点，找到带有规律性的东西，得出正确的结论。这就是要舍弃事物中那些虚妄的、迷惑的假象，只留下那些能反映事物本来面目的真实材料。

（3）撰写调查报告

一般来说，调查报告的基本结构方式是由标题、正文、落款三个部分组成。标题就是调查报告的题目，由报告内容来决定。标题是画龙点睛之笔，它必须准确揭示调查报告的主题思想，做到题文相符；高度概括，具有较强的吸引力。在书写正文过程中，调查报告常以叙述、说明、议论为主要表达方式，其中，叙述是其主要的表达方式。陈述调查的经过、调查对象的基本情况和事实材料，都要用叙述，并辅之以说明等表达方式；而对实际情况和事实材料进行剖析、归纳，对经验进行总结，则要用议论。所以，写调查报告就是要做到叙议结合、夹叙夹议。当然，为了增强调查报告的可读性，在新闻媒体上发表或播出的调查报告可以根据需要穿插一些描写和人物的对话，以求生动、活泼、吸引人。

（4）修改定稿

调查报告的写作和其他文章一样，一般不能一蹴而就，而要对初稿仔细修改。修改报告须经过检查和修改两个阶段。检查的范围包括格式、观点、资料、字句。

3.4.4 范例分析

请扫描二维码进行相关内容的学习。

学习笔记

3.4.5 练习应用

（1）填空题

① 调查报告是对某种情况、某项经验、某个问题或某个事件进行（　　）的调查，将调查获得的材料进行深入细致的分析研究之后，所写出的反映客观实际、揭示事物本质与发

展规律的书面报告。

② 调查报告的内容结构通常由（　　　　　　　　）四部分组成。

③ 调查报告主体常用的结构方式有纵式、横式和（　　）式三种。

（2）选择题

① （　　）是写好调查报告的关键。

A.分析材料　　　　　　　　　　　　B.分析研究

C.确定标题　　　　　　　　　　　　D.分析材料、分析研究和确定标题

② 调查报告要对大量的事实材料进行分析、综合，概括升华为具有规律性的认识，以发挥其普遍性的指导作用。这就是调查报告的（　　）。

A.真实性　　　　B.针对性　　　　C.规律性　　　　D.时效性

③ 揭露问题的调查报告是为了（　　），获得足以说明问题性质、程度的材料，调查对象一般是暴露出问题和问题涉及的有关单位和人员。

A.查清事实　　　B.总结经验　　　C.通报事实　　　D.反映具体情况

（3）问答题

① 简述调查报告的定义及其作用。

② 具体说明调查报告的主要特点。

③ 简述调查报告的写作要求。

（4）应用题

① 写一份关于班级同学消费情况的调查报告。

② 写一份关于班级同学网络使用情况的调查报告。

任务3.5　撰写汇报材料

3.5.1　任务描述

了解汇报材料的概念，掌握其结构、写作要求。体味例文，模拟写作，培养撰写各类汇报材料的能力。

3.5.2　相关知识

3.5.2.1　汇报材料的概念

汇报是下级机关向上级机关、部门向领导机关、分支机构向总部、个人向单位报告工作、反映情况、提出意见或者建议、答复上级机关的询问时使用的公文。汇报属于日常事务文书，虽然不是中共中央办公厅、国务院办公厅等党政机关明文规定的正式公文，但在公务活动中使用频率很高。

汇报材料是指一个地区、部门、单位的负责人在一些比较正规的场合向上级领导或机关

进行工作汇报时所用的文稿。汇报材料直接反映出汇报人的思想水平和工作能力，关系到能否赢得上级领导或机关对有关工作的认可和支持。

3.5.2.2 汇报材料的种类和特点

（1）汇报材料的种类

① 综合性汇报材料。这种类型的汇报材料多用于全面系统地反映一个单位或者一个团队在落实工作时的情况，在这份材料中会将单位或者团队的工作方法、成绩、收获、不足之处、之后的工作计划都写清楚，让领导从文案中看出汇报人所表达的意思。

② 专题性汇报材料。这种类型的汇报材料会将某一方面的具体问题进行专门汇报，这里面会着重写一下存在的问题、意见、建议等，让领导在了解之后给予适当的帮助。

③ 个人汇报材料。个人汇报一般用口头形式比较多，在做书面汇报材料时，大多是个人向上级进行的工作总结，这其中的各个论点都需要以真实为依据去写。

不管是什么种类的汇报材料，都需要从新的角度去分析工作的内容，从中发现新问题，提出自己新的见解，这样才能吸引读者注意。同时还要以事实说话，这是对领导的尊重，要去收集大量的事实为依据，简明扼要，用精练的语言去写汇报材料。

（2）汇报材料的特点

① 针对性。汇报对象要有针对性。向谁汇报，是起草之前就确定下来的。要根据汇报对象组织材料，汇报对象要求汇报什么就汇报什么，不要讲不相干的事情。如果汇报的内容不是汇报对象明确要求的，也要是汇报对象责任范围内的事项，或者是同汇报对象的职责有关。其他内容至少应该是汇报对象感兴趣的事项。否则，所答非所问，风马牛不相及，汇报对象不满意，汇报人也达不到预期的目的。例如，向上级文物管理部门汇报土地开发利用的情况，只应汇报在土地开发利用中同文物保护、管理有关的事项，而不应大谈招商引资一类的事项。

② 真实性。汇报的根本价值就在于它的真实性。真实与否，关系到汇报人的立场、观点、作风、道德品质问题。汇报必须尊重客观事实，以大量具体可靠的可检验的实际材料为基础，真实地反映事物的本来面目。首先要做到的是应用的事实是真实的，而不是虚假、歪曲、经过人为处理的；其次，引用的事实必须是准确的，而不能是模糊不清的、含混的。

③ 新颖性。汇报要体现工作的创新精神和创新实际。汇报的事实材料要新，要有大量的新的信息，提供新发生的事实情况，不能老生常谈。汇报的观点要新，要站在新的角度，用新的视野、新的观念研究新情况、新问题，善于发现苗头性、倾向性、萌芽性问题，不能老调重谈。汇报的结论要新，提出的意见、建议要有创新性，并能用于指导实践。

④ 条理性。一是逻辑的条理性。内容应合乎逻辑，概念准确，判断正确，推理科学。所反映的事实要经得起推敲，经得起实践的检验。阐述的观点能够自圆其说，绝不能自相矛盾。人们常常讲一分为二，但不能讲成诡辩论，不能主次不分、是非不分、功过不分。人们经常看到有的汇报讲成绩过满、过头、过度，讲问题又过满、过头、过度，结果造成自相矛盾、自我否定的后果。如有的扶贫汇报讲成果时说扶贫对象百分之百脱贫，一片盛世太平，莺歌燕舞；讲问题时又说还有若干扶贫对象仍然缺衣少食，一片孤独凄凉，苦不堪言。这在

逻辑上无论如何都说不通，肯定有造假之嫌。二是结构的条理性，是指脉络要清楚；布局谋篇整齐划一；大标题、小标题、各个层次的序号都要合乎常规的写作习惯，让人一目了然。

⑤ 朴实性。一是篇幅朴实。有话则长，无话则短，不能故意把汇报材料拉长。可长可短的篇幅一定要短，一般以不超过3000字为宜。二是语言朴实。朴实简练，准确精当，语言朴实并不排斥生动活泼、妙趣横生。在汇报中加入精彩的例证、评论，生动的群众化的语言同朴实性的要求是一致的。

⑥ 灵活性。一是内容有灵活性。内容根据需要，可多可少，可长可短，可详可略，甚至可有可无。汇报什么，不汇报什么，多汇报什么，少汇报什么，汇报人是有选择、有调整、有余地的。二是形式有灵活性。汇报材料可以是比口头汇报的内容详尽的材料，甚至附有若干附件、参考资料；也可以精炼到几百字、几十字，甚至仅仅是汇报的大小标题而已。三是使用有灵活性。可以用正式公文报给上级机关或职能部门，可以用简报的载体发送给有关方面，可以作为口头汇报的依据或参考，还可以作为口头汇报的补充。有时，汇报人只讲汇报材料没写的内容；有时则是照本宣科；有时则声明口头汇报如有同书面汇报不一致的地方，以正式印发的汇报材料为准。有的汇报材料，如有些企事业单位的汇报，还以套色加图片的书刊画报风格印制，追求特别的宣传效果。

⑦ 时效性。汇报对时限的要求特别严格。在一定意义上说，时间就是汇报的质量。再好的汇报，错过了汇报的最佳时间，也就成了"马后炮"，失去了汇报的意义。汇报对象只有在第一时间获得有价值的信息，才能及时作出准确的分析判断，制订正确的对策，科学地指导工作。

3.5.2.3 写作要求

（1）要投其所好

所谓投其所好，其意思是说在实事求是的基础上，上级领导想听什么、喜欢听什么，就汇报什么。具体有以下四层意思。

① 汇报内容要紧扣上级领导听汇报的意图。一般来说，上级领导听汇报都有一定的目的性。特别是在比较正规的场合听汇报，往往会事先告知汇报主体。在这种情况下，就一定要按领导的要求准备汇报材料。

② 汇报内容要紧扣听汇报者的心理。起草汇报材料之前，首先要研究听汇报者关心什么、最重视什么、当前正在研究什么问题，选这样的问题作重点汇报，一般容易引起领导的兴趣。如果再汇报得很清楚、很透彻，汇报出一些思想和经验来，使领导从中受到一些启发，那就会取得更加理想的效果。这样的汇报，即使内容窄一些，也往往能"以一当十"。

③ 汇报内容要紧扣听汇报者的职责。公务行为的一个特点是职责的规定性，汇报的内容也要体现这种规定性，同听汇报者分管的工作相对应。如果所汇报的内容都是听汇报者不分管的事情，那听者肯定不感兴趣，汇报也就不可能取得好效果。

④ 汇报的思路和语言要尽量适应听汇报者的思维特点和语言风格。这一点做起来可能难一些，因为汇报工作大都是基层对上级而言的，汇报的人也好，起草汇报材料的人也好，对上级领导的特点和口味未必研究得那么多、把握得那么准。因此，就要尽可能地通过多种

渠道并尽可能多地了解领导，力求汇报思路和语言与其更贴近一些。这样，领导听着比较顺耳，汇报也就容易取得好效果。

（2）要突出特点

无论一个地区、部门，还是一个单位的工作，总有自己的特点，特点就是优势。既然有优势，汇报时就要抓住这个优势，突出这个优势。那么，怎样才能既抓住特点，又能把它突出出来呢？要注意三点：一要把最有特点的内容放到最前边，使领导一听就能感受到你的特色，以求先声夺人的效果。二要浓墨重笔，写情、写纲，给人以完整清晰的印象。在这方面多说几句，一般领导是不嫌啰唆的，因为这是他最爱听的地方。三要写深、写透，充分挖掘，展现其工作内涵、理论内涵、思想内涵，力求给人以启迪甚至震撼。

（3）要突出重点

抓主要矛盾是马克思主义哲学的一个基本观点。写汇报材料也要抓主要矛盾，就是突出重点。有些汇报材料事无巨细、面面俱到，而且平均用墨，结果成了"流水账"，哪一点也写不深透，使人听了受不到任何启发，留不下什么烙印。这样的汇报显然是不成功的。要克服这种毛病，就一定要突出重点。

什么是应该突出的重点呢？大体有这几个方面：一是最符合上级要求的内容。二是最能体现汇报主体特点的内容。因为这是汇报主体在工作上最鲜亮、最吸引人的地方。三是内涵最丰富、最深厚的内容。也就是说，要把有话可说、有思想可挖、有经验可总结的内容作为汇报的重点。

（4）要写出思想

写汇报材料不仅是一个搜集资料、积累情况的过程，而且是一个研究工作、升华理论、提高认识的过程。因此，汇报材料不能只是罗列情况，更重要的是要写出思想。当然，这种思想一般不是直接写在字面上的，而是蕴于汇报的情况和角度之中的。具体可以通过五个方面来体现：一是通过对特定问题所选取的汇报角度和站位高度来体现；二是通过汇报工作思路来体现；三是通过对工作措施的理性概括来体现；四是通过对经验、体会的理性升华来体现；五是通过对问题的深刻挖掘来体现。

（5）要脉络清晰

工作汇报是将汇报材料上的符号语言转化成汇报者的有声语言，作用于听汇报者的听觉来完成的。而听汇报和看材料是有区别的。看材料可以"回头"，把前后内容联系起来看；看材料时精力可以"分叉"，可以几条线索同时并进，一次看不清的可以反复琢磨。听汇报则既不能"回头"，也不能"分叉"，又不能慢慢琢磨。这就要求汇报材料一定要脉络清晰。首先是线条要单一，千万不能像长篇小说那样设置多条线索，这样很容易叫人陷入谜团，理不出头绪。其次是情节要简单，对复杂的情节要删繁就简，没有必要像长篇小说那样写很多细节。最后是前后内容的转换要明显，一般要有必要的语言提示，以使听汇报者思路跟得上。

（6）要结构精巧

汇报材料一般包括工作情况、取得的成绩、存在的问题、今后的设想等内容，但整个材料如何布局、怎样安排，先写什么、后说什么要精心斟酌，不一定都按上述内容顺序排列下来。干什么事都要围绕着这件事情的目的来进行。汇报工作的目的就是把情况汇报清楚，把成绩汇报充分，给领导留下一个好印象。安排材料的结构一定要有利于达到这个目的，不要只图省事、千篇一律。

3.5.3 撰写步骤

在撰写汇报材料时，如何在短时间内让材料更出彩，通常有以下七个关键步骤。

（1）"对"——对焦关注点

汇报稿是对着某一个工作组或某一级领导讲的，因此，汇报稿一定要对着听汇报者的关注点去讲，尤其要对照分管领域、调研主题等方面重点布局、分配笔墨。当然，其他方面也不能偏废，但要根据汇报重点有所侧重、有所取舍，使整个汇报稿的主题非常突出、主线非常鲜明、主体非常对路。

（2）"理"——理清大思路

汇报稿的主题确定好后，就要琢磨文章框架怎么搭的问题。就是要围绕从哪几个方面破题、用什么方式展开、采取什么风格等方面，理一理文章大体的思路。这里面有个很关键的环节，就是要根据领导意图，尤其是汇报人的风格来考虑和确定。条件允许的情况下，可直接与汇报人沟通，这样在写作过程中能省很大事。

（3）"搜"——搜集原材料

要搜集的材料主要有三种：一是本地素材，要注重合并同类项，抓典型、抓亮点、抓数据，不能"眉毛胡子一把抓"；二是友邻经验，有选择地找相关行业、相邻单位的新鲜经验和有益做法；三是有关评论，主要是摘取带有思想性、针对性的"金句"，作为汇报稿认识、分析或者做法部分提质增色的"神来之笔"。

（4）"列"——列出细框架

在广泛吸收消化原材料的基础上，对定下的大思路进行细化和拓展，逐级列出文章的提纲。在细化标题的时候，每一块大概需要写什么，怎么写，写到什么程度，甚至要用到哪些事例、哪些数据、哪些"金句"，都可以直接写在相应的小标题下。这样一是可以避免正式起草过程中出现前后交叉矛盾的问题，二是可以大大提高写作效率。

（5）"写"——起草第一稿

写作中要把握几个原则：一是大思路不能变；二是可换可不换的不要换；三是非写不可却又写无可写的要坚持写下去。有了这几个原则，就能下定决心、排除万难，直到初稿完成。

（6）"查"——查缺补遗漏

在整个起草阶段，若中央有新的精神、领导有新的要求、单位有新的情况，这些都要及时收集、及时梳理、及时纳入，做到紧跟步伐、紧跟热点、紧跟形势。尤其是对一些硬性要求、固定说法、敏感数据，要反复核查，确保不留盲区、万无一失。

（7）"改"——精改细推敲

文章不厌千回改。初稿完成后，一般要交给直接领导过目。好多领导都是文字领域摸爬滚打多年的笔杆子，如果我们认真倾听他们的意见，对比研究修改的理由，文字能力一定能在一次次看似打击、实为充电的"痛苦"历程中得到精进和蜕变。

3.5.4 范例分析

[汇报材料范例]

××乡开展"五清四化三基"工作情况汇报

今年以来,在县委、县政府的正确指导下,在上级有关部门的大力支持下,我乡认真贯彻执行"××变花园"大行动的工作要求,按照"突出重点、示范带动、整体推进"的原则,以"五化四清三基"为目标,深入推进同建同治,着力优化人居环境,取得了明显成效,现将工作汇报如下。

一、以源头治理为重点,筑牢思想防线

一是分工明确,组织到位。成立了以乡党委书记为组长的领导小组与城乡同建同治督察组,把责任层层分解到人,形成一级抓一级、层层抓落实的工作格局。

二是强化宣传,动员到位。我乡深入开展"大走访、大宣传、大规劝"的教育教化活动。制定同建同治村规民约,来规范广大群众的行为。

三是突出重点,整治到位。积极劝导群众将垃圾"分类减量,化整为零",着力从源头上减少垃圾不出户,并重点指导群众焚烧垃圾。

二、以优化环境为目标,健全基础设施

一是健全基础设施。在乡财力十分紧张的情况下,乡里挤出同建同治专项资金,先后购买垃圾回收车2台,购买分类垃圾筒3000余个。

二是推进项目建设。乡里先后完成垃圾集中处理场9余亩的征地工作。先后投入资金完成村里山塘的清淤工作。

三、以督察考评为抓手,构建长效机制

实行交流检查。乡里先后组织各村五大主干对7个村进行交流检查,通报检查结果,推介先进典型。每个月分别对各村进行综合考评,对存在问题及时下整改通知书。

四、下一步工作打算

(一)着力强化教育劝导。一是强化思想认识。提高工作的积极性和主动性,扎实推进城乡同建同治工作。二是要注重积极引导。加强宣传,强化农户的环保意识,稳步推进垃圾回收一条龙服务的管理机制。三是开展多种宣教活动。积极开展大宣传、大规劝活动,让广大群众看在眼里、听在耳里、想在心里,使文明卫生意识深入人心,做到人人不乱扔垃圾。四是抓好党员干部教育。结合自身工作的实际开展多种多样的宣传活动,党员干部带头树榜样、当标兵、走前列。五是强化保洁人员管理。加强全乡保洁人员的管理工作,制定工作制度,完善工作措施,明确工作目标,严格兑现奖惩。

(二)着力整治环境卫生。一是全面实行乡村垃圾大清扫。二是全面实行占道经营大清除。三是实行交通秩序大整治。四是全面实行户外广告大制止。五是全面实行临时建筑大拆除。六是全面实行房前屋后大清理。七是全面实行河道大治理。

(三)着力建立长效机制。一是明确工作职责。二是畅通梳理渠道。三是加强村寨建设。

（四）着力强化督导指导。加大对各个村寨同建同治工作的督导指导，对工作中出现的典型事迹、先进事迹予以全乡通报表扬；对工作拖延、推行力不行的，一经查实给予全乡通报批评，并按《××乡同建同治考核办法》文件的有关要求进行处理。

恳请解决问题：

为加快推进我乡同建同治示范乡建设，恳请县委、县政府对解决我乡主要存在的四个方面问题给予财政支持帮助。

1. 绿化。我乡主要街道及新建办公大楼绿化工作需要得到完善。
2. 亮化。解决幸福村主街道路照明灯部分损坏的问题。
3. 硬化。乡境内公路部分已损坏，道路凹凸不平，需重新进行路面硬化修复。
4. 美化。在垃圾集中的地方建立乡统一垃圾焚烧炉，集中销毁白色污染垃圾。

××乡人民政府
2021年11月16日

汇报材料范例分析

例文首先从取得成绩的三个方面进行了概述：一是以源头治理为重点，筑牢思想防线；二是以优化环境为目标，健全基础设施；三是以督察考评为抓手，构建长效机制。这说明已达到了"五化四清三基"的目标。这样既突出了特点和重点，具有很强的针对性，同时又投其所好，满足了领导需要及时了解××乡开展"五清四化三基"工作之后所达到的效果。接着又从四个方面，即一是着力强化教育劝导，二是着力整治环境卫生，三是着力建立长效机制，四是着力强化督导谈了今后的打算，为进一步做好"五清四化三基"工作指明了方向。最后提出了需要领导解决的问题。此例文完全符合专题性汇报材料的要求，将某一方面的具体问题进行专门汇报，着重写存在的问题、意见建议等，让领导在了解情况之后给予适当的帮助。因此，无论从哪个方面来讲，这篇汇报材料都是一篇典范之作。

3.5.5 练习应用

（1）填空题

① 写汇报材料不仅是一个搜集资料、积累情况的过程，而且是一个研究工作、升华理论、提高认识的过程。因此，汇报材料不能只是罗列情况，更重要的是要（   ）。

② 汇报材料的根本价值就在于它的（   ）。

③ 汇报材料要体现工作的（   ）和创新实际。

（2）选择题

① 汇报材料只是一种应用性文体，它的种类有（   ）。

A. 综合性汇报材料　　　　　　　　　　B. 专题性汇报材料

C. 个人汇报材料　　　　　　　　　　　D. 综合性、专题性和个人汇报材料

② 汇报对时限的要求特别严格，即汇报材料有（   ）。

A. 时效性　　　　B. 真实性　　　　C. 针对性　　　　D. 灵活性

③ 汇报材料要求篇幅朴实。有话则长，无话则短，不能故意把汇报材料拉长。可长可短的篇幅一定要短，一般以不超过（　　）字为宜。

A. 1000　　　　　　B. 5000　　　　　　C. 3000　　　　　　D. 8000

（3）问答题

① 什么是汇报材料？
② 汇报材料的主要特点是什么？
③ 简述汇报材料的写作要求。

（4）应用题

① 请试着为某政府机关写一份"严肃节后工作纪律汇报材料"。
② 请试着向班主任写一份"××班年度班级管理工作汇报材料"。

任务3.6　撰写申请书

3.6.1　任务描述

了解申请书的概念，掌握其结构、写作要求。体味例文，模拟写作，培养撰写各类申请书的能力。

3.6.2　相关知识

3.6.2.1　申请书的概念和种类

申请书是个人或集体向组织、机关、企事业单位或社会团体表述愿望、提出请求时使用的一种文书。申请书的一个显著特点是使用的广泛性，几乎有关工作、生活的方方面面都经常会使用到申请书。比如，加入党、团等组织需要写申请书；结婚、离婚要写申请书；调动工作要写申请书；等等。申请书如此重要，必不可少，可见，掌握申请书这种文种的写作格式和技巧是非常必要的。申请书从用途上划分，有以下几类。

（1）思想政治方面的申请

这种政治申请一般是指加入某些进步的党派团体，如申请加入中国共产主义青年团、中国共产党、中国少年先锋队、工会等。

（2）工作学习方面的申请

这是指求学或在实际工作中所写的申请，如入学申请书、带职进修申请书、工作调动申请书等。

（3）日常生活方面的申请

在日常生活中，我们常常会遇到一些问题，需要个人申请才可以被组织、集体、单位考虑、照顾或着手给予解决，诸如申请福利性住房、申请结婚、个人申请开业或申请困难补助等。

3.6.2.2 申请书的特点

① 请求性。请求上级或有关单位答应、批准某事,所以文风要质朴、诚恳。
② 单一性。一份申请只能提出一个请求。一事一书,切忌一书数事、东拉西扯。
③ 上行性。申请书是个人向组织、下级向上级的行文方式,所以在语言选择和使用上,均需符合下对上的行文标准。

3.6.2.3 结构模式

申请书同一般书信相似,都有比较固定的书写格式,所不同的是前者有标题,后者则没有。申请书大致是由标题、称谓、正文、结尾四部分组成。

(1)标题

标题有两种写法,一种是直接写"申请书",另一种是在"申请书"前加上具体内容,如"入党申请书""调换工作申请书"等,一般采用第二种。

(2)称谓

称谓亦即抬头。在标题下行顶格写上接受申请书的组织、机关、团体、单位、领导的具体名称并加冒号。例如"尊敬的校领导:"。

(3)正文

正文是申请书的核心内容,应在称谓下行左起空两格处写起。需要表达的事实和理由,尤其是申请事项较多的情况下,可以适当归类,然后条理清楚地分段书写,使人容易分辨和理解。从一定意义上说,申请书不仅是达到某种愿望的方式,而且还是一门艺术,若善于巧妙运用可以起到事半功倍的效果。

(4)结尾

结尾部分除了需要写明惯用语"特此申请""恳请领导帮助解决""希望领导研究批准"等,也可用"此致""敬礼"等敬语;还要在敬语的下行靠右注明申请者的姓名或单位名称(需加盖公章),并在署名下面写清书写申请的具体年、月、日。

3.6.2.4 写作要求

(1)语言诚恳

语言诚恳是一份好的申请书最基本的条件。只有做到语言真诚、恳切,才能打动人心,并最终达到申请的目的。但这种诚恳绝不是低三下四地乞怜,而是有原则的、有分寸的,只有恰到好处,语气婉转,才能达到这种效果。切忌语气生硬,强加于人,这样做非但于事无补,反而还会适得其反,起负作用。

(2)态度诚实

申请书上所写的内容要真实,要本着实事求是的原则,严肃认真地对待。不应为了达到某种目的而不择手段,歪曲或者捏造事实,甚至提出一些非分的要求。态度诚实,是申请人应该具备的基本素质之一。

（3）格式规范

前面讲过，申请书有固定的格式，书写时应按格式进行，不宜自己随意创造。否则，既不规范，也容易使所要表达的内容混乱，影响申请的效果。特别是在现代社会中，各种各样的申请书不胜枚举。无规矩难以成方圆，只有遵循一定的规则、格式，才能使申请书在表现形式上尽量达到完美。

3.6.3 撰写步骤

申请书的使用范围广泛，也是一种专用书信，它同一般书信一样也是表情达意的工具。申请书的撰写主要有下列五步。

（1）确定标题

首先要写明申请书的标题。

（2）明确称谓

顶格写明接受申请书的单位、组织或有关领导。

（3）撰写正文

正文部分是申请书的主体，理由要写得客观、充分，事项要写得清楚、简洁。

（4）结尾

结尾可用惯用语"特此申请""恳请领导帮助解决""希望领导研究批准"等，也可用"此致""敬礼"等礼貌用语。

（5）署名、日期

个人申请书要写明申请者姓名，单位申请书要加盖公章，并注明申请日期。

3.6.4 范例分析

请扫描二维码进行相关内容的学习。

3.6.5 练习应用

（1）填空题

① 申请书的一个显著特点是使用的（　　　）。

② 申请书是个人或集体向组织、机关、企事业单位或社会团体表述愿望、（　　　）时使用的一种文书。

③ 申请书上所写的内容要（　　　），要本着实事求是的原则，严肃认真地对待。

（2）选择题

① 申请书大致是由（　　　）、称谓、正文、结尾四部分组成。
A. 标题　　　　　　　B. 引言　　　　　　　C. 抬头　　　　　　　D. 惯用语

② 申请书的特点有（　　　）。
A. 请求性　　　　　　　　　　　　　　　　B. 单一性
C. 上行性　　　　　　　　　　　　　　　　D. 请求性、单一性和上行性

③ 申请书从用途上划分，可以分为（　　）类。
A. 一　　　　　B. 二　　　　　C. 三　　　　　D. 四

（3）问答题

① 什么是申请书？

② 具体说明申请书的主要特点。

③ 具体说明申请书的写作要求。

（4）应用题

① 某学生于2018年7月1日经过党组织批准，正式成为一名光荣的中国共产党预备党员。现在预备期已满一年，请为他写一份"预备党员转正申请书"。

② 某大学学生刘某，来自某专业2021级3班，大学一年级期间就任班长一职。他进入大学二年级后，准备竞选学校学生会主席一职，请替他写一份"竞选学生会主席申请书"。

项目评价

针对此项目，相应的项目考核评分细则参见表3.1。

表3.1　评分细则

维度	评分内容及标准	得分
知识 （30分）	（1）了解通用事务文书的概念、分类、特点及写作要求（10分） （2）熟悉计划、总结、调查报告、汇报材料、申请书的概念、功能、分类、特点等（10分） （3）掌握各类通用事务文书写作的基本要求、撰写思路等（10分）	
能力 （40分）	（1）能对具体的事务文书就观点、材料、结构、格式、语言等方面加以分析评鉴（10分） （2）能修改常用事务文书的格式、语言、体例（15分） （3）能熟练撰写计划、总结、调查报告、汇报材料、申请书等各类常用事务文书（15分）	
素质 （30分）	（1）在撰写通用事务文书中具备精益求精、一丝不苟的工匠精神（10分） （2）敢于在通用事务文书中提出自己的观点，具备维护真理的精神（10分） （3）具有较强的社会沟通能力（10分）	
合计		

注：每项内容的得分不得超过该项的配分。

项目3-
练习应用-参考答案

项目 4

撰写会议事务文书

掌握会议事务文书的概念、特点、写作技巧与方法是应用文写作的一项基本技能。本项目从职业发展综合能力提升的实际需求出发，围绕技术技能岗位员工的具体要求设计了六个工作任务。通过这些任务的训练，学生可以达到未来职业岗位的实际要求。

学习目标

知识目标

（1）了解会议事务文书的基本含义。
（2）熟悉会议事务文书的特点和作用。
（3）掌握会议事务文书的写作方法。

技能目标

能够独立撰写常用的会议事务文书。

素质目标

（1）培养对会议事务文书保密、诚实守信的职业素养。
（2）加强会议事务组织方面的沟通与协调能力。
（3）端正撰写会议事务文书的严谨的工作态度。

任务 4.1 了解会议事务文书

4.1.1 任务描述

理解会议文书的概念、分类，掌握其含义、特点及写作要求。体味例文，模拟写作，培养撰写会议文书的能力。

4.1.2 相关知识

4.1.2.1 会议文书的含义

会议文书是指在会议的组织准备、召开和会议成果的发布等有关会议的各个环节中所使用的，直接反映会议精神或为会议服务的一系列文书的总称。其中包括会议计划、会议策划方案、会议通知、会议秩序册、开幕词、闭幕词、主持词、讲话稿、发言提纲、工作报告、决议、提案、议案、会议记录、会议纪要等。由于其中一部分文书属通用文书，在其他章节另有介绍，本书主要介绍主持词、发言稿等五种会议专用文书。会议文书是会议指导思想、会议主题内容、会议进程等全部活动的反映与记录，是指导会议活动、维持会议秩序、完成会议计划和任务、达到会议目的的重要工具。

4.1.2.2 会议文书的分类

根据相对性的划分原则，会议文书主要可以分为以下三类：一是会议主题文书，其主要文种有开幕词、主题报告、专题报告、大会发言、会议决议、闭幕词等；二是会议进程文书，其主要包括会议议程表、会议日程表、会议记录、会议简报、选举程序、表决程序等；三是会议管理文书，其主要包括会议通知、参会须知、议事规则、出席证件、保密制度等。

4.1.2.3 会议文书的特点

（1）针对性

会议文书大多具有较强的针对性，如讲话稿、发言稿需要根据不同的场合、不同的听众、所要达到的目的而拟定内容；大会工作报告要根据会议性质的不同而确定报告内容的重点。

（2）权威性

会议文书大多具有权威性，如工作报告、会议决议、会议纪要等具有很强的权威性。这是因为工作报告是报告人代表一定的组织向与会代表报告工作；会议决议是全体代表对工作报告和其他有关事项表达意志的体现，是会议的最高意志；会议纪要形成后往往需经与会者审阅修改，代表了与会者的共同意志，纪要中记录的有关事项一般是大家必须共同遵守的事项。

（3）指导性

领导在会上的讲话，往往对与会者提出明确的任务、要求，指导具体工作的开展。会议开幕词、闭幕词、工作报告中的许多内容，都涉及对工作的要求，有些是原则性要求，有些是具体要求，具有指导具体工作的作用。

（4）程序性

会议文书中，如会议主持词、会议议程等，其性质是围绕会议中心安排的有关事项，属于会议程序性文书。

4.1.2.4 会议文书的作用

会议文书的作用主要表现在以下几个方面。一是保障会议的顺利进行，如会议秩序册（或称会议指南）、参会须知的作用。二是沟通信息，举行会议实际上就是将与会者召集在一起，互通信息，共同讨论、研究、审定、通过有关事项，这其中就存在信息交流的问题，会议文书就起着信息交流媒介的作用。三是传达贯彻会议精神，如会议纪要等就起到了传达会议精神的作用。人们是通过会议纪要等相关文件，了解会议情况，学习会议精神，在工作中贯彻落实会议提出的各项要求的。四是记载会议内容，如会议记录真实地记录了会议的全过程，包括对问题的不同认识、不同意见，以备需要时查阅；其他各种会议文书也从不同侧面记录了会议的相关信息，如档案也起着记录会议、保存资料的作用。这就需要会议文书的记录人员具备严谨、踏实的工作作风来完成记录工作，也是每个人在工作上应该具备的态度和精神。

4.1.3 范例分析

[会议通知范例]

铁路局共青团大会通知

局属各单位团组织：

根据《中国共产主义青年团章程》和《铁路团的各级代表大会组织选举规则》的规定，经局党委研究同意，局团委筹备组拟于今年六月在江州召开共青团××铁路局第一次代表大会，现将有关事项通知如下：

一、大会的指导思想和任务

以党的十六届四中全会精神为指针，高举邓小平理论伟大旗帜，全面贯彻"三个代表"重要思想，与时俱进，开拓创新，求真务实，苦干实干拼命干，扎实推进团的各项工作，切实加强团的自身建设，进一步动员全局广大团员青年，以更加昂扬的斗志，创造新业绩，完成新使命，争创全路一流团组织，为铁路局安全运输生产经营和跨越式发展目标的实现贡献青春、建功立业。

二、大会的主要议程

选举产生共青团××铁路局第一届委员会。

三、大会代表名额及产生办法

根据《铁路团的各级代表大会组织选举规则》的规定，拟定出席大会的正式代表126名，由各局属单位团的代表大会（代表会议）差额选举产生。

四、委员会组成及产生办法

共青团××铁路局第一届委员会拟由27人组成，委员会设常务委员5人，书记1人，副书记2人。委员采取差额选举的办法产生。

召开共青团××铁路局第一次代表大会是全局团员青年政治生活中的一件大事，开好这次会议，对于进一步加强全局共青团工作，调动全局广大团员青年的积极性，充分发挥共青团组织在企业三个文明建设中的突击队作用，为实现我局跨越式发展的奋斗目标贡献青春，具有十分重要的意义。

希望各局属单位团组织在党委的领导下，协助党委选好配齐团的干部，开好团的代表大会（代表会议），选好出席局第一次团代会的代表，组织广大团员青年以崭新的面貌、优异的成绩，迎接共青团××铁路局第一次代表大会的胜利召开。

联系人：张×

电话：631×××92

传真：652×××83

邮箱：×××××××@×××com.gov.cn

会议通知范例分析

以上会议通知严格按会议通知的格式书写，要点明白，会议通知清楚，要言不烦，言简意赅，会议通知的主要议程清楚明白。

4.1.4　练习应用

（1）填空题

① 会议文书分为（　　　　　　　　　　）三类。

② 会议文书的特点有（　　　　　　　　　　）。

③（　　　）是全体代表对工作报告和其他有关事项表达意志的体现，是会议的最高意志。

（2）选择题

①（　　　）不属于会议文书的特点。

A.针对性　　　　　　　　　　　　B.权威性

C.指导性　　　　　　　　　　　　D.随意性

② 会议文书除会议主题文书、会议管理文书，还有（　　　）。

A.会议报告文书　　　　　　　　　B.会议记录文书

C.会议通知文书　　　　　　　　　D.会议进程文书

③ 会议文书的作用是（　　　）。

A.保障会议的顺利进行　　　　　　B.沟通信息

C.传达贯彻会议精神、记载会议内容　D.以上均是

（3）问答题

① 会议进程文书包含哪些内容？

② 会议管理文书包含哪些内容？

（4）应用题

针对目前频繁发生的重大安全事故，为消除本公司经营管理过程中存在的种种安全隐

患，××商业集团公司拟召开一次规格较高，以增强安全意识、根除安全隐患为主题的工作会议。请就此写一份会议通知。

任务4.2 撰写会议主持词

4.2.1 任务描述

理解会议主持词的概念，掌握其含义、分类、写作格式。体味例文，模拟写作，培养撰写会议主持词的能力。

4.2.2 相关知识

4.2.2.1 会议主持词的含义

圆满开好会议，是会议能否实现预期目标的关键因素之一。因此，写好会议主持词越来越为各级领导所重视，也逐渐成为秘书人员的一项重要任务。

会议主持词是会议主持者主持会议时使用的带有指挥性、引导性的讲话。一般大型或正规的会议都要有会议主持词，所以其使用频率较高。主持词和其他公文一样，也有其特点，有其特有的写作套路。不熟悉它、不掌握它的写作规律，就难以得心应手，更难达极致。

4.2.2.2 会议主持词的特点

有人把会议主持词比喻成乐队指挥、报幕员、导游，这不无道理。但严格地说，会议主持词要根据会议的安排，对有关内容和事项作出说明，对一些重要问题进展强调，对指导讲话作出简明扼要的评价，并对会后如何贯彻落实会议精神提出要求、布置任务。会议主持词有以下几个特点。

（1）地位附属

主持词是为领导讲话和其他重要文件效劳的，其附属性表现在两个方面：从形式上看，主持词的构造是由会议议程所决定的，必须严格按照会议议程谋篇布局，不能随意发挥；从内容上看，主持词的内容是由会议的内容所决定的，不能脱离会议内容。主持词的附属性地位决定了它只能起陪衬作用，不能喧宾夺主。因此在撰写主持词的过程中，从构造到内容，乃至遣词造句、语言风格、讲话口气等，都要服从并效劳于整个会议，与会议相协调相一致。

（2）篇幅短小

主持词的篇幅一般不宜过长，要短小精悍、抓住重点、提纲挈领。篇幅过长、重复会议内容就会造成主次不分、"水大漫桥"。

（3）语言平实

与严肃的会议气氛相适应，会议主持词在语言运用上应该平实、庄重、简明、确切。要开门见山、直入主题，尽量不用修饰和曲笔。说明什么，强调什么，提倡什么，反对什么，有什么要求、建议和意见都要一清二楚、一目了然，切忌含糊其词、模棱两可。

（4）重在头尾

会议主持词的主要部分在开头的会议背景介绍和结尾的会议总结任务布置两局部，中间部分分量较轻，只要简单介绍一下会议议程就可以了。因此，会议主持词的撰写重点在开头和结尾。

（5）构造独立

会议主持词分为开头、中间和结尾三个部分，而且每部分都相对独立。

4.2.2.3 会议主持词的写作注意事项

（1）要弄清会议主持词的概念

会议主持词的概念，简单地讲就是在一些大型会议或重要会议上，会议主持人用于主持会议正常开始、顺利进行及圆满结束的书面材料。过去，主持人主持会议一般就是列个会议议程，即会议第一项进行什么，第二项进行什么。小型的会议或是内容单一的会议，连议程也不列，就是直接讲。近年来，企业运作逐步向着规范化迈进，一些重要的大型会议对主持人的要求也越来越高，既要不折不扣地体现会议的主旨，又要自始至终不能出现错误，所以会议主持词就显得越来越重要。实践证明，一个好的主持词，对会议的成功与否有着非常重要的作用。作为主持词的撰写者，一定要清楚主持词与会议议程的区别及它的作用，要在思想上提高对会议主持词重要性的认识。

（2）要掌握会议主持词的内容、结构和写法

主持词一般为阐述会议的指导思想、主要任务、会议要求、会议的范围、会议的议程及会议的贯彻落实意见等。其结构和写法因会议内容的不同而有所不同，但总的来讲是大同小异。

（3）要摸清会议情况，领会领导意图

撰写好会议主持词的关键是要弄清会议的内容及全部过程，最主要的是要知道领导都要确定哪些事项。例如会议的主要任务、具体议程、参加范围、会议开法等。了解的途径主要有两种：一是参加领导班子会议，直接掌握领导对会议召开、目的、任务、议程及会议要达到的效果等内容确定的意见。例如企业每年召开的工作会议、职代会，事前都要召开领导班子会议进行专题研究。作为主持词的撰写人如果能够参加会议，将对撰写好主持词起到至关重要的作用。二是找会议主持人、相关领导及党政两办主任了解情况，尽最大可能把会议的全部情况弄清楚。因此，作为主持词的撰写人，思路要清晰、严谨，目标要明确、鲜明，要把精力放在全面、清楚、准确掌握要召开的会议的情况上，只有做到情况清、目的明，加上精心布局谋篇，所撰写出来的主持词才能够准确把握会议的主题，准确表达领导思想，并能够让与会人员准确领会领导意图，进而认真组织、贯彻落实。无论是工作还是生活，抱着这种精神去完成每一件事情，最终会实现自己的目标。

4.2.3 撰写步骤

（1）确定开头部分

这一部分主要介绍会议召开的背景、会议的主要任务和目的，以说明会议的必要性和重要性，可分为五方面的内容。

第一，宣布开会。

第二，说明会议是经哪一级组织或领导提议、批准、同意、决定召开的，以强调会议的规格及上级组织、上级领导对会议的重视程度。

第三，介绍在主席台就座的领导和与会人员的构成、人数，以说明会议的规模。

第四，介绍会议召开的背景，明确会议的主要任务和目的，这是开头局部的"重头戏"，也是整篇文章的关键所在。介绍背景要简单明了，介绍这次会议是在什么情况下召开的只需寥寥数语即可，因为介绍背景的目的在于引出会议的主要任务来。会议的主要任务要写得略微详尽、全面，但也不能长篇大论。要掌握这样两个原则，一是站位要高，要有针对性，以表达出会议的紧迫性和必要性；二是任务的交代要全面而不琐碎，详细中又有高度概括。

第五，介绍会议内容。为了使与会者对整个会议有一个全面、总体的理解，在会议的详细议程进行之前，主持人应首先将会议内容逐一介绍一下。假如会议日期较长如党代会、人大政协"两会"，可以阶段性地介绍"今天上午的会议有几项内容""今天下午的会议有几项内容""明天上午的会议有几项内容"。假如会议属专项工作会议，会期较短，可以将会议的所有内容一次介绍完毕。

（2）撰写中间部分

在这一部分可以用最简练的语言，按照会议的安排依次介绍会议的每项议程，通常为"下面请××讲话大家欢迎""请××发言，请××做准备""下一个议程是××"之类的话。有时在一个相对独立或比较重要的内容进行完之后，特别是领导的重要讲话之后，主持人要作一个简短的、恰如其分的评价，以加深与会者的印象，引起重视。假如会议日期较长，在上一个半天完毕之后，应对下一个半天的会议议程作一个简单介绍，让与会者清楚下一步的会议内容。假如下一个半天的内容是分组讨论或外出实地参观，那么有关分组情况、会议讨论地点、讨论内容、详细要求，以及参观地点、乘坐车辆、往返时间、会前须知等都要向与会者交代清楚，以便于会议正常进展。会议主持词的中间部分写作较为简单，只要过渡自然、顺畅，可以使整个会议连为一体就行了。

（3）点明结尾部分

这一部分主要是对整个会议进行总结，并对如何贯彻落实会议精神提出要求、作出部署。

① 宣布会议即将完毕。主要是"同志们××会议马上就要完毕了"或"同志们为期几天的××会议就要完毕了"之类的话，主要告诉与会者议程已完毕，马上就要散会。

② 对会议作简要的评价。主要是肯定会议效果，如"××的讲话讲得很详细也很重要""这次会议开得很好很成功，到达了预期目的"之类的话。

③ 从整体上对会议进行概括总结。旨在说明这次会议所获得的成果，如解决了什么问题，明确了什么方向，提出了什么思想，采取了哪些措施等。总结概括要有高度，要准确精

练、恰如其分。它是对会议主要内容的一种提炼,对会议精神本质的一种升华。总结会议不是对会议内容的简单重复,而是突出重点;概括会议不是对会议内容的泛泛而谈,而是提升会议的主旨。这样就使与会者对整个会议的主要内容和精神实质有一个更为明晰的理解和把握。

④ 就如何落实会议精神提出要求。每次会议都有其特定的目的,为到达这个目的,会后都有一个如何落实会议精神的问题。因此,这不但是结尾部分的重点,也是整个主持词的重点。写好这一部分要做到以下几点:语言要简洁明了,一是一二是二,不绕弯子,不作解释说明;要求要明确、详细,不能含糊其词,要表达出会议要求的严肃性、强迫性、权威性;布置任务要全面,不能漏项,否则就会影响会议的落实效果;要看会议的性质和内容选取写作方式,如必须完成任务的专项工作布置可采用命令的口气,动员大会性质的可采用号召式,这当然要根据会议的性质和内容选择恰当的写作方式;与会单位要将会议贯彻落实情况在一定期限报会议组织单位,以便检查会议落实情况。

4.2.4 范例分析

请扫描二维码进行相关内容的学习。

4.2.5 练习应用

(1) 填空题

① 会议主持词的特点是(　　　　)。

② 会议主持词的写作分为(　　　　　　　　　　　)三部分。

③ 会议主持词的撰写重点在(　　　)和(　　　)。

(2) 选择题

①(　　) 不是会议主持词的特点。

A.篇幅短小　　　　B.语言平实　　　　C.相互关联　　　　D.构造独立

② 会议主持词是会议主持者主持会议时使用的带有(　　)的讲话。

A.指挥性、总结性　　　　　　　　B.指挥性、引导性

C.总结性、引导性　　　　　　　　D.引导性、抒发性

③ 开头部分主要介绍会议召开的背景、会议的主要任务和目的,以说明会议的(　　)。

A.必要性和重要性　　　　　　　　B.合理性和重要性

C.必要性和可持续性　　　　　　　D.合理性和可持续性

(3) 问答题

① 会议主持词的写作步骤有哪些?

② 会议主持词的写作注意事项有哪些?

(4) 应用题

为传达贯彻工作会议精神,总结分析今年工作形势,研究部署工作,经研究决定召开会议。请就此写一篇主持词。

任务4.3　撰写发言稿

4.3.1　任务描述

理解发言稿的概念,掌握其含义、分类、写作格式。体味例文,模拟写作,培养撰写发言稿的能力。

4.3.2　相关知识

4.3.2.1　发言稿的含义

发言稿是参加会议者为了在会议或重要活动上表达自己意见、看法或汇报思想工作情况而事先准备好的文稿。

4.3.2.2　发言稿的作用

发言稿的基本作用主要有两个:一是理顺思路,以便清楚、准确地表达自己的意思;二是做好准备,集中、有效地围绕议题把话讲好,不至于跑题。

发言稿相对于讲话稿而言,形式更为自由,语言更加生动;可以运用各种修辞手法和表现技巧;可以抒情与理论相结合;可以联系现实和自身实际等。

4.3.2.3　发言稿的写作格式

发言稿的格式一般包括标题、正文和落款三部分。

(1) 标题

标题由发言者、发言会议名称、发言内容和文种类别（发言）"四要素"组成。有时仅标明发言者、会议名称和文种类别,不在标题中标出具体内容,还有的用括号注明发言时间。

(2) 正文

发言稿的正文写作可分为三大部分。第一部分相当于"前言"或"序",俗称"开场白"。一般写发言的缘由,引入正题;也有的开头有"各位领导、各位代表"之类的称呼;或者在"序"中以东道主身份对来宾表示欢迎,这要看具体情况而定。第二部分为发言稿的主体部分,写发言的具体内容。第三部分是结尾,可适当概括、申述一下自己的主要观点,也可写一些要求或者省略这一部分。

(3) 落款

很多时候这项内容标在标题之下、正文之前,包括作者和日期。

发言稿的内容很丰富,很难有统一的要求,一般来讲做到有的放矢、中心突出、层次分明、语言通俗易懂、少陈词滥调,即是好的发言稿。

4.3.2.4 发言稿的写作注意事项

（1）观点鲜明

对问题持什么看法，要明确表态。对尚未认识清楚的问题要实事求是地说明，不要含糊其词。如果是汇报性的发言，要中心明确，重点突出，不必面面俱到。其中，需要注意的是发言稿的观点不能与现行政策和法律法规相抵触。

（2）条理清楚

一篇发言稿要谈几方面的问题，每一方面的问题要讲哪些条目都要安排得有条理，让人容易抓住重点。

（3）语言简洁明快

发言稿是直接面向听众的，所以发言稿的语言一定要简洁明快，尽量不使用冗长啰唆的句子，更不要使用一些深奥难懂的词句，话要说得准确、易懂，最好运用大众语言。

4.3.3 撰写步骤

（1）撰写开场白

一般而言，开场白的撰写可以采用以下这几种写法。

① 表明态度，陈述目的。虽然这种方法看起来十分简单，但是只要在发言的时候落落大方，举止得体，就能够引起不错的反响。采用这种写法时，切忌拐弯抹角，一定要把想说的话直接说出来，直接亮明个人的态度，与此同时，借着这个话题，引出本次发言的重点。

② 交代原因和背景。为什么要站在这里发言？本次发言的目的是什么？在阐述之前要对这些问题考虑清楚，建议对当下市场形势或者时代背景做一个全面的分析调研，在详细掌握的基础上再公开发言，进而降低错误率。

③ 发表评价，引出主旨。要是自己职位较高，发言的场合较为隆重，也可以考虑从评价入手，无论是评价历史人物，还是历史上的重大事件，又或是当下公司所取得的成就，以及公司内员工所作出的表现之类的都可以。

④ 致以祝贺。假如需要在节假日或者一些具有纪念意义的节日里发表讲话，可以考虑采用该种方法。一来可以拉近自己与台下观众之间的距离；二来能够带动氛围，引起共鸣。例如，"今日是中秋佳节，非常开心，也非常荣幸能够站在这里代表咱们部门发表讲话"。再如，"秋风飒爽，微风阵阵。很高兴，我们再次欢聚一堂，秉承着全新的面貌，迎来了一个新的学期，开启了新的征程"。

（2）撰写主体部分

主体部分内容的创作并没有固定的格式，也没有推崇的写法，建议根据具体情况来具体分析。如果犹豫再三也不知该如何撰写比较好，可以考虑应用以下三种方法。

① 划分内容法。可以在撰写主体部分之前先列一个大纲，将自己想要发言的内容按照特点划分为几大块，再细化每一块内容。

② 问题归纳法。想要在发言过程中提出哪些问题？想要用哪些问题引起台下听众的思考？在考虑清楚这些问题之后，以文字形式将上述内容付诸纸上即可。要注意所提出的问

题务必全面,不能东一头西一头,最好有逻辑性。

③ 平铺直叙法。这是最简单的一种写法,也是常常使用的一种方法。只需要按照自己的想法,依照着自己的思维,围绕主题展开叙述即可。

最后,讲一讲发言稿的结尾部分要如何撰写。其实,结尾部分的创作也是不固定的,我们既可以满怀激情地提出对接下来工作的盼望和要求,也可以发出热烈的庆贺和号召。当然,也可以集思广益,征求台下各位听众的意见。总而言之,发言稿在撰写方面体现出了高度的灵活性,要想写出一份优质的发言稿,还需多多钻研。

4.3.4　范例分析

[发言稿范例]

地铁奠基开工仪式发言稿

尊敬的各位领导、各位来宾、××地铁的建设者们:

大家上午好!今天,期盼已久,接驳××城市广场的地铁3号线工程,终于正式开工建设,这是××首次引进TOD模式下具有里程碑意义的大事。首选,我代表××集团全体员工,对地铁3号线建设工程的奠基开工表示热烈的祝贺!向各位领导和来宾表示热烈的欢迎!

地铁3号线的建设,不仅拉近了××与××的距离,给出行带来了便捷与效率,更是提速了城市的发展进程,也同时促进了××走向国际化的步伐。

××城市广场无缝接驳地铁3号线,以得天独厚的优越区位,及城市最高级别的建筑体系,将填补××东部中心空白。一方面地铁加快××与××一体化,项目将是××接轨××的繁华坐标;另一方面××经济开发区也正成为推动××GDP的增长极,东部中心地位显现,而项目地处经开区核心,凭借××首个地铁上盖城市综合体的辐射能力和资源交换功能,以及区位价值,在地铁为××同城提速的今天,××城市广场也将充当火车头。

××城市广场目前正在紧锣密鼓地开发建设,是集合高端会所、商业中心、写字楼、住宅等于一体的地铁上盖综合体项目。其中7万平方米的商务中心将成为城市国际地标。××首座地铁上盖5A甲级写字楼,聚首城市的世界500强,并协同国际购物中心、星级会所打造国际商务枢纽。10万平方米的商业体量将促成首个万商汇聚的地铁商圈,不仅让××人更快畅享城市繁华精粹,更显示××地铁商业价值。

××城市广场崛起东部中心,这不仅是全体××人的使命与荣耀,也是作为本土开发商对于整个城市建设的责任感。在今天这样可喜可贺的日子里,我们将再接再厉,不负众望,与各位一同见证城市辉煌的明天!

谢谢大家!

发言稿范例分析

以上发言稿首先表明了地铁3号线工程具有里程碑意义，要点明确。然后发表评价，引出地铁3号线的建设拉近了两地的距离，带来了便捷与效率，加速了城市的发展进程，促进了××走向国际化的步伐。主体部分言简意赅地描述了××城市广场的建设情况、定位和作用。主题清楚明确，准确无误地交代了主旨。

4.3.5 练习应用

（1）填空题

① 发言稿的基本作用主要有（　　　　　）。

② 发言稿一般由（　　　　　　　）三部分构成。

（2）选择题

① 发言稿的基本作用是（　　）。

A.理顺思路，做好准备　　　　　　　　B.发表看法，总结工作

C.布置任务，发表看法

②（　　）不是发言稿写作时的注意事项。

A.观点鲜明　　　　B.条理清晰　　　　C.题材新颖　　　　D.语言简洁明快

（3）问答题

① 具体说明发言稿的写作注意事项。

② 发言稿的写作要点是什么？

（4）应用题

假设你是一名大学三年级的学生，刚刚获得校级"三好学生"，学校邀请你在全校表彰大会上作为学生代表发言，请撰写一篇发言稿。

任务4.4　撰写会议报告

4.4.1　任务描述

理解会议报告的概念，掌握其含义、分类、写作格式。体味例文，模拟写作，培养撰写会议报告的能力。

4.4.2　相关知识

4.4.2.1　会议报告的概念

会议报告是在重要会议和群众集会上，主要领导人或相关代表人物发表的指导性讲话。它是一种书面文字材料，也是会议文件的重要组成部分和贯彻会议精神的依据，还是供查阅

的历史资料。它包括政治报告、工作报告、动员报告、总结报告、典型发言、开幕词、闭幕词等。会议报告具有宣传、教育的作用，这些作用是通过报告人的报告和听众的接受来实现的。因而，有时为了让更多的人知道报告内容，广播电台、电视台可进行现场转播，报刊也可登载，如党的二十大报告。

4.4.2.2 会议报告的特点

（1）理论性和逻辑性

会议报告是领导人在大型会议上或重要场合作出的有关政治、经济、文化和局势等方面的报告，是以领导或领导代表的身份站在决策集团角度上所发表的讲话。它在广泛深入调研、充分获取材料的基础上，纵览全局，找准焦点，围绕实际工作中出现的问题，尤其是那些迫切需要解决的、带有普遍性的、人民群众最关心的、最直接反映现实利益的问题进行透彻分析、细致研究，从而抓住问题的关键，对症下药，达到推动各项工作健康发展的目的。所以在分析研究中，它必须依据有关方针政策，结合实际地对所提的建议、对策、问题等进行认真研究，反复推敲，从理论和实际的结合上把握哪些是最有价值、最需要解决的问题。它充分考虑所提意见的针对性、正确性、合理性、可靠性，使意见和措施能真正有助于解决实际问题。因而，会议报告既注重事实分析，又必须从理论的高度上进行归纳概括，进而指导实践，有较强的理论性和逻辑性。

（2）双向性和交流性

会议报告应依据大会发言稿，直面听众公开发表讲话，具有直接性、当众性、范围广、影响大的特点，在领导活动中具有特殊的地位和作用。正是由于这种面对面的宣讲传播形式，使主体和客体之间在时间、空间上的结合比较紧密。"报告"的成功与否不决定于形式，即过程的结束，而是最大限度上取决于主体对客体的"磁性"交流强度，即吸引力的大小。这种报告的吸引力既决定于报告的文采或领导的演讲口才，又决定于听众是否接受。更关键的是，还取决于报告内容是否为受众所认可，是否反映了实际情况。所以，会议报告实际上是一种在时间、空间上获得统一的、由报告主体和受众客体双向结合的交流形式。

（3）切实性和针对性

会议报告的核心是对实际问题的分析和解决，它一般要总结成绩和经验、说明现状和存在问题、部署工作、规划未来等。它要求在分析的基础上提出解决问题的意见或对策，具有很强的针对性；要求在实际工作中行得通、推得开，能够保证得以贯彻执行。部署任务和要求的内容要切实具体，易于操作。尤其是在当前的市场经济条件下，领导需要更多的时间进行重大决策，制定具体操作方案，若没有调查、没有研究、没有分析，讲一些不着边际的空话，报告内容与群众切身利益无关，听不到所讲的要领，就没有人愿意听这样的报告，那么报告也就形同一纸空文。

（4）集中性和灵活性

集中性指会议报告应该紧紧围绕会议的主题。有些材料虽然很好，但是脱离会议宗旨，与会议无关，就应该坚决删除。灵活性指形式上无固定的格式和要求。领导的讲话内容可长可短，可以全面论述，也可以就其中一点发表自己的看法。

(5) 通俗性和清晰性

指语言要适合听众的水平，容易被听众理解和接受。因为会议报告主要靠口头语言来传达，报告声过即逝，具有"一次性"的特点。听众不能像看文章那样看不懂再翻过来看一遍，而必须当场听清、听懂。

4.4.2.3 会议报告的种类

（1）政治报告

是领导机关为实现一定历史时期的政治目标而作的路线、方针、政策方面的报告。政治报告多由领导机关的主要负责人撰写。

（2）工作报告

是以经济建设、科学文化、教育卫生等工作为主要内容的报告。例如国务院总理的《政府工作报告》，各省、市、州、县政府主要负责人向同级人民代表大会所作的工作报告，以及各系统、各单位领导就所属范围的工作向下级单位和人民群众所作的工作报告等。

（3）动员报告

是动员有关人员去完成某专项工作或突击任务的报告。动员的目的是使有关人员提高认识、明确任务、增强信心、圆满完成任务，如学习宣传贯彻二十大精神动员报告。

（4）总结报告

包括在会上做的工作总结报告和会议总结报告两类。工作总结报告是对前一段工作进行总结的报告。总结报告与工作报告的区别是：工作报告虽然也有回顾前段工作的内容，但非常简要，重点放到今后的任务上；而总结报告的重点是回顾前段工作中得出的带有指导意义的经验与教训。会议总结报告是在会议结束时对会议的整个情况进行总结的报告。

（5）典型发言

是指在表彰大会或经验交流会上，先进单位、部门的代表或先进个人，报本单位、部门或个人的先进事迹、工作经验的发言。这类报告有时由单位、部门领导发言，有时由单位代表或个人发言。

（6）开幕词

是在较重要的会议开幕时大会主持人或主要领导人所作的带有方向性、指导性的重要讲话。它是大会的序曲，一般要阐明大会的意义和要达到的目的，并预祝会议成功。有的也称主持词。

（7）闭幕词

是在较重要的会议结束时有关领导人的致词，通常是对大会议程和会议中所解决的问题进行评估和总结。它是大会的结束语，是大会议程的一个组成部分。

4.4.2.4 会议报告的基本特征

（1）内容的政论性

会议报告一般都是国家机关、社会团体、企事业单位的领导人或负责人在重要的大会上所作的，如党的各级代表大会上的报告、各级人民代表大会及其常务委员会会议上的报告、企事业单位职工代表大会工作报告等。在这样的大会上，要通过大会报告的形式总结过去的工作，特别是分析成功的经验和失败的教训；或者阐述党和国家的路线、方针、政策；或者申明领导集体的主张、政策；或者公开宣布经过讨论确定的一致意见；或者分析形势以统一认识；或者布置今后的工作任务。因此，报告具有政论色彩，报告内容要紧紧围绕党的路线、方针、政策来展开，同反党反社会的现象做坚决斗争。

（2）成文的群体性

会议报告虽然是国家机关、社会团体、企事业单位的领导人或负责人一人在大会上宣读的，但报告的内容往往不仅仅是报告人个人的思想、观点和态度，特别是重要的会议报告，往往代表一级组织的意见，是领导机构集体意志的反映。因此，它不可能是一个人所能够完成的，从初步构思到修改定稿都是集体智慧的结晶。

（3）写作的总结性

会议报告是对本系统、本部门、本单位的基本工作所作的全面性的总结，有综合性、系统性、全局性的特点。因此。会议报告往往内容较多，都要分为几个大的部分，从不同的角度、不同的侧面对工作进行汇报和部署。

（4）作用的指导性

会议报告作用的指导性特点非常明显。全面总结、正确评价以往的工作，提炼工作经验，探索工作规律，分析成功或失败的原因，以至分析当前的形势和任务，统一思想，统一认识。在此基础上，明确提出今后的任务和奋斗的目标，以便在大会之后统一步调和行动，这是会议报告的基本作用。

（5）用语的庄重性

会议报告虽然是国家机关、社会团体、企事业单位的领导人或负责人在会议上宣读，但是会议报告与领导讲话是不同的。会议报告在用语上比较庄重，不能过分口语化，报告人不能随意脱稿、不能临场发挥。会议报告务求用词用字准确，明白无误。应该避免使用括号，对于个别需要解释的内容不当场解释。

4.4.3 撰写步骤

会议报告一般由标题、称谓、开头、主体、结尾五个部分构成。具体撰写步骤可以从以下五部分展开。

（1）确定标题

确定标题通常有两种写法。一种是直接写成"×××同志在×××工作会议上的报告"的形式。另一种是不出现报告人的姓名、会议名称和"报告"字样，而另拟写一个体现会议主要精神的标题，如"当前的经济形势和今后的经济建设方针"。标题的下行写报告的时间，再下一行写报告人的姓名。

（2）明确称谓

报告是面对面进行的，有明确的报告对象，称谓可根据报告对象的身份而定，要恰当合体。写法大致有两种情况：一是只写在报告的开头；二是除开头的称呼外，在报告的进程中适当穿插使用，作用是提示听众注意。每次称呼的出现都标志着讲话进入了一个新层次。

（3）确定开头

会议报告开头的写法多种多样：有的开门见山，揭示题旨；有的提出问题，巧设悬念；有的交代背景，介绍情况；有的讲述一个故事，吸引听众。不管采用哪种写法，总的要求是要开门见山，接触正题，提出全文的中心论点或主要议题，说明报告的意图，以便听众抓住要领，并形成一种气氛，控制住听众的情绪，使他们全神贯注地听取报告。如《云南省第八次党代会报告》就是开门见山，开始就把报告的主旨明确地点了出来，吸引听众的注意力。党的二十大报告亦如此。

（4）撰写主体

主体是报告主要内容的集中表述，它决定着一篇报告的成败。报告主体要紧扣论题或主旨，展开分析论述，既要有深刻的理论分析，又要有典型的例证，从各个方面、多种角度透辟地阐明报告的主题。报告主体部分的结构形式主要有以下三种。

① 递进式，即层层深入地讲述。其特点是各层都以前边一层的意思为论述的基础，各层之间形成步步深入、层层递进的逻辑关系。

② 并列式（有的称为条陈式），即从几个方面来阐述。其特点是对报告主旨所包含的几项主要内容分别进行阐述。几个层次之间的关系是并列的，它们分别从不同的方面来论证报告主旨。并列式结构并不是随意罗列，各层意思谁先谁后也有一定的依据：或按性质的强弱，或按问题的主次，或按时间的先后，等等。

③ 对比式，即把两种不同意见、不同方面的情况对照起来加以阐述。在实践中，以其中的一种形式为主，两三种结构形式结合使用也是长篇报告经常采用的结构形式。不管采取哪种结构，都必须集中于一个中心、一个主旨讲深讲透，这样才能使听众得到一个完整、清晰、深刻的印象。

（5）撰写结尾

结尾是报告的结束语。这部分从内容上看要注意两点：一是总括全文，做个小结，归纳全篇内容，并给出肯定性结论。在字面上不是简单的重复，而应是中心论点的确立或主题的深化，使听众对全部报告内容有清晰、完整、深刻的认识和理解，留下鲜明、难忘的印象。二是要有鼓动性和号召力，使听众感到有信心、有力量，充满希望。在表现形式上，有的可以写得余味无穷，给听众以启示；有的充满战斗的激情，给人以鼓舞；有的喊口号，提希望，发号令，提建议。

4.4.4 范例分析

[会议报告范例]

2018年7月8日下午，公司召开第一次总经理办公会议，研究讨论公司经济合同管理、资金管理办法、机关2018年3～5月份岗位工资发放等事宜。张×总经理主持，公司领导、总经办、党群办及相关处室负责人参加。现将会议决定事项纪要如下。

一、关于公司经济合同管理办法

会议讨论了总经办提交的公司经济合同管理办法，认为实施船舶修理、物料配件和办公用品采购对外经济合同管理，有利于加强和规范企业管理。会议原则通过。会议要求，总经办根据会议决定进一步修改完善，发文执行。

二、关于职工因私借款规定

会议认为，职工因私借款是传统计划经济产物，不能作为文件规定。但是，从关心员工考虑，在职工遇到突发性困难时，公司可以酌情借10000元内的应急款。计财处要制定内部操作程序，严格把关。人力资源处配合。借款者本人要作出还款计划。

三、关于公司资金管理办法

会议认为计财处提交的公司资金管理办法有利于加强公司资金管理，提高资金使用效率，保障安全生产需要。会议原则通过，计财处修改完善后发文执行。

四、关于职工工资由银行代发事宜

会议听取了计财处提交的关于职工岗位工资和船员伙食费由银行代发的汇报，会议认为银行代发工资是社会发展的必然趋势，既方便船舶和船员领取，又有利于规避存放大额现金的风险，但需要两个月左右的宣传过渡期，让职工充分了解接受。会议要求计财处认真做好实施前的准备工作，人力资源处配合，计划下半年实施。

五、关于公司机关11月份效益工资发放问题

会议听取了人力资源处关于公司机关11月份岗位工资发放标准的建议。会议决定机关员工3～5月份岗位工资发放，对已经下文明确的干部执行新的岗位工资标准，没有下文明确的干部暂维持不变。待三个月考核明确岗位后，一律按新岗位标准发放。

会议最后强调，公司机关要加强与运行船舶的沟通，建立公司领导每周上岗接船制度，完善机关管理员工随船工作制度，增强工作的针对性和有效性。

会议报告范例分析

以上的会议报告开门见山，直接说明研究讨论公司经济合同管理、资金管理办法、机关2018年3～5月份岗位工资发放等事宜，说明报告的意图。报告主体紧扣主旨，公司经济合同管理办法、职工因私借款、公司资金管理、职工工资由银行代发事宜、11月份效益工资发放等问题展开分析论述。此报告既有深刻的理论分析，又有典型的例证，从各个方面、多种角度透辟地阐明报告的主题。报告的结尾强调要加强沟通，建立相关制度，增强工作的针对性和有效性。

4.4.5 练习应用

（1）填空题

① 会议报告一般由（　　）、（　　）、（　　）、主体、结尾五个部分构成。

② 会议报告撰写步骤包括（　　）、（　　）、（　　）、撰写主体、撰写结尾。

（2）选择题

①（　　）不属于会议报告。

A. 政治报告　　　　B. 工作报告　　　　C. 动员报告　　　　D. 发言稿

②（　　）不属于报告主体部分的结构形式。

A.递进式　　　　　B.并列式　　　　　C.排列式　　　　　D.对比式
（3）问答题
① 简述会议报告的特点。
② 会议报告撰写结尾应注意什么？
③ 简述会议报告的基本特征。
（4）应用题
请撰写一篇学生党支部召开民主生活会的会议报告。

任务4.5　撰写会议方案

4.5.1　任务描述

理解会议方案的概念、作用，掌握其特点及写作要求。体味例文，模拟写作，培养撰写会议方案的能力。

4.5.2　相关知识

4.5.2.1　会议方案的含义

会议方案是在会议召开之前对构成会议的各个要素作出系统周密的书面安排的会议文书，属计划类公务文书。会议方案一般是为大中型或重要的会议所做的预设方案，需要抱着严谨、科学、务实的工作态度来完成会议方案的撰写。

4.5.2.2　会议方案的作用

会议方案的作用主要表现在：一是在会议召开前对会议的任务、参与人员、时间、地点、议程、日程、会议形式、组织分工、经费预算等作出周密安排，确保会议顺利进行；二是当一个会议需要报请上级机关批准时，会议方案可作为上级审核批准的重要依据；三是有些会议需要向联办或与会单位通报筹备情况，这时会议方案又可发挥通报情况的作用。

4.5.2.3　会议方案的特点

① 预想性。会议方案是在会议召开之前制定的，对为什么召开这次会议、怎样召开这次会议、会议将达到什么效果等方面，都要事先作出设想和安排。

② 程序性。凡召开会议必有一定的程序，而各类会议的程序大体都是固定的，因此在制定会议方案时要根据会议的特点和要求确定其基本程序，以保证会议的顺利召开。

③ 请示性。预定的会议规模、程序、经费使用等方面是否合适，需请示上级领导审查批准。

④ 可变性。由于预测的局限性，会议方案在实施过程中有时会遇到出人意料的事情，影

响了原定目标的实现。因此，在执行过程中允许有所变通、调整、修改，但一般需要报请上级领导机关，获得其同意后再进行变更。

4.5.2.4 会议方案的种类

按会议性质可分为以下几种。

① 代表会议方案。代表会议一般参加人数较多，召开时间较长，会议程序严格，而且不同级别的代表会有不同要求，其方案也比较复杂。

② 工作会议方案。工作会议虽然不像代表会议在程序和规格上要求那样严格，但在材料的准备工作上有自己突出的特点。

③ 表彰奖励性会议方案。表彰奖励性会议除会议本身之外，因涉及奖旗、奖状、奖品之类，在财务和物资方面需要做好准备，其会议方案比较复杂。

④ 研讨性会议方案。研讨性会议一般专业性比较强、议题比较多，而且设立的分会场也会比较多，因此在议题与会场的安排分布上需要更加合理细致。

⑤ 商务性会议方案。商务性会议比如产品的发布会议、推介会议、展示会议等，比较注重会议形式上的新颖和互动，因此在会场、议程等方面需要与众不同。

4.5.3 撰写步骤

会议方案通常由标题、概述、主体、落款四个部分组成，撰写步骤可以从以下四个方面入手。

（1）确定标题

会议方案标题的规范写法一般由召开单位、会议名称和方案三要素组成。其中方案的文种名称有方案、筹备方案、筹备接待方案、计划、策划方案等，如《太平镇杏花节活动方案》。

（2）撰写概述

概述部分一般写明召开会议的缘由、会议宗旨、主办承办单位、会议名称等会议基本要素，说明会议召开的意义，引出下文。

（3）点明主体

主体部分一般要写明会议主要任务、会议形式、主持者、参与者、议程、日程、会务组织机构的分工、会议经费等事项。具体包括以下几个方面。

① 会议的主题或议题。无论什么样的会议都有会议主题，特别是组织大型会议，必须明确会议要研究解决什么问题，达到什么目的。确定会议主题时，要有切实的依据，结合本单位的实际，明确会议的目的。

② 会议规模及与会人员。会议规模主要指会议出席人员（正式代表）、特邀代表、列席人员、工作人员（包括服务人员）的总体数量。会议规模由会议的组织者根据实际情况掌握，以严格控制规模为原则。

③ 会议时间及地点。会议时间包括会议实际进行时间和会议过程中的休会时间，会议地点选择的重点是会场大小适中、会场地点合适、环境适合、交通方便、会场附属设施齐全。

④ 会议议程。会议议程包括会议主持、会议典型发言（或重点发言）、会议讨论、会议讲话、会议总结。确定会议议程的方法主要有以下四种：根据到会主要领导的情况确定会议主持人；根据会议的主题确定会议发言人；围绕会议主题确定会议讨论题目，并根据会议规模确定讨论方式；根据会议拟达到的目的，安排主要领导做好会议的总结。

⑤ 会议日程。会议日程是指会议议程在时间上的具体安排。

⑥ 会议召开方式。会议的召开形式是多种多样的，恰当地选择会议的形式是决定会议成功的关键因素。会议的主要形式有：双方会议、非正式会议、集思广益会议、正式会议、展示会议、公开会议等。

⑦ 会议的准备工作。准备工作包括会议文件资料、会场的选择与布置、会议所需的设备和工具、会议的餐饮安排等。会议文件资料包括大会的主报告、大会发言单位的材料、会议日程表、参加会议人员名单、住宿安排、主席台座次、分组名单、讨论题目、分组讨论地点、作息时间表、会议的参阅文件和相关资料。

⑧ 会议组织和分工。这里所说的会议组织主要指会议组织部门和人员落实。包括与会议有关的每项组织工作，每一个工作环节都必须有专人负责，责任安排到人，并明确任务和要求。一般来讲，大型会议筹备机构包括会务组、秘书组、接待组、宣传组、财务组、保卫组等。会议分工包括文件起草和准备、会务组织、会场布置、会议接待、生活服务（含娱乐活动安排）、安全保卫、交通疏导、医疗救护等。

⑨ 经费预算。会议的预算不是一个概念，通常而言，会议预算包括以下几个方面：交通费用、会议室（厅）费用、住宿费用、餐饮费用、杂费等。

除以上内容外，有的会议方案还把拟邀请参加会议的上级主管部门名单写上，如果请某位领导讲话或做报告，也要注明。领导讲话稿如何准备，必要时也要说明。

（4）标明落款

落款包括署名和拟定此方案的成文时间，并加盖公章。

4.5.4 范例分析

请扫描二维码进行相关内容的学习。

4.5.5 练习应用

（1）填空题

① 会议方案标题的规范写法一般由（　　　　　　　　　）三要素组成。

② 主体部分一般要写明会议主要任务、（　　）、（　　）、（　　）、（　　）、日程、会务组织机构的分工、会议经费等事项。

③ 落款包括（　　）和拟定此方案的成文时间。

（2）选择题

① 会议方案通常由（　　）、概述、主体、落款等四个部分组成。

A.标题　　　　　　B.时间　　　　　　C.会议名称　　　　　　D.召开单位

② 落款包括（　　）和拟定此方案的（　　），并加盖公章。

A.署名、时间	B.署名、成文时间
C.时间、策划人姓名	D.时间、部门

③ 会议时间包括会议（　　　）时间和会议过程中的（　　　）。

A.实际进行、休会时间	B.预计进行、休会时间
C.实际进行、参会时间	

（3）问答题

① 会议方案的种类有哪些？

② 会议方案的写作要点是什么？

③ 会议方案的标题如何规范书写？

（4）应用题

请撰写一份学校迎新工作的会议报告。

任务4.6　撰写会议记录

4.6.1　任务描述

理解会议记录的概念、作用，掌握其特点及写作要求。体味例文，模拟写作，培养撰写会议记录的能力。

4.6.2　相关知识

4.6.2.1　会议记录的概念与特点

在会议过程中，由记录人员把会议的组织情况和具体内容记录下来，就形成了会议记录。"记"有详记与略记之别。略记是记录会议大要，以及会议上的重要或主要言论。详记则要求记录的项目必须完备，记录的言论必须详细完整。

会议记录具有真实性和资料性的特点，因此写作时应当作客观真实的记录，且完成后应编入档案长期保存，以备需要时查阅。这需要从业人员有严谨、认真、细致的工作态度和精神来完成会议记录工作。

4.6.2.2　会议记录的格式

请扫描二维码进行相关内容的学习。

4.6.2.3　会议记录的重点内容

会议记录应该突出的重点有：会议中心议题以及围绕中心议题展开的有关活动；会议讨论、争论的焦点及其各方的主要见解；权威人士或代表人物的言论；会议开始时的定调性言论和结束前的总结性言论；会议已议决的或议而未决的事项；对会议产生较大影响的其他言论或活动。

4.6.2.4 会议记录的注意事项

第一，准确写明会议名称（要写全称）、开会时间、开会地点、会议性质。

第二，详细记下会议主持人，出席会议应到和实到人数，缺席、迟到或早退人数及其姓名、职务，记录者姓名。如果是群众性大会，只要记参加的对象和总人数，以及出席会议的较重要的领导成员即可。如果某些重要会议的出席对象来自不同单位，应设置签名簿，请出席者签署姓名、单位、职务等。

第三，真实记录会议上的发言和有关动态。会议发言的内容是记录的重点。其他会议动态，如发言中插话、笑声、掌声、临时中断及其他重要的会场情况等，也应予以记录。

记录发言可分为摘要与全文两种。多数会议只要记录发言要点，即把发言者讲了哪几个问题，每一个问题的基本观点与主要事实、结论，对别人发言的态度等，作摘要式的记录，不必"有闻必录"。某些特别重要的会议或特别重要的人物的发言，需要记下全部内容。有录音机的，可先录音，会后再整理出全文；没有录音条件的，应由速记人员担任记录；没有速记人员的，可以多配几个记得快的人担任记录，以便会后互相校对补充。

第四，记录会议的结果，如会议的决定、决议或表决等情况，要求忠于事实，不能夹杂记录者的任何个人情感，更不允许有意增删发言内容。会议记录一般不宜公开发表，如需发表，应征得发言者的审阅同意。

4.6.3 撰写步骤

（1）明确会前准备
准备签到表，填写会议名称、时间、地点等已知的会议要素。
（2）撰写现场记录
快速、尽量完整地记录会议内容。
（3）完善会后整理
整理、补充、修正会议过程中记录不清晰的、不完整的、不准确的内容，编制目录，整理议题、决议等。
（4）提请上级审核
请上级审核会议记录的准确性。
（5）完成记录
对会议记录存档，方便以后查看，并撰写会议纪要。

4.6.4 范例分析

请扫描二维码进行相关内容的学习。

学习笔记

4.6.5 练习应用

（1）填空题

① 会议记录具有（　　）和（　　）的特点，其中"记"有（　　）和（　　）之别。

② 会议记录需要准确写明会议名称、开会时间、开会地点、（　　）。

③ 会议记录发言可分为（　　）与（　　）两种。

（2）选择题

①（　　）不是会议记录中必须记录的项目。

A. 缺席人员人数　　　　　　　　　　B. 会议时间与地点

C. 会议发言的临时中断　　　　　　　D. 所有参与人员的全部发言

② 会议记录中如果出席对象来自不同单位，记录者应该（　　）。

A. 设置签名簿，请出席者签署姓名、单位、职务

B. 记录我方单位的参会人员，所有单位自行记录己方单位的参会人员

C. 仅记录自己认识的参会人员

D. 因为不会处理这种情况，决定不记录

③ 会议记录需要准确写明会议名称、（　　）、开会地点、（　　）。

A. 开会时间、人数　　　　　　　　　B. 开会时间、会议性质

C. 参会人数、会议大纲

（3）问答题

① 具体说明会议记录的注意事项。

② 会议记录应该突出的重点有哪些？

③ 会议记录的特点是什么？

（4）应用题

某学生党支部召开了学习雷锋的党日活动，请撰写一份会议记录。

------- 项目评价 -------

针对此项目，相应的项目考核评分细则参见表4.1。

表4.1 评分细则

维度	评分内容及标准	得分
知识 （50分）	（1）熟悉会议主持词、发言稿、会议报告、会议方案、会议记录的概念、分类、作用等（10分） （2）掌握会议主持词、发言稿、会议报告、会议方案、会议记录的写作要求（10分） （3）熟练掌握会议主持词的不同表达方式及编写思路（6分） （4）熟练掌握发言稿的不同表达方式及编写思路（6分） （5）熟练掌握会议报告的不同表达方式及编写思路（6分） （6）熟练掌握会议方案的不同表达方式及编写思路（6分） （7）熟练掌握会议记录的不同表达方式及编写思路（6分）	

续表

维度	评分内容及标准	得分
能力 （30分）	（1）能根据具体客观的素材，准确、熟练地撰写会议主持词（6分） （2）能根据具体客观的素材，准确、熟练地撰写发言稿（6分） （3）能根据具体客观的素材，准确、熟练地撰写会议报告（6分） （4）能根据具体客观的素材，准确、熟练地撰写会议方案（6分） （5）能根据具体客观的素材，准确、熟练地撰写会议记录（6分）	
素质 （20分）	（1）具备诚信保密的职业素养（7分） （2）具备乐于沟通、乐于助人的良好品德（6分） （3）具备科学严谨的职业精神（7分）	
合计		

注：每项内容的得分不得超过该项的配分。

项目 4-
练习应用 - 参考答案

项目5

撰写社交礼仪文书

社交礼仪文书是一种运用书面形式进行交际，有明确交际目的、交际内容、交际对象的固定书面语言系统，多用于较为正式的社交场合，具有广泛性、长期性、准确性和权威性的特征。它的发文者往往是以机关、企事业单位、社会团体的名义出现，主要体现的是发文机关的意图，而非个人意图。即便是秘书以个人名义拟写，实际上代表的仍是机关、企事业单位和社会团体。社交的双方即为表达者和接受者，团体性成为交际双方的基本角色。恰当得体的社交礼仪文书能帮助企事业单位有效地沟通人际关系，交流思想感情，提升企业形象。它不会受到时间、地点的制约，而且在写稿完成之后还可以进一步修改，使之达到准确、规范。

撰写社交礼仪文书是应用文写作的基本功，本项目从文秘岗位的实际需求出发，围绕文秘岗位员工的具体要求设计了六个工作任务，通过这些任务的训练，学生可以达到该岗位的职业要求。

学习目标

知识目标

（1）掌握请柬、邀请函、答谢词、祝酒词、欢迎词、欢送词、祝贺词、讣告、悼词的基础知识。

（2）了解请柬、邀请函、答谢词、祝酒词、欢迎词、欢送词、祝贺词、讣告、悼词的主要内容和写作格式。

技能目标

（1）能有效区分欢迎词、欢送词、答谢词的异同并熟练撰写。

（2）能有效区分请柬、邀请函的异同并熟练撰写。

（3）会撰写格式正确的祝酒词、祝贺词。

（4）会撰写格式正确的讣告、悼词。

素质目标

（1）培养敬人、敬己、敬业的职业精神。

（2）加强商务活动安排、社会交往实际操作能力，以及表达、控制、应变能力。

任务5.1　了解社交礼仪文书

5.1.1　任务描述

人际交往大都是感情的联系沟通，社交礼仪文书就是交流感情的文字样式，人们可以通过社交礼仪文书构架一座情感沟通的桥梁。本任务介绍社交礼仪文书的概念等相关知识，通过本任务的内容学习，掌握社交礼仪文书的概念、种类、特点、写作格式。

5.1.2　相关知识

5.1.2.1　社交礼仪文书的概念和种类

礼仪是礼节和仪式的总称，社交礼仪文书（以下简称礼仪文书）是个人或组织在相互往来时，用以调节个人与个人之间、个人与组织之间，以及组织与组织之间相互关系的，具有固定格式并且合乎礼仪的一种实用文体。礼仪文书以礼仪为目的，或在礼仪场合使用。

在人们的日常生活中，礼仪类文书用途最为广泛。礼仪文书包括的种类很多，主要有祝词、贺信（电）、迎送词、答谢词、申请、启事、请柬、邀请函、悼词、对联等。

写作礼仪文书时应当准确、适当地表达出礼仪上的要求，根据不同的时机和对象，力求写得恰如其分、恰到好处，充分体现其交际性、生活化、规范化的特点。

5.1.2.2　社交礼仪文书的特点

礼仪文书是在人类的社会生活中产生的，并且随着社会的不断进步而在不断地发展。礼仪文书主要是在我们的社交礼仪和生活交际当中发挥作用，因而它的特点也就十分显著。

（1）交际性

所谓交际，即人与人之间的往来接触。随着社会文明的不断进步、人们接触面的不断扩大，礼仪文书在我们生活、工作中的运用越来越普遍。例如，人们常常在婚丧嫁娶、迎来送往时运用迎送词、贺信（电）、祝词、讣告、悼词等礼仪类文书来相互交际、沟通感情，这都是交际性的体现。

（2）生活化

礼仪文书区别于行政公文、经济文书、法律文书等其他应用文体的最突出的一个特点就是它的生活化。由于这类文书广泛地运用在人们的人际交往中，用于互致礼仪、交流情感，因而带有十分强烈的生活化色彩。例如贺信、贺电、祝词，乃至讣告与悼词，都是我们生活中经常用到的应用文体，其中体现出的生活化的情感对实现人与人之间的交际沟通起到非常大的作用。因而，生活化也是礼仪文书的一个显著特点。

（3）规范化

规范化是礼仪文书与其他形式应用文体的一个共同特点。与其他形式的应用文体一样，各种礼仪文书也有自己固定的格式和规范。不同的礼仪文书有自己的适用范围和场合，有特定的格式和写作要求。在运用这些文书时我们必须严格按照要求来撰写，严守各种文书的格式和用文规范，不可随意套用，避免引起不必要的误会和麻烦。

5.1.2.3　社交礼仪文书的作用

礼仪文书不受职业的限制，几乎各行各业、各个阶层的人都要用到它，应用面非常广泛。礼仪文书在人际交往中的作用更是十分明显，在现实生活中起着其他文书所无法替代的作用。因而它不仅可以沟通人与人之间的关系，还可以增强人与人之间的感情。礼仪文书主要具有以下几方面的作用。

（1）传递信息，表示礼节

礼仪文书是信息的载体，人们在逢年过节、婚丧嫁娶、迎来送往的时候，常常会利用对联、贺信（电）、祝词、迎送词、讣告等这些常用的礼仪文书，把个人、企事业单位、社会团体等想要传递的某种特定的信息传递出去；在传递信息的同时，还通过这些对联、贺信（电）、祝词和讣告等规范的行文来表达喜庆、祝贺或悼念的礼节。这种融合了生活化、情感化和礼节性为一体的礼仪文书所承担的传递信息和表示礼节的功能，是其他各种文书形式所不能取代的。

（2）沟通思想，交流情感

礼仪文书还承担着沟通个人、企事业单位、社会团体及其之间的思想情感，增进相互了解、彼此联系、交流感情的作用，这也是使用礼仪文书非常重要的一个目的。例如慰问信、感谢信、贺信、祝词等文书，借助文字工具，在某些特定的时刻通过礼节性和规范化的用语，来沟通文书传递双方彼此之间的思想和感情，增进双方的进一步了解和信任，以一种友善的方式建立双方的良好关系。

（3）告知事项，处理事务

有些礼仪文书还承担着告知事项、处理事务的功能。例如迎送词和邀请函就是以礼节性的方式告知或邀请对方来参加某些特定的活动的。

礼仪文书的功能相比其他应用文书有着其特有的作用，如传递信息和表示礼节；同时也有与其他应用文书相类似的功能，如告知事项和处理事务。这些功能是礼仪文书特点的体现，也是我们在日常工作和生活中运用这些文书的目的。

5.1.3　撰写步骤

礼仪文书一般都由标题、称谓、开头、主体、结尾和署名六部分组成。

（1）明确称谓

称谓应有尊敬之意和亲切之感。人名要用全名，通常在姓名之前冠以"尊敬的""亲爱的"之类的词语，后边加上头衔，或加"先生""女士"之类，对外国元首应加"阁下"等。

（2）撰写主体

主体是礼仪文书的主要部分。写作这部分内容时要注意以诚相待，给人一种真情实意之感。措辞上要特别慎重，注意用词要恰当，不能信口开河。

（3）撰写结尾

结尾要有结束语，结束语要结合文种的不同类型作出相应的表达。需要特别注意的是，礼仪文书的篇幅要简短，切忌拖沓冗长。

5.1.4 范例分析

请扫描二维码进行相关内容的学习。

学习笔记

5.1.5 练习应用

（1）填空题

① 社交礼仪文书的特点是（　　　　　　　　　　）。

② 社交礼仪文书一般由（　　　　　　　　　　）六部分组成。

（2）问答题

社交礼仪文书的种类有哪些？

任务 5.2　撰写请柬、邀请函

5.2.1 任务描述

请柬是人们在节日和各种喜事中请客用的一种简便邀请信。邀请函是党政机关、企事业单位和各种团体在举行各种纪念活动、重要会议、宴会、酒会、茶话会时所常用的一种应用文样式。通过本任务内容的学习，了解请柬、邀请函的概念和适用范围，掌握其含义、分类、写作格式，熟练掌握请柬、邀请函的写作技能，能撰写格式规范、结构完整、内容完备、表述正确、要素齐全的请柬、邀请函。

5.2.2 相关知识

5.2.2.1 请柬的相关知识

（1）请柬的含义

请柬是我国一种传统的礼仪文书，为表事之重、主之诚，古往今来，在很多仪式中都会应用请柬，请柬形式也由最初的竹简、木牍逐渐发展为后来的信札。国人重礼的传统由来已久，古时人们即使交通不便，也会亲送请柬上门，以示对客人的尊敬，也表明邀请者的郑重态度。在日常各种社交活动极其丰富的今天，凡召开各种会议，举行各种典礼、仪式和活动，均会使用请柬。请柬又称为请帖、柬帖，是为了邀请客人参加某项活动而发出的礼仪性书信，所以请柬不仅在内容上要讲究行文应达雅兼备，在款式上也要具有制作精美的特点，使被邀请者体会到主人的热情与诚意，感受到喜悦和亲切。

（2）请柬的分类

请柬按内容的不同主要分为婚宴请柬、个性请柬、会议请柬等。

（3）请柬的写作格式

请柬的内容一般比较简短，但行文要求达雅兼备。达，即准确；雅，就是讲究文字美。在遣词造句方面，有的使用文言语句，显得古朴典雅；有的选用较平易通俗的语句，显得亲切热情。不管使用哪种风格的语言，都要庄重、明白，使人一看就懂，切忌语言乏味和浮华。

就形式来说，现在通行的请柬形式有单柬帖与双柬帖两种。所谓单柬帖，即单帖，形式简单，单面纸书写，直接由标题、称谓、正文、敬语、落款构成。所谓双柬帖，即双帖，形式多种多样，也会制作得更加美观，一般是折叠式，封面写"请柬"二字，封里写称谓、正文、敬语、落款等。如今请柬的设计花样繁多，日益精美，也会出现三折甚至多折帖，内容会包含图片等。无论双帖还是单帖，帖文的书写或排版款式均有横排、竖排两种。

（4）请柬的写作要求

请柬不同于一般书信。一般书信都是因双方不便或不宜直接交谈而采用的交际方式。请柬却不同，即使被邀请者近在咫尺，也须送请柬，这是表示对客人的尊敬，也表明邀请者对此事郑重的态度。语言上除要求简洁、明确外，还要措辞文雅、大方和热情。

（5）请柬的写作注意事项

① 文字要美观，用词要谦恭，要充分表现出邀请者的热情与诚意。

② 语言要精练、准确，凡涉及时间、地点、人名等的一些关键性词语一定要核准、查实。

③ 语言要得体庄重。

④ 在纸质、款式和装帧设计上要注意艺术性，做到美观、大方。

⑤ 请柬发送的时间、方式和场合都要认真考虑。不要发送过早，发送过早容易被忘记；也不要发送过迟，太迟了会造成被邀请者措手不及。请柬一般以提前2～3天发送为宜。

5.2.2.2 邀请函的相关知识

（1）邀请函的含义

邀请函是党政机关、企事业单位和各种团体在举行各种纪念活动、重要会议、宴会、酒会、茶话会时所常用的一种应用文样式。邀请函既能对被邀请者表示尊重，表明邀请者的郑重态度，又能作为参加活动的凭证。邀请函实际上就是一种比较复杂的请柬，它除了起请求作用外，还有向被邀请者交代有关需要做的事情的作用。一般邀请函多用于集体，很少用于个人，个人一般使用请柬。

（2）邀请函的写作注意事项

在起草邀请函之前，要充分了解邀约活动的各方面情况，如会议主题、报到路线、食宿安排等，这样写出的邀请函才能够准确、清楚、有条理。措辞应得体、委婉、礼貌，给对方一种热情、周到的感觉。此外，邀请函要提前发送，让被邀请者有足够的时间做统筹安排。

5.2.3　撰写步骤

5.2.3.1　请柬的撰写步骤

无论哪种样式的请柬，都应有标题、称谓、正文、结语、落款等基本内容。

（1）确定标题

请柬一般都会以"请柬"作为标题。有些单柬帖，"请柬"二字写在顶端第一行，字号较正文大；双柬帖则会在封面印上或写明"请柬"二字。一般来说，标题应做些艺术加工，即采用名家书法、艺术字体、字面烫金或加以图案装饰等，显得美观、大方、精致。

（2）明确称谓

称谓需单起一行顶格写，要写清被邀请单位名称或个人姓名，其后加冒号。个人姓名后要注明职务或职称，如"××总裁先生""××女士"。但也有的请柬省略受邀请者的称谓，将邀请者或主办方作为开头，如"××公司××产品上市发布会兹定于某日于某处举行，恭候您的光临"。这种请柬非常简单，但不适宜在重大活动或邀请重要人士参加的时候使用。

（3）撰写正文

正文应另起一行，前空两格。请柬的正文中有三个基本要素不可缺少：事由、时间、地点。在书写正文时，首先要写明邀请对方参加自己举办活动的缘由，以及活动的名称、主要内容，这部分必须书写清楚，为被邀请者决定是否参加活动提供依据。其次，举办活动的准确时间不但要书写年、月、日、时，甚至要注明上下午。最后，举办活动的准确地点不仅要精确到街道、门牌号，如果是大型酒店或会所，则要注明楼层或房间号。如果活动地点比较偏僻，或者对于部分人来讲不熟悉，就要在请柬上注明行走路线、乘车班次等。

另外，若有其他要求也需注明，如"请准备发言""请准备祝词"等。有些舞会、音乐会、大型招待会的请柬还写有各种附启语，如"每柬一人""凭柬入场""请着正装"等，通常写于请柬正文的左下方处。

（4）撰写结语

结尾一般以"敬请光临""恭候光临""此致、敬礼"等祝颂语表示最后致意，并作为结语。

（5）落款

落款即是在文面的右下角签署邀请人的姓名。如果是单位发出的请柬，要签署主要负责人的职务和姓名，以主邀请人的身份告知对方。发文日期最好用汉字大写，以示庄重和正式。

5.2.3.2　邀请函的撰写步骤

邀请函一般由标题、称谓、正文、结语、落款五部分组成。

（1）确定标题

在邀请函首页上端居中写上"邀请函"。

（2）明确称谓

在标题下空一行顶格写收文单位名称或个人姓名及其称谓，如"赵××""李××女士""张××经理"等。

（3）撰写正文

写明在什么时间、什么地点、召开什么会议或举行什么活动，并表示邀请对方参加的意愿。同时，交代清楚要求对方做的事项。

（4）撰写结语

表示希望与敬意，如"敬请光临指导"或"敬请拨冗参加"等。

（5）落款

在邀请函末尾下方适当位置写上邀请单位名称或个人姓名，并签上年、月、日。

5.2.4 范例分析

[请柬范例1]

春节茶话会请柬

李××先生：

  定于七月一日上午九时在村大队部举行春节茶话会，敬请届时出席。

  此致

敬礼

东头村委员会
2021年6月26日

请柬范例1分析

此请柬结构完整、语言平白、意思明确。

[请柬范例2]

庆祝建筑学院建校四十周年

请　柬

刘××老师：

  兹定于九月十八日上午九时，在学院礼堂召开建校四十周年庆祝大会。敬请届时光临。

建筑学院
2021年9月12日

请柬范例2分析

此请柬用语不多，却将所要告知的信息全部说出，简洁明快而不拖泥带水。

[邀请函范例1]

邀请函

陈××先生：

　　我厂定于2022年7月5日举行建厂30周年纪念活动，当日上午9时整在厂部大礼堂举行纪念大会，恭请莅临并在主席台就座。会后，还请您为厂史陈列馆开幕剪彩。

　　此致

敬礼

××市玻璃厂
2022年7月2日

邀请函范例1分析

　　这则邀请函的正文部分特别交代了请被邀请者在主席台就座和为厂史陈列馆剪彩两个关键事项，使被邀请者知道自己此次亲临的重要性。

[邀请函范例2]

2016中国农业发展论坛邀请函

主办单位：中国××大学

承办单位：中国××大学经济管理学院、农村政策研究中心、MBA教育中心、企业家校友联谊会

会议时间：2016年4月17日（周日）8:00～18:00

会议地点：中国××大学食品学院报告厅

会议费用：无

　　2016年是"十三五"开局之年，中央一号文件连续13年聚焦"三农"，强调坚持不懈推进体制机制创新，大力推进农业现代化，中国农业面临前所未有的历史机遇，但中国农业发展也必须应对一系列的重大挑战。中国农业必须进行供给侧改革，加快转变农业发展方式，推动产业融合发展；我国农业企业必须利用国内国际两个市场、两种资源，赢得参与国际市场竞争的主动权；各路资本和商业领袖进军农业，农业投资竞争压力越来越大，农业企业必须转变观念，创新投融资方式。

　　"2016中国农业发展论坛——十三五与中国农业发展"将围绕十三五规划的中国农业，就农业供给侧结构性改革、中国农业走出去、中国农业金融、农业互联网+等问题，邀请各领域专家学者、政府高级官员、农业企业领袖、投资机构等与会互动交流，共同探讨阐释中国农业发展的挑战与机遇。

　　"中国农业发展年度论坛"始于2010年，每届论坛将聚焦中国农业政策、经济发展与企业管理的热点问题，集官、学、商各界精英于一堂，被认为是中国最具影响力的农业领域公开学术论坛和年度管理论坛之一，是各方代表关于农业的一场思想盛宴。

　　我们诚挚邀请您出席此次论坛！若参会，请按照附件（回执）填写报名表，并在论

坛现场签到。论坛组委会联系方式：

地址：北京市××路17号

邮编：100×××

电话：010-×××3562

传真：010-×××3562

联系人：韦老师

E-mail：×××6822@163.com

附：参会回执单

邀请函范例2分析

这则邀请函写明了论坛举办的时间、地点，并表示邀请对方参加的意愿，同时交代清楚了对方参会需要做的事项。

5.2.5 练习应用

（1）填空题

① 请柬按内容的不同主要分为（　　　　　　）等。

② 一般（　　）多用于集体，很少用于个人，个人一般用（　　　）。

（2）问答题

① 请柬的写作注意事项有哪些？

② 邀请函的写作格式是什么？

任务5.3　撰写答谢词、祝酒词

5.3.1 任务描述

答谢词是客人在举行必要的答谢活动中发表的感谢主人盛情款待的讲话。祝酒词是在宴会开宴前主人表示热烈欢迎、亲切问候、诚挚感谢，客人答谢并表示衷心祝愿的应酬之辞。通过本任务内容的学习，了解答谢词、祝酒词的概念，掌握其含义、写作格式、写作要求，学会撰写答谢词、祝酒词。

5.3.2 相关知识

5.3.2.1 答谢词的相关知识

（1）答谢词的含义

答谢词是在接受了对方的邀请、款待、帮助、奖励、服务之后，在某一适当的场合表示感谢的讲话稿。答谢词和欢迎词有着一定的对应性。通常，东道主在款待来宾的开始要致欢迎词。来宾在整个活动结束的时候，为了表示对东道主热情款待的感谢，要致答谢词。答谢词有时是在告别宴会上即席发表的，所以它也可以用祝酒词的形式出现。作为一种礼仪文书，答谢词在双边交往的过程中起着重要的沟通作用，可以通过郑重致谢的方式增进友谊，有利于进一步加深双边的关系，促进双方的进一步合作。

仅从形式上而言，答谢词也有完善礼节的作用。古语曰：来而不往非礼也。如果对方有热情的欢迎，己方就必须有真诚的答谢，礼节方算周全。所以答谢词是社会交往和国际交往中必不可少的重要礼仪文书。

（2）答谢词的分类

根据不同的答谢缘由和答谢内容，答谢词一般可以分为两个基本类型，一类是在欢迎词之后所作的答谢词；一类是在欢送词后所作的答谢词。欢迎词后所作的答谢词，是对主人或主办方的热情接待表示感谢，同时对即将开始的活动表示期待。欢送词后所作的答谢词，是对主人或主办方在活动中的热情款待和安排表示感谢，含有辞别的性质。

（3）答谢词的写作要求

① 充满真情。在社交场合，必要的客套话是不能省略的，如"感谢""致敬"之类热情洋溢、充满真情的词语。

② 尊重对方的习惯。在异地做客，要了解当地的民情、风俗，尊重对方的习惯。

③ 注意照应欢迎词。主人已经致辞在前，作为客人不能"充耳不闻"。答谢词要注意与欢迎词的某些内容相呼应，这是对主人的尊重。即使预先准备了答谢词，也要在现场紧急修改补充，或临场应变发挥。

④ 篇幅力求简短。欢迎词、答谢词都是应酬性讲话，而且往往是在一次公关礼仪活动刚开始时发表的，下面还有一系列的活动等着进行。因此篇幅要力求简短，不宜冗长拖沓，以免令人生厌。

（4）答谢词的写作注意事项

① 内容与结构要合乎规范。

② 感情要真挚、坦诚而热烈，应该动真情、吐真言，虚情假意、言不由衷或矫揉造作只能引来对方的反感。

③ 评价要适度，要恰如其分，不可故意拔高、无限升华，以免造成"虚情假意"之嫌。

④ 篇幅要简短，语言要精练，力争做到辞约旨丰、言简意赅。

5.3.2.2 祝酒词的相关知识

（1）祝酒词的含义

祝酒词是在宴会开宴前主人表示热烈欢迎、亲切问候、诚挚感谢，客人答谢并表示衷心祝愿的应酬之辞。祝酒在现代社会是人们交往中的一种祝愿的形式，酒本身不是祝贺对象，而是以酒助兴，借酒言欢，把酒作为交往的媒介进行祝愿，以此表达对客人的祝愿和欢迎，起到活跃现场气氛、增进主客之间感情的作用。一篇得体的祝酒词有助于把酒会宴席的气氛烘托得更加喜庆热烈。在今天国际间的交流和交往活动中，祝酒词是招待贵宾的一种常用礼仪。

（2）祝酒词的特点

祝酒词一般都篇幅简短，语言口语化。其特点主要有三点：一是祝愿性，即祝愿双方事业成功或生活幸福，要发自内心地向对方表达美好的祝愿；二是渲染性，即以热情好客的语言为酒会营造友好和谐的气氛；三是简洁性，即语言生动简洁，富有吸引力。祝酒词必须要有表示欢迎、感谢和干杯的语句，还要特别讲究外交辞令和礼仪方面的要求。

（3）祝酒词的写作要求

开头部分或表欢迎、问候，或表感谢。主体部分根据宴请的对象、宴会的性质，简略地表述主人必要的想法、观点、立场和意见，既可以追述已经获得的成绩，也可以畅叙友情发展的历史，还可以展望未来。结尾可用"让我们为……干杯"或"为了……让我们干杯"表达礼节性的祝愿。其写作上的要求大致与欢迎词、欢送词相同。

（4）祝酒词的写作注意事项

祝酒词语言的基本要求是讲话要切情，千万不能讲"谁吃坏了肝""谁喝出了车祸"这种话，会不受欢迎的。

（5）祝酒词的常用句型

① 为你的健康/成功干杯！

② 为我们的友谊干杯！

③ 为我们的新工作干杯！

④ 我非常荣幸，代表公司向代表团各位成员的到来表示热烈的欢迎。

⑤ 这次访问对我们两国有着增强纽带的重要作用。

⑥ 我提议，为我们的客人的健康，为我们不断发展的私人以及商业合作，为我们两国人民的幸福，干杯！

5.3.3 撰写步骤

5.3.3.1 答谢词的撰写步骤

答谢词一般由标题、称谓、正文、结束语和落款五部分构成，其写作格式与欢迎词、欢送词相似。

（1）确定标题

答谢词的标题有三种表达方式：一是以"答谢词"三字作为标题；二是标以"活动内容+文种"；三是由"致词人+致词场合+文种"三个构成要素组成标题。

（2）明确称谓

答谢词的称谓是指答谢的对象，在第二行顶格处用尊称方式表达，且要以全称方式表述，修饰语可以用"尊敬的""敬爱的"等，以示庄重和尊敬，如"尊敬的××女士""敬爱的××先生"。

（3）撰写正文

答谢词的正文部分可以先由具体的事例入手，对主人或主办方所做的安排以高度评价，对主办方的热情款待表示感谢，对活动或访问期间的收获给予肯定等，同时可在正文中谈一谈自己的感想与心情。

（4）撰写结束语

结束语可以向主人或主办方再次表示感谢，并表达美好的祝愿。

（5）落款

落款在正文末偏右下方署上致词单位或个人的名称，对应署名下一行署上成文日期。如果标题中有名称了，可以不再署名。

5.3.3.2 祝酒词的撰写步骤

祝酒词的一般格式包括标题、称谓、正文和结尾。

（1）确定标题

简约型标题可直接写"祝词"或"××祝酒词"。书面型标题在上面已介绍过，不再赘述。

（2）明确称谓

称谓一般用泛称，可以根据与会者的身份来定，如"各位女士、各位先生""朋友们""同志们"等。为了表示热情和亲切、友好之意，前面可以加修饰语"亲爱的""尊敬的""尊贵的"等。

（3）撰写正文

可以谈致词人（或代表谁）在什么情况下向出席者表示欢迎、感谢和问候；谈成绩、作用、意义；联系面临的任务、使命，展望未来。要求篇幅简短，语言口语化，态度热情。

（4）撰写结尾

常用"请允许我……""为……而干杯"等语言作结尾。

5.3.4 范例分析

[答谢词范例]

在十八岁生日宴会上的答谢词

大家好！

今天，是我十八岁的生日。有这么多朋友陪伴，我的生日过得快乐而充实。

我首先要感谢生活的馈赠。感谢父母的抚育，他们的大爱为我撑起生命远航的风帆；感谢我所有的亲人，他们无私的包容给我温暖；感谢为我的生日而相聚的好友，是你们陪我成长，一路风雨，一片真情。借此机会，请允许我对你们的到来致以深深的谢意！是你们的祝福、喝彩，让我此刻感到无比的高兴、快乐！

今天，我十八岁了。我要感谢我的老师和同学，是老师们的谆谆教诲，是同学和伙伴们的帮助鼓励，让我不断地进步、成长！

今天，我十八岁了。天真烂漫的童年已悄然度过，花季般的少年时光即将来临，在接下来更加阳光灿烂的日子里,我要在老师和长辈的带领下,在同学和伙伴的友谊中,努力学习各种知识本领,做一个奋发向上、有所作为的少年!

韶华易逝,时光似金。十八岁的我已经长大,深深地懂得少亦当自强,能为国出力。我会倍加珍惜青春年少的岁月,好好学习,锻炼身体,保持宽容、希望和信心,迎接更加光明的未来。让自己的青春,焕发出最美好的光彩,不辜负父母、亲人、朋友们的期望。请大家放心,我将用更加努力的学习,更加优异的成绩,来回报家人及你们的厚爱!

最后,让我们把最美好的祝愿献给养育我们的祖国和我们的父母,献给这个美好的时代,也献给我们美好的未来。朋友们,让我们共同举杯,期待人生精彩,共祝友谊长存!

谢谢大家!

答谢词范例分析

这是一篇热情洋溢的答谢词,十八岁的"小寿星"对参加自己十八岁生日宴会的家人及来宾表示感谢,感谢父母给予自己生命并用心抚养,感谢老师对自己的培育与教诲,感谢朋友对自己的友爱和关怀,最后表示努力学习来报答祖国和父母。文章气势通达、感情充沛。

[祝酒词范例]

孩子圆九喜宴祝酒词

尊敬的各位来宾、各位亲朋好友:

大家上午好!

今天是2020年8月10日,这是一个生机盎然的季节,一个阳光灿烂的日子。我们大家有缘在这里再次相聚,回顾去年一对幸福的新人李×先生和敬××女士在这里举行的隆重婚礼,我相信我们现场的所有来宾都感受到了他们真挚浪漫的爱情。那么在今年,就在这个月的初三,他们又喜得千金,那是他们爱情的结晶。一个漂亮、活泼、可爱的小姑娘,来到这个美丽的世界,他们女儿的诞生给这个原本幸福快乐的家庭更加增添了一份喜悦,增添了一份快乐。亲爱的各位来宾,让孩子愉快、活泼、健康、茁壮地成长,让一家三口幸福快乐地生活,是我们在场所有嘉宾共同的心愿,那么此时此刻让我们所有的亲朋好友,伸出双手为他们的幸福热烈地祝福吧!(鼓掌)

各位贵客,各位来宾,你们不顾路途遥远,不顾工作繁忙,迎着骄阳,冒着酷暑,顶着高温;带着慰问,带着情分,带着祝福,带着爱心,大驾光临,前来捧场,我代表喜主对你们的到来表示热烈的欢迎和衷心的感谢。喜主为答谢各位,略备薄酒淡菜,不成敬意,万望大家吃好喝好,尽情助兴。

最后,让我们共同举起酒杯,感谢在场所有嘉宾在百忙之中的捧场,共同祝福孩子能够幸福、健康、快乐地成长。美酒多享,尽情畅饮。圆九喜宴正式开始,让我们干杯。

谢谢大家!

祝酒词范例分析

这是一篇热情洋溢的祝酒词，作者首先回顾一对新人走上隆重的婚礼殿堂，感受到他们的恩爱，接着对参加他们孩子的圆九喜宴的嘉宾表示感谢，最后举杯祝福孩子能够幸福、健康、快乐地成长。文章主旨明确、语句通畅。

5.3.5 练习应用

（1）填空题
① 答谢词一般由（　　　　　　　　　　　　　）五部分构成。
② 祝酒词的特点主要有三点，分别是（　　　　　　　　　　　　　　　）。
（2）问答题
① 答谢词的写作注意事项有哪些？
② 祝酒词的写作要求有哪些？

任务5.4　撰写欢迎词、欢送词

5.4.1　任务描述

欢迎词是指客人光临时，主人为表示热烈的欢迎，在座谈会、宴会、酒会等场合发表的热情友好的讲话。欢送词是行政机关、企事业单位、社会团体或个人在公共场合欢送友好团体回归或亲友出行时致辞的讲话稿。本任务介绍欢迎词和欢送词的相关知识，通过本任务内容的学习了解欢迎词、欢送词的含义，掌握其写作格式、写作注意事项，学会撰写欢迎词、欢送词。

5.4.2　相关知识

5.4.2.1　欢迎词的相关知识

（1）欢迎词的含义
欢迎词是指客人光临时，主人为表示热烈的欢迎，在座谈会、宴会、酒会等场合发表的热情友好的讲话。外事活动中的欢迎词可以起到交流感情、促进和加深友谊的作用。

（2）欢迎词的特点
① 欢愉性。"有朋自远方来，不亦乐乎"，所以致欢迎词当有一种愉快的心情，措辞用语务必富有激情和表现出致辞人的真诚。这才可以给客人一种"宾至如归"的感觉，为下一步各种活动的圆满举行打下良好的基础。
② 简短性。欢迎词作为涉外礼仪类文书，又是口头发表的讲话，通常只需三五分钟时间，故内容要简短精练，并且多使用生活化的语言。

（3）欢迎词的分类

① 从欢迎词的表达方式上分类。

a.现场讲演欢迎词：一般由欢迎人在客人到达时在欢迎现场口头发表的欢迎稿。

b.报刊发表欢迎词：这是发表在报刊或公开发行刊物之上的欢迎稿，一般在客人到达前后发表。

② 从欢迎词的社交的公关性质上分类。

a.私人交往欢迎词：私人交往欢迎词一般是在个人举行较大型的宴会、聚会、茶会、舞会和讨论会等非官方的场合下使用的欢迎稿，通常要在正式活动开始前进行。私人交往欢迎词往往具有很强的即时性、现场性。

b.公事往来欢迎词：这样的欢迎词一般在较庄重的公共事务中使用。要有事先准备好的得体的书面稿，文字措辞上的要求较私人交往欢迎词要更为正式和严格。

（4）欢迎词的写作要求

① 看对象说话。欢迎词多用于对外交往。在各个社会组织的对外交往中，所迎接的宾客可能是多方面的，如上级领导、检查团、考察团等。来访目的不同，欢迎的情由也应不同。欢迎词要有针对性，看对象说话，表达不同的情谊。

② 看场合说话。欢迎的场合、仪式也是多种多样的，有隆重的欢迎会、酒会、宴会、记者招待会，有一般的座谈会、展销会、订货会等。欢迎词要看场合说话，该严肃则严肃，该轻松则轻松。

③ 热情而不失分寸。欢迎应出于真心实意，热情、谦逊、有礼。语言要亲切，饱含真情。要注意分寸，不卑不亢。

④ 关于称呼。由于是用于对外（本组织以外的宾客）交往，欢迎词的称呼比开幕词、闭幕词更具有感情色彩，更需热情有礼。为表示尊重，要称呼全名。在姓名前或后面应加上职衔或"先生""女士""亲爱的""尊敬的""敬爱的"等敬语，以表示亲切。

（5）欢迎词的写作注意事项

欢迎词是出于礼仪的需要而使用的，因此要十分注意礼貌。具体而言，要注意以下几点。

① 礼貌。称谓要用尊称，感情要真挚，要能较得体地表达自己的原则立场。

② 谨慎。措辞要慎重，勿信口开河，同时要注意尊重对方的风俗习惯，应避开对方的忌讳，以免产生误会。

③ 热情。语言表达要精确、热情、友好、温和、礼貌。

④ 精练。应篇幅短小，言简意赅。一般的欢迎词都是一种礼节性的外交或公关辞令，宜短小精悍，不必长篇大论。

5.4.2.2 欢送词的相关知识

（1）欢送词的含义

欢送词是行政机关、企事业单位、社会团体或个人在公共场合欢送友好团体回归或亲友出行时致辞的讲话稿。

（2）欢送词的分类

按表达方式来分，欢送词可分为现场讲演欢送词和报刊发表欢送词两种。

按社交的公关性质来分，欢送词可分为私人交往欢送词和公事往来欢送词两种。

（3）欢送词的特点

① 惜别性。"相见时难别亦难"，中国人重情谊的民族传统精神在今天更显得珍贵。欢送词要表达宾客远行时的感受，所以依依惜别之情要溢于言表，而且格调也不可低沉。涉外公共事务的交往更应把握好分别时所用言辞的分寸。

② 口语性。和欢迎词一样，欢送词的遣词造句也应注意使用生活化的语言，使送别既富有情趣又自然得体。

（4）欢送词的写作注意事项

称谓用尊称，注意宾客身份，致辞要恰到好处，感情要真挚、诚恳和健康。措辞要慎重，勿信口开河，要尊重对方的风俗习惯，以免发生不该发生的误会。语言要精练、热情、友好、温和、礼貌，要言简意赅，篇幅不宜过长。欢送词也是一种礼节性的社交公关辞令，要短小精悍，这样更易于表达主人对宾客的尊重和礼貌。

5.4.3　撰写步骤

5.4.3.1　欢迎词的撰写步骤

（1）确定标题

欢迎词标题的写法一般有两种。一种是单独以文种命名，如"欢迎词"。另一种是由活动内容和文种共同构成，如"在某学术讨论会上的欢迎词"。

（2）明确称谓

欢迎词的称谓要求写在开头顶格处，要用尊称和全称的方式表述，修饰语可以用"尊敬的""敬爱的"等，以示庄重和尊敬，如"尊敬的各位先生们、女士们""亲爱的某大学各位同仁"。

（3）撰写正文

欢迎词的正文一般由开头、主体和结尾三部分构成。

① 开头。开头通常应说明现场举行的是何种仪式或何种活动，发言者代表什么人向哪些来宾表示热烈欢迎。

② 主体。欢迎词在这一部分一般要阐述和回顾宾主双方在共同的领域所持的共同的立场、观点、目标和原则等内容，较具体地介绍来宾在各方面的成就或在某些方面做出的突出贡献，介绍两国间的交往历史和传统友谊、友好合作的成就等。同时，要指出来宾本次到访或光临对增加宾主友谊及合作交流所具有的现实意义和历史意义。

③ 结尾。欢迎词通常在结尾处再次向来宾表示欢迎，并表达自己对今后合作的美好祝愿。

（4）落款

欢迎词的落款要署上致辞单位名称，致辞者的身份、姓名，并署上成文日期。

5.4.3.2 欢送词的撰写步骤

欢送词一般由标题、称谓、正文和落款组成。

（1）确定标题

标题的写法一般有两种：一种是单独以文种"欢送词"命名；另一种是由活动内容和文种共同构成，如"在某研讨会结束典礼上的讲话"。

（2）明确称谓

称谓要求写在开头顶格处，要写出宾客的称呼，同欢迎词称呼的写法相同。

（3）撰写正文

欢送词的正文一般由开头、主体和结尾三部分构成。

① 开头。通常应说明此时在举行何种欢送仪式，发言人是以什么身份代表哪些人向宾客表示欢送的。

② 主体。欢送词在这一部分要回顾和阐述双方在合作或访问期间在哪些问题和项目上达成了一致的意见，取得了哪些突破性的进展，陈述本次合作交流中双方的合作和交流给双方带来的益处，阐述其深远的历史意义。对于私人欢送词，还应注意表达双方在共事合作期间彼此友谊的增进加深及分别之后的想念之情。若为朋友送行，还要加上一些勉励的话。

③ 结尾。通常在结尾处再次向来宾表示真挚的欢送之情，并表达期待再次合作的心愿。亲朋远行尤其要表达希望早日团聚的惜别之情。

（4）落款

欢送词在落款处要署上致辞的单位名称，致辞者的身份、姓名，并署上成文日期。

5.4.4 范例分析

[欢迎词范例]

社会主义新农村建设工程开工典礼上的欢迎词

尊敬的各位领导、各位嘉宾，×村村民朋友们：

大家上午好！

在这稻花飘香、瓜果盈枝的美好季节，×村社会主义新农村建设正式破土动工了。值此机会，我谨代表区四家班子领导向新农村建设工程的开工表示热烈的祝贺！向前来参加今天开工典礼的各位领导、各位来宾、同志们表示热烈的欢迎和衷心的感谢！

一直以来，东村的发展得到了市、区各级领导的关心，全村各项经济指标平稳增长，民生工程明显改善，农业产业化水平不断提高。特别是×村的新农村建设，更是在各级领导的亲切关怀下，在相关企业大力支持下，走在全区的最前面。

区委、区人民政府发出建设社会主义新农村的号召后，×村群众热情十分高涨。70户村民代表联名致信区委、区人民政府，纷纷要求区委、区人民政府把新农村建设试点任务放在本村，并用实际行动进行新农村建设：他们成立了村民领导小组，多次召开村民大会统一思想，主动签订《建设社会主义新农村村民协议书》，协调好了新村建设用地，积极筹措建房资金，并在乡党委、政府和区直相关职能部门的指导下，完成了新村建设规划和产业发展规划。今天，新村建设工程就要顺利开工了，这是×村村民的一件大喜事，也是××乡乃至全区人民的一件大喜事。我们坚信，在区、乡党委、政府的正确领导下，在各级各部门和社会各界的大力帮助和支持下，×村村民一定能够克服一切困难，勇往直前，按照高标准、高起点的要求早日建成社会主义新农村，造福全体村民！

最后，我再一次对一直以来关心、支持×村新农村建设的各位领导、社会各界表示衷心的感谢和诚挚的谢意，祝各位领导、各位嘉宾身体健康、阖家幸福、万事如意！

谢谢大家！

欢迎词范例分析

这篇欢迎词分三个部分，首先对参加社会主义新农村建设工程开工典礼的来访者表示欢迎，接着简略介绍×村工作处处走在前头，重点介绍×村在社会主义新农村建设中高涨的工作热情、科学的工作方法，最后再次对来访者表示衷心的感谢。全文主旨明确，语言表达礼貌周到。

[欢送词范例]（请扫二维码）

5.4.5　练习应用

（1）填空题

① 欢迎词一般由（　　　　　　　　　　　）四部分构成。

② 欢送词的特点是（　　　　　　　　　　　）。

（2）问答题

① 欢迎词的分类有哪些？

② 欢送词的写作注意事项有哪些？

任务5.5　撰写祝贺词

5.5.1　任务描述

祝贺词是日常应用文写作的重要文体之一，主要指在各种喜庆场合对人、事情表示祝贺的言辞或文章。通过本任务内容的学习，了解祝贺词的含义，掌握其特点、分类、写作要求，学会撰写祝贺词。

5.5.2 相关知识

5.5.2.1 祝贺词的含义

祝贺词指在各种喜庆场合中对人、事表示祝贺的言辞或文章。在我们的日常生活和工作环境中，有很多地方和时刻会用到祝贺词。行政机关、企事业单位、社会团体和个人在喜庆场合，为了表达美好愿望或庆贺的时候，都会用到祝贺词，如事业祝贺词、寿宴祝贺词、酒宴祝贺词等。

5.5.2.2 祝贺词的特点

（1）喜庆性

祝贺词是在喜庆的场合对祝贺对象的一种真诚的祈颂祝福和美好心愿的表达，因此喜庆性是其基本特点。在措辞用语上务必体现出一种喜悦、美好之情。

（2）体裁多样性

祝贺词无须拘泥于某种文体，而可以根据祝贺对象的具体情况采用合适贴切的文章体裁，既可以用一般的应用文体，也可以采用诗、词、对联等其他的文体样式，如夏衍的贺钱钟书八十华诞词。

5.5.2.3 祝贺词的分类

祝贺词根据其内容和应用范围的不同，大致可以分为祝贺事业、祝贺寿诞、祝贺婚嫁、祝贺酒宴等四大类。

（1）祝贺事业

祝贺事业是较为常用的一种祝贺，如祝贺会议开幕，祝贺新年来临，祝贺某集团、组织、机构的创办纪念等。

（2）祝贺寿诞

祝寿词的对象主要是老年人，因为我们中国人的传统习惯对年轻人的生日祝贺一般不称"祝寿"。祝寿词的主要内容是祝愿寿者幸福、健康、长寿，以及赞颂寿者的功德。

（3）祝贺婚嫁

男婚女嫁时发表的祝贺词，一方面是祝贺新婚，另一方面也祝福新人能婚姻美满、百年好合。

（4）祝贺酒宴

以酒助兴，酒只是人们交往中的一种媒介形式，酒宴上的祝贺词其实是在向赴宴宾客表达一种祝福和庆贺。

5.5.2.4 祝贺词的写作要求

第一，语言要充满热情、喜悦、鼓励、希望、褒扬之意，以便使对方感到温暖和愉快，受到激励与鼓舞。

第二，祝贺词不应使用辩论、谴责、批评等词句和语气。

第三，颂扬与祝贺要恰如其分，过分的赞美之词会使对方感到不安，自己也难免有献媚之嫌。

5.5.2.5 祝贺词的写作注意事项

祝贺词要求热情洋溢，充满喜庆，满怀诚意地表达自己的美好祝愿。多用褒扬、赞美、激励之词，但又千万不可滥用溢美之词，以免给人以阿谀奉承之嫌。祝贺词文体上可以多种多样，只要写出特色、表达诚挚的祝愿即可。

5.5.3 撰写步骤

祝贺词一般由标题、称谓、正文和落款四部分组成。

（1）确定标题

祝贺词的标题可以简单地用"祝贺词"三字，也可以采用"致词人+致词场合+文种"的形式，如《在中国文学艺术工作者第四次代表大会上的祝词》采用的就是后一种标题形式。

（2）明确称谓

称谓是指接受祝贺的单位、团体名称或个人姓名。如果接受祝贺的是个人，应在姓名的后面加上"先生""女士""同志"等恰当的称谓，以示尊重。

（3）撰写正文

正文是祝贺词的主体部分。首先说明祝贺的事由及致辞人的身份，并表示祝贺、祝愿或感谢等；其次回顾过去、放眼全局、展望未来，并概括祝贺对象已经取得的业绩、赞颂其做出的贡献；最后以表示祝愿、鼓励或希望的话语作结尾。

祝贺词在写作时还要根据不同的对象有的放矢。例如，祝贺结婚和寿辰的祝贺词就要做到热情洋溢、感情炽热，还必须符合一定的人伦礼仪；祝贺事业、祝贺节日等就是要对即将到来或正在开始做、尚无结果的事物表示祝愿、希望，因此一定要热情明快；祝贺酒宴则必须有表示欢迎、感谢和干杯的语句。还要特别讲究外交辞令和礼仪方面的要求。

（4）落款

落款处应当署上致辞单位名称或致辞人姓名，最后还要署上成文日期。

总体上来说，祝贺词的用语要文雅，同时又便于宣读。

5.5.4 范例分析

[祝贺词范例]

乔迁新居祝贺词

各位来宾，女士们、先生们：

大家好！

今天我们在这里欢聚一堂，共同参加黄××、夏×夫妇乔迁新居之庆。承蒙各位来宾的深情厚谊，我首先代表黄××先生与夏×女士，对各位的到来表示最热烈的欢迎和衷心的感谢！

黄××、夏×夫妇兢兢业业，勤俭持家，如今事业有成，家庭美满幸福。所以，我在这里也要代表×××大酒店和各位来宾，向黄××、夏×夫妇乔迁新居表示衷心祝贺！

为感谢各位来宾的深情厚谊，黄府在这里略设便宴，望各位来宾海涵赐谅。

各位来宾，让我们举起手中酒杯，共同祝福黄××、夏×一家财源广进、阖家欢乐！祝各位来宾财运亨通、四季康宁！

祝贺词范例分析
这篇祝贺词热情洋溢、感情炽热，对黄××、夏×一家表示了美好的祝愿与希望。

5.5.5　练习应用

（1）填空题
① 祝贺词根据其内容和应用范围的不同，大致分为（　　　　　　　　）四大类。
② 祝贺词的特点是（　　　　　　　　）。
（2）问答题
① 祝贺词的写作要求是什么？
② 祝贺词的写作注意事项有哪些？

任务5.6　撰写讣告、悼词

5.6.1　任务描述

讣告是机关、单位、个人将某人去世的不幸消息向死者的亲戚、朋友、家属发布的通告性文书。悼词是对死者表示哀悼的话或文章。通过本任务内容的学习，了解讣告、悼词的含义，掌握其写作格式、注意事项，学会撰写讣告、悼词。

5.6.2　相关知识

5.6.2.1　讣告的相关知识

（1）讣告的含义

讣告的"讣"意为报丧，讣告是一种报丧的实用文书，又称为讣文、讣闻。讣告一般由逝者的亲属、朋友、生前所在单位或专门成立的治丧委员会发出，以向逝者的生前好友、有关团体、社会公众报丧。

（2）讣告的适用范围

讣告可张贴，常张贴于逝者生前工作单位或住所门前，也可发送，某些重要人物逝世的讣告还可通过报纸、广播、电视、网络等大众传播媒介向社会公众发布。发讣告的目的是把某人不幸去世的消息通知逝者的朋友、亲属、相关单位或公众。

（3）讣告的分类

按照讣告的形式，可以把讣告分为以下三大类。

① 一般式讣告。一般式讣告是最常用也是最常见的一种讣告形式，这种讣告主要是通知逝者的亲戚朋友或单位同事等，告知的范围不大。一般式讣告常被张贴于逝者原单位门口或某些公共场合，或者直接发送给有关人士和相关单位。

② 新闻报道式讣告。新闻报道式讣告是指以消息的形式，通过媒体报告某人逝世的消息。这种形式的讣告目的在于把某人逝世的消息通知社会各界人士，其内容和形式都比较简单。

③ 公告式讣告。公告式讣告是党和国家领导人或有名望的人逝世后发布的讣告形式。公告式讣告不由个人发出，而是根据逝者的职务、身份，由党和国家或相关机关、团体作出决定发布，是讣告中最为庄严和隆重的形式。有的公告式讣告还随文一同发布治丧委员会公告和治丧委员会名单，说明对逝者丧事的安排及具体要求。

（4）讣告的写作注意事项

讣告的语言要求准确、简练、严肃、郑重。

凡讣告的用纸，依据我国的传统忌用红色，一般用白纸，上书黑字即可。一般性讣告需在告别仪式之前尽早发出，以便逝者亲友及时地做出必要的安排和准备，如备花圈、写挽联等。

5.6.2.2 悼词的相关知识

（1）悼词的含义

悼词是对逝者表示哀悼的话或文章。它有广义和狭义之分。广义的悼词指向逝者表示哀悼、缅怀与敬意的一切形式的悼念性文章。狭义的悼词专指在追悼大会上对逝者表示敬意与哀思的宣读式的专用哀悼的文体。悼词往往对后人有激励、鞭策等积极作用。

（2）悼词的适用范围

悼词是在追悼大会上对逝者表示哀悼、敬意和思念的讲话，或对逝者表示哀悼、缅怀的悼念性文章。悼词的主要内容是追述逝者生平，总结逝者的主要业绩和所做出的奉献，从而表达对逝者的哀悼和敬意。悼词的公布形式主要是宣读，多在追悼大会上公开宣读，因而语言应庄重朴实，情感应自然真挚，强调化悲痛为力量，激励后人积极面对生活。

（3）悼词的分类

① 按照用途划分。

a. 宣读体悼词：宣读体悼词专门用于追悼大会，由特定身份的人进行宣读，是对前来参加追悼的同志进行的讲话。宣读体悼词主要用于表达全体在场的同志对逝者的敬意与哀思，同时也勉励大家化悲痛为力量。宣读体悼词以记叙或议论逝者的生平功绩为主，而不以个人抒情为主。它受追悼大会的时间、地点和条件的限制，在形式上相对固定，表达上相对稳定。

b.艺术散文类悼词：艺术散文类悼词内容广泛，包括所有向逝者表示哀悼、缅怀和敬意的文章，通常发表在报纸杂志上。这种文章通过对逝者过去的事情的回忆，展现逝者的品质和精神，虽也有怀念之意，但更重要的是通过文章表达对逝者的精神风貌的赞美及其对大众的鼓舞和激励。

② 按照表现手段划分。

a.记叙类悼词：记叙类悼词以记叙逝者的生平事迹为主，夹杂抒情或议论，是现代悼词中最常见的一种类型。一般来说，记叙类悼词用语朴实，充满对逝者深切的哀悼和怀念之情。宣读体悼词和书面体悼词都可以采用这种形式。

b.论文类悼词：论文类悼词一般以议论为主，叙事和抒情为辅。它重在评价逝者对社会的贡献，是社会意义比较强的一种哀悼文体。

c.抒情类悼词：抒情类悼词以抒发对逝者的悼念之情为主，并适当地结合叙事或议论。它经常以抒情散文的形式出现，文学色彩浓厚，胜在以情动人。情感的不同是抒情类悼词与一般的抒情散文最大的区别所在。抒情类悼词往往情感崇高而真挚，质朴而自然。

（4）悼词的特点

① 总结逝者生平业绩，肯定其一生的贡献。现代的悼词是一种具有高度思想性和现实性的文体，人们以此既寄托哀思又通过逝者的业绩激励后人，如毛泽东同志在追悼张思德同志的追悼会上所致的悼词，留下了《为人民服务》的不朽篇章。它不知激励了多少勇于牺牲、为民请命的革命志士，直至今天还具有很强的现实意义。

② 悼词的内容是积极向上的，情感基调是昂扬健康的。它不像古代哀悼文，一味宣泄情绪，充满悲伤的情调，让人感到愁闷压抑。它应该排除一切伤感主义、悲观主义、虚无主义等消极内容。它不是面向过去，而是面向现在和将来，人们常说的"化悲痛为力量"就是这个意思。

③ 表现形式和表现手法有多样性。悼词既可以写成记叙文或议论文，又可以写成优秀的散文；既能以叙事为主，也能以议论为主，还能以抒情为主；同时既有供宣读的形式，又有书面形式。概括来讲，悼词要充分肯定逝者对社会的贡献，真诚表达生者对逝者的悼念和敬意，以质朴无华的语言和多种多样的形式体现积极的内容。

（5）悼词的写作注意事项

① 明确写悼词的目的主要是介绍逝者的生平事迹，歌颂逝者生前在革命或建设中的功绩，让人们从中学习逝者好的思想作风，继承逝者的遗志。但是这种歌颂是严肃的，不夸大，不粉饰，要根据事实作出合理的评价。

② 要化悲痛为力量。有的逝者生前为党和人民做了很多好事，他们的美德会时时触动人们的心灵，悼词应勉励生者节哀奋进。

③ 语言要简朴、严肃、概括性强，这也是写悼词应注意的问题。

5.6.3 撰写步骤

5.6.3.1 讣告的撰写步骤

讣告是非常庄重、肃穆的一种礼仪生活文书。为了显示对逝者的尊重和悼念，在写作上讣告的语言应该准确、简练、庄重，在写到"死"时一般要用"逝世""永别"等同义婉辞，以体现对逝者的哀悼。在讣告用纸上，按照我国的传统习惯应用白纸，上书黑字。一般而言，讣告由标题、正文、落款三部分组成。

（1）确定标题

讣告最常用的标题就是直书"讣告"二字，排版为第一行居中位置，字体醒目。有的讣告标题在"讣告"之前加上逝者的姓名，为"××讣告"。

（2）撰写正文

讣告的正文部分可采用三段式写作，主要包括以下三项内容。

第一个段落，在正文开头部分用郑重、严肃的文字写明逝者的姓名、身份、职务、逝世时间和地点、去世原因、终年岁数。

第二个段落，介绍逝者生平，主要是把逝者生前具有代表性的经历作一个简单介绍。

第三个段落，说明吊唁、开追悼会的时间、地点等。

（3）落款

在讣告的右下方签署发讣告的个人或团体的名称，以及讣告的发布时间。

以上是讣告的一般写作方法和基本格式。需要注意的是，根据讣告的种类不同，讣告的格式也可作细微的调整。例如，新闻报道式讣告的标题常常采用"××同志逝世"的形式，而且讣告全文多按照消息写作的一般要求，有标题和正文两部分就可以，一般没有落款。

5.6.3.2 悼词的撰写步骤

（1）确定标题

悼词的常用标题是"悼词"二字，或者是"悼××同志""在××同志追悼会上的悼词""在××同志骨灰安放仪式上的悼词"等。标题应位于第一行居中位置，字体较大较为醒目。一些以记叙性或抒情性为主的悼词常常取一个别致的标题，形式多样，不拘一格，有些还具有相当的艺术性。例如，有一篇悼念著名作家秦牧的悼词题为《心香一瓣祭秦牧》，就是一篇十分清雅的散文。

（2）撰写正文

悼词的正文部分，首先点明以沉痛的心情悼念何人。接着要介绍逝者的姓名、身份、职务、逝世时间和地点、去世原因、终年岁数。随后承接开头，缅怀逝者。一是介绍逝者的籍贯、出身，按时间顺序介绍逝者的生平简历，并对逝者的一生作恰如其分的评价。二是对逝者的思想、精神、作风、品质、修养等作出综合评价，介绍其对他人和社会产生的积极影响。

（3）撰写结束语

表达对逝者的怀念和哀悼，以及如何向逝者学习、继承其未竟事业及化悲痛为力量的决心。最后，常常以"××同志千古""××同志永远活在我们心中"等作为结语，也可以根据实际情况用其他慰问语作为结束语。悼词的结束语应该积极向上。

（4）落款

正文结束，在悼词右下方一般只署成文的日期。如果悼词是在报纸杂志上公开发表的，可以在悼词的标题下署名。

以上是悼词的一般写法。有些记叙性和抒情性强的悼词，常常不拘泥于格式的限制，甚至会以抒情散文或诗词的形式出现，全篇以"情"为主线写作，抒发对逝者强烈的悼念和追思。

5.6.4 范例分析

[讣告范例1]

讣 告

今有我村村民李×之母赵××因病久治无效，不幸于4月17日上午9时逝世，享年79岁，经本村治丧委员会研究，定于4月20日上午10时在其家中举行追悼仪式，望各位亲友届时参加。

免带菜祭。

××镇××村治丧委员会

2022年4月19日

讣告范例1分析

这篇讣告用郑重、严肃的文字写明了逝者的姓名、逝世时间、终年岁数，说明了吊唁的时间、地点。语言准确、简练、庄重。

[讣告范例2]

讣 告

纺织厂老工人王××先生，因长期患肝硬化，经多方医治无效，于2020年7月5日，上午9时20分逝世，终年76岁。

王××先生自参加工作以来，工作一贯负责，积极肯干，多次被评选为先进生产者，深受全厂职工的尊敬和好评。他的病逝，使我们失去了一个好同事。为了寄托我们的哀思，兹定于7月8日上午9时在本厂礼堂开追悼会，希望王××先生生前好友届时参加。

2020年7月7日

讣告范例2分析

这篇讣告把逝者生前具有代表性的经历做了一个简单介绍，说明了吊唁的时间、地点。语言庄重、肃穆。

[悼词范例]

悼 词

各位领导，各位亲属，各位周×书记的同事、生前好友：

今天，我们怀着极其悲痛的心情，在这里隆重悼念德高望重、深受××各界人士好评的××村村书记周×。此时此刻，我和大家一样，心情沉重，悲痛万分。我们悲伤，因为我们失去了一位敬重的老书记；我们心痛，因为我们失去了一位慈爱的长者；我们难舍，因为我们就此失去了一位良师益友。

周×书记祖籍山东×城，1944年9月26日出生于安徽省××市，高中毕业后回乡，做过十年民办教师，在东××砖厂做过厂长、乡基建公司做过经理，担任过村会计、村长，1973年7月加入中国共产党，1993年年底任××村党支部书记。2019年5月11日20时6分因病抢救无效不幸与世长辞，享年75岁。

作为人民教师，他工作勤奋，业务精通，学识渊博，教研成绩突出。20世纪70年代就提出了抓"五个环节"的教学方法，对提高教学质量起到了很大的推动作用。在他的带动下，整所学校充满浓厚的教科研氛围，使学校整体的教学质量有了较大的提高。

作为村党支部书记，他工作有思路，领导有方法。××村各项工作在周×同志的带领有了较大的飞跃，2005年全村整修村组公路12公里，开发荒山400亩，争取退耕还林指标300亩，筹资8万多元全面修缮了村中心小学，农电整改全面铺开。

周×同志任党支部书记以来，身先士卒，埋头苦干，一心扑在工作上，为××村走出困境、加速发展，为××村的外在形象，为××村1500多名群众的福祉，可谓是呕心沥血。喜欢自己多做、多说、多跑腿，待人热情、勇挑重担是他的特点。他正是以这热情、友善、主动、扎实的人格魅力，既赢得了市人大、市国税局以及乡党委、政府的充分肯定，也赢得了××村党员骨干和人民群众的一致好评。

青山垂首，江河呜咽，杜鹃泣血，百灵哀鸣。周×书记的离去，使我们痛失一位难得的前辈、良师和益友。这是××村也是××市的巨大损失！斯人已逝，精神长存，周书记虽然离开了我们，但他那种以身作则、克勤克俭、无私奉献、任劳任怨的优良作风和高尚情操，待人热情、积极友善、乐于助人、和睦邻里的开阔心境和为人之道，将永远铭记在我们心中。周×同志完全可以称得上一个尽心尽力的好党支部书记。

周×家属节哀顺变，抖擞精神，创造辉煌。

周×书记您安息吧！

2019年5月13日

悼词范例分析

这是一篇沉重悼念周×书记的悼词，表达了对逝者的哀悼。文章首先介绍逝者的身份、工作经历，接着重点介绍他担任村党支部书记为××村带来的福祉，高度赞扬了周书记全心全意为村民做好事的高尚品质，最后慰问周书记家属，再次表达对逝者的哀思。这篇悼词感情悲怆，叙议结合，有很强的感染力。

5.6.5 练习应用

（1）填空题

① 一般而言，讣告由（　　　　　　　　　）三部分组成。

② 悼词按照用途分为（　　　　　　　　　）两类。

(2) 问答题

① 讣告的含义是什么？

② 悼词的特点有哪些？

项目评价

针对此项目，相应的项目考核评分细则参见表5.1。

表5.1 评分细则

维度	评分标准	得分
知识 （40分）	（1）熟悉请柬、邀请函、答谢词、祝酒词、欢迎词、欢送词、祝贺词、讣告、悼词的概念、分类、特点等（20分） （2）掌握各类社交礼仪文书写作的基本要求、撰写步骤等（20分）	
能力 （40分）	（1）能撰写格式规范、结构完整、内容完备、表述正确、要素齐全的请柬和邀请函（10分） （2）有效区分欢迎词、欢送词、答谢词的异同，正确撰写欢迎词、欢送词和答谢词（10分） （3）撰写格式正确的祝酒词、祝贺词（10分） （4）撰写格式正确的讣告、悼词（10分）	
素质 （20分）	（1）具有敬人、敬己、敬业的职业精神和职业态度（10分） （2）具有商务活动安排和社会交往的实际操作能力，以及表达、控制、应变能力（10分）	
总计		

注：每项内容的得分不得超过该项的配分。

项目 5-
练习应用 - 参考答案

项目 6

撰写大学生报告

　　撰写大学生报告是应用文写作的基本功,本项目从大学生的实验实训、实习和社会实践的实际需求出发,围绕大学生在校期间对报告的具体要求设计了三个工作任务,通过这些任务的训练,学生可以达到教学目标,以满足学生写实验实训、实习和社会实践报告的要求。

　　写好大学生报告是大学生在校期间的一项必备技能。写好大学生报告不仅可以锻炼学生严谨的思维,而且对宣传辩证唯物主义的思想路线,即一切从实际出发、理论联系实际、实事求是,反对唯心主义和形而上学,克服主观主义、形式主义和官僚主义,培养和造就社会主义事业的管理者和领导人才,都发挥着重要作用。

学习目标

知识目标

（1）掌握大学生实验实训报告撰写的方法。

（2）掌握大学生实习报告撰写的方法。

（3）熟悉大学生社会实践报告撰写的方法。

技能目标

（1）能独立撰写大学生实验实训报告。

（2）能独立撰写大学生实习报告。

（3）能独立撰写大学生社会实践报告。

素质目标

（1）培养科学严谨、实事求是的职业精神。

（2）培养撰写实验实训报告的严谨、团结合作、助人为乐的精神。

（3）培养实习、社会实践过程中理论联系实际、敬业的精神。

任务6.1　了解大学生报告

6.1.1　任务描述

掌握大学生报告的分类、作用、特点及写作要求,学会撰写各类大学生报告。

6.1.2　相关知识

6.1.2.1　大学生报告的种类

大学生报告分为实验实训报告、实习报告、社会实践报告。

(1) 实验实训报告

是指包含实验实训目的、实验实训环境、实验实训原理、实验实训过程、实验实训结果、实验实训总结等方面内容的书面汇报材料,类似于理科课程的实验实训报告。实验实训报告主要用于加深学员对知识和技能的理解和认识。

(2) 实习报告

是指各种人员实习期间需要撰写的对实习期间的工作学习经历进行描述的文本。它是应用文写作的重要文体之一。

(3) 社会实践报告

是进行社会实践后需要完成的报告,是指有目的、有组织、有计划地深入实际、深入社会,对完成的社会实践活动的一个总结报告。社会实践报告起源于改革开放中提出的一系列的有关经济、生活、教育的方针、政策等,吸引在校学生了解社会现实。

6.1.2.2　大学生报告的作用

实验实训报告是实验教学的重要环节。实验实训报告既是实验实训成败的陈述,也是实验实训过程的记录。书写实验实训报告,可以培养学生认真做好实验实训,仔细观察实验实训过程中所发生的现象;有利于加强学生对理论知识的理解和记忆,促使学生重视基本技能和基本技术的学习及应用。在实验实训报告中学生可以畅所欲言,自由地发表学术意见,既活跃了学习气氛,又促进了良好学风的形成。另外,教师通过批阅实验实训报告可以及时发现教学中存在的问题,能随时进行补救。由此可见,学生写好实验实训报告,教师认真批阅实验实训报告十分重要。因此,应写好实验实训报告,进一步发挥实验实训报告的作用。

实习是大学生教育中的一个重要方面,是大学生从学校走向社会的桥梁,也是提高大学生职业能力和积累职业经验的重要途径。大学生通过实习,深入职业岗位,能进一步认识自己,认识职业生涯,认识社会。因此,对高校大学生来讲实习报告非常重要。

社会实践报告的作用在于增强大学生社会责任感，增加大学生社会阅历、职业阅历，并提高大学生就业竞争能力，使大学生接触社会、了解实际职业需求。

6.1.2.3　大学生报告的特点

（1）实验实训报告

确证性，其所记录的实验结果能经得住任何人的重复验证；纪实性，对实验的过程和结果必须如实记录，常以图解帮助说明；格式固定，常使用专用的报告单。实验报告是对每次实验的总结，更重要的是，它可以初步地培养和训练学生的逻辑归纳能力、综合分析能力和文字表达能力，是科学论文写作的基础。

（2）实习报告

① 客观真实性。这是实习报告首要的、基本的特点。实习报告必须要尊重客观事实，靠事实说话。实习报告中涉及的人物、事件要真实，事件发生的时间、地点、背景、过程、原因和结果也必须真实，要客观地反映事实、忠于事实，不带实习者的主观随意性。不能对客观事实随意进行引申，或不切实际地渲染。实习报告取材于实习活动的真实过程，必须以客观科学的态度如实地反映实习的真相，用确凿的事实来阐明实习工作的规律，验证和丰富课本所学的理论知识，叙说和概括自己获得的感受体会。对调查情况、实际操作、活动过程、体会感受、经验教训等的记载不得虚构、编造想象、发挥、夸张、隐瞒，哪怕有与自己所学的理论知识不吻合、相矛盾的现象，也应如实写出。为此，每位实习者要提前做好思想准备，树立搞好实习、写好报告的意识。在实习过程中有时进行情况记录，以便积累真实的材料，为最后写出内容丰富、材料翔实、观点鲜明、感受深刻的实习报告创造条件。

② 鲜明的针对性。实习报告必须是针对实习者实习的实际情况，解决实习过程中的实际问题而进行的。

③ 较强的专业性。实习报告要求就实习中遇到或解决的与所学专业有关的问题进行报告，其内容具有较强的专业特色。

（3）社会实践报告

① 真实性。要求调研人员必须树立严谨的科学态度、认真求实的精神。只有具备严谨的科学态度，才能写出真实可靠、对工作具有指导意义的实践报告。

② 针对性。调查研究具有很强的针对性，在社会实践报告的写作上必须中心突出，明确提出所针对的问题，明确交代这一问题所获得的事实材料，分析出问题的症结所在，提出具体可行的建议和对策。

③ 典型性。典型性是指在社会实践报告的写作过程中，所采用的事实材料要具有代表性，以及所揭示的问题带有普遍性。这种典型特点在总结经验和反映典型事件的调查中表现得尤为突出。

④ 系统性或完整性。社会实践报告的系统性或完整性是指由调查材料所得出的结论，必须是具有说服力的，把被调查的情况完整地、系统地交代清楚。

总的来说，社会实践报告要做到论证系统、逻辑严密、摆事实、讲道理、具有强烈的说服力，从而使之成为科学决策的可靠资料。

6.1.2.4　写作要求

（1）实习报告写作要求

① 总结。必须有情况的概述和叙述，有的比较简单，有的比较详细。这部分内容主要是对工作的主客观条件、有利和不利条件，以及工作的环境和基础等进行分析。

② 成绩和缺点。这是实习报告的中心，实习报告的目的就是要肯定成绩，找出缺点。成绩有哪些，有多大，表现在哪些方面，是怎样取得的；缺点有多少，表现在哪些方面，是什么性质的，怎样产生的，都应讲清楚。

③ 经验和教训。做完一件事，总会有经验和教训。为便于今后的工作，须对以往工作的经验和教训进行分析、研究、概括、集中，并上升到理论的高度来认识。

④ 今后的打算。根据今后的工作任务和要求，吸取前期工作的经验和教训，明确努力方向，提出改进措施等。

（2）实验实训报告写作要求

① 实验实训名称。要求简明扼要地反映实验内容和所采用的实验方法，一般写实验实训课本上给出的实验名称即可。

② 实验实训目的和要求。这个没有统一规定，但是必须能反映实验的主要观察指标、实验实训对象、实验实训技术及需要解决的问题与注意事项等内容。大部分实验实训教材也会给出，如果是教材上没有的实验实训，就可以按照这个要求自己去总结。

③ 实验实训内容和原理。指实验实训的主要项目和用到的原理。

④ 实验实训用到的主要试剂和仪器设备。

⑤ 实验实训操作步骤与方法及注意事项。

⑥ 实验实训数据的记录、整理与分析。这是实验实训中最重要的部分，要求学生将实验实训过程所观察到的现象、指标，按照实验实训结果的处理要求如实准确地记录、计算。

⑦ 对实验实训进行总结分析，得出合理的结论并进行分析、讨论。

（3）社会实践报告写作要求

社会实践是大学生全面提高素质的重要环节，是学生将所学知识应用于社会的重要过程。它既是学生学习、研究与实践成果的全面总结，又是对学生素质与综合能力的一次全面检验。为培养学生的科学精神，保证社会实践报告的质量，避免与社会实践总结混淆，特列出撰写社会实践报告的写作要求。

① 报告题目。报告题目应该用简短、明确的文字写成，通过标题把实践活动的内容、特点概括出来。题目字数要适当，一般不宜超过20个字。如果有些细节必须放进标题，为避免冗长，可以设为副标题，把细节放在副标题里。

② 学院及作者名称。学院名称和作者姓名应在题目下方注明，学院名称应用全称。

③ 摘要。报告需配摘要，摘要应反映报告的主要内容，概括地阐述实践活动中得到的基本观点、实践方法、取得的成果和结论。摘要字数要适当，中文摘要一般以200字左右为宜，英文摘要一般至少要有100个实词。

④ 正文。正文是实践报告的核心内容，是对实践活动的详细表述。这部分内容为作者

所要论述的主要事实和观点,包括介绍实践活动的目的、相关背景、时间、地点、人员、调查手段组成,以及对实践活动中得到的结论进行详细叙述。

6.1.3 范例分析

[实习报告范例]

大学生实习报告

实习方式:认识实习期间,学生在指导老师的带领下,通过参观已建成的典型车间、建筑、节能建筑物等地点,采取实习指导老师讲解、工程人员指引等方式,完成大纲规定的实习内容。

实习地点:××有色金属制造有限公司、××博物馆、××世博园、节能示范楼。

实习时间:2022年7月5日~2022年7月16日,共两周。

实习学生:龙××

本专业培养具备室内环境设备系统及建筑公共设施系统的设计、安装调试、运行管理及国民经济各部门所需的特殊环境的研究开发的基础理论知识及能力,能在设计研究院、建筑工程公司、物业管理公司及相关的科研、生产、教学等单位从事工作的高级工程技术人才。主要包括:传热传质学、工程热力学、工程流体力学、机械原理、电工与电子技术、建筑环境工程、建筑设备工程等。

2022年7月5日,怀着一颗期待已久的心情,我们终于迎来了大学一年级的第一次认识实习,从中我们学习到许许多多课堂上无法接触到的东西,开阔了视野,巩固了专业知识,更重要的是发现了我们自身存在的许多不足之处。

实习目的:认识实习是建筑环境与设备工程专业教学计划中必不可少的综合性实践环节,本课程的任务是通过认识实习,对本专业的各个方面的知识有一个感性的认识,对专业设备从外观上有所了解,使学生明确自己的专业范围,了解专业一些简单的设计、施工、维护管理、调试等方面的知识。

通过认识实习,学生可以了解专业方面的知识,同时在以后的学习以至今后的就业中对本专业的范围有所明确。通过现场管理体系和与工人、技术人员的接触,更进一步地了解自己的专业。同时要求学生在现场认真地参观学习,在参观中遇到不懂的问题及时记录下来,在今后的专业基础课和专业课的学习中带着这些问题学习,使学习的目的和目标更加具有明确性。

实习报告范例分析

以上大学生实习报告按实习报告要求格式书写,要点明白,事项清楚,要言不烦,言简意赅,清楚地描述了实习方式、实习地点、实习时间、实习者和实习目的。

6.1.4 练习应用

（1）填空题

① 大学生报告分为实验实训报告、实习报告和（　　）。

② 实验实训报告既是实验实训成败的陈述，也是（　　）的记录。

③ 社会实践是大学生全面提高素质的重要环节，是学生将所学知识应用于（　　）的重要过程。

（2）选择题

①（　　）不属于实习报告的要求。

A.结论　　　　　　B.成绩和缺点　　　　C.经验和教训　　　　D.今后的打算

②（　　）属于社会实践报告的性质。

A.普遍性　　　　　B.真实性　　　　　　C.包容性　　　　　　D.对比性

③（　　）不属于实验实训报告的性质。

A.确证性　　　　　B.纪实性　　　　　　C.格式固定　　　　　D.普遍性

（3）问答题

大学生报告的特点有哪些？

（4）应用题

写一份大学生社会实践报告。

任务6.2　撰写实验实训报告

6.2.1　任务描述

掌握大学生实验实训报告的定义、种类、特点及撰写步骤，学会撰写大学生实验实训报告。

6.2.2　相关知识

6.2.2.1　实验实训报告的定义

实验实训报告是在学习过程中，通过实验实训中的观察、分析、综合、判断，如实地把实验实训的全过程和实验结果用文字形式记录下来的书面材料。实验实训报告具有情报交流和保留资料的作用。

6.2.2.2　实验实训报告的特点

实验实训报告的书写是一项重要的基本技能训练。这不仅是对每次实验实训的总结，更重要的是可以初步地培养和训练学生的逻辑归纳能力、综合分析能力和文字表达能力，是科学论文写作的基础。实验实训报告要求内容实事求是，分析全面具体，文字简练通顺，誊写清楚整洁。

6.2.3　撰写步骤

（1）撰写实验实训名称

要用最简练的语言反映实训的内容，如验证某程序、定律、算法，可写成"验证×××""分析×××"。

（2）撰写所属课程名称

（3）撰写学生姓名、学号、合作者及指导教师

（4）撰写实验实训日期和地点（年、月、日）

（5）撰写实验实训目的

目的要明确，在理论上验证定理、公式、算法，并使实验者获得深刻和系统的理解。在实践上，掌握使用实验设备的技能技巧和程序的调试方法。一般需说明是验证型实验还是设计型实验，是创新型实验还是综合型实验。

（6）撰写实验实训原理

叙述实验实训相关的主要原理。

（7）撰写实验实训内容

这是实验实训报告极其重要的内容，要抓住重点，可以从理论和实践两个方面考虑。这部分要写明依据何种原理、定律、算法、操作方法进行实验，详细写明理论计算过程。

（8）撰写实验实训环境和器材

实验实训用的软硬件环境（配置和器材）。

（9）撰写实验实训步骤

只写主要操作步骤，不要照抄实习指导，要简明扼要。还应该画出实验实训流程图（实验实训装置的结构示意图），再配以相应的文字说明。这样既可以节省许多文字说明，又能使实验报告简明扼要、清楚明白。

（10）撰写实验结果

包括实验现象的描述、实验数据的处理等。原始资料应附在本次实验主要操作者的实验报告上，同组的合作者要复制原始资料。对于实训结果的表述，一般有以下三种方法。

① 文字叙述。根据实训目的将原始资料系统化、条理化，用准确的专业术语客观地描述实验现象和结果，要有时间顺序以及各项指标在时间上的关系。

② 图表。用表格或坐标图的方式使实验结果突出、清晰，便于相互比较，尤其适合于分组较多，且各组观察指标一致的实验，使组间异同一目了然。每一图表应有表目和计量单位，应说明一定的中心问题。

③ 曲线图。常见的曲线图是指应用记录仪器描记出的曲线图，这些指标的变化趋势形象生动、直观明了。在实训报告中，可任选其中一种或几种方法并用，以获得最佳效果。

（11）撰写实训总结

实训总结是对实训所能验证的概念、原则或理论，以及实训过程的简明总结，也可以对本次实训提出一些问题或建议等。

6.2.4 范例分析

[实验实训报告范例]

大学生实验实训报告

实验名称：实训室的初步认识和万用表的使用

实验时间：2022年7月8日　第4节　　　　任课老师：范××

实验人：龙××　　　班级：城轨机电1班　　　序号：12

同组成员：黄××，刘××，章××　　　　实验桌号：18

一、实验目的

1.了解实训室的总电源和实训台配电。

2.学习电工测量一些基本知识。

3.学习直流稳压电源的使用方法。

4.学习直流电压表、直流电流表、万用电表的使用方法。

二、实验设备

序号	设备名称	型号	数量
1	直流稳压电源	TWY-30B（E）	1台
2	直流电压表	7.5/15/30V	1块
3	直流电流表	1/2A	1块
4	万用电表	MF-30型	1块
5	简易电阻箱	J2362型	1个

三、实训内容

1.万用表电阻挡的操作：将简易电阻箱调整到表6.1规定的值，将万用表的相应电阻挡进行测量，并将测量结果填入表6.1中。

表6.1　万用表电阻挡的操作表

电阻箱的阻值	数字万用表的挡位	数字万用表的示值
100Ω	200Ω	101Ω
510Ω	20kΩ	0.49kΩ
1kΩ	20kΩ	1.01kΩ
20kΩ	200kΩ	19.9kΩ

2.按图6.1接线,测量流过电阻的电流及电阻两端的电压,将测量数据填写在表6.2中。

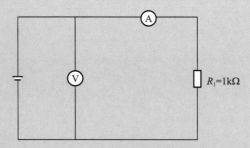

图6.1　电阻伏安特性测量

表6.2　测量直流电压表和直流电流表

电压挡读数	电压挡量程	电流挡量程	电流挡读数
5V	20V	20mA	4.99mA
10V	20V	20mA	9.9mA
20V	200V	200mA	19.9mA

四、注意事项

1.注意电流表与电压表的使用方法,在测量时不要错将电流表当成电压表使用。

2.按图示参考方向测量时,若电流(或电压)表的指针反偏,说明实际方向与参考方向,此时应将表的接线对调,并在测量值前加"-"(负号)。

五、实训报告要求

1.画出实训电路图。

2.整理测量数据。

3.根据表6.2的测量数据验证欧姆定律。

(1)表6.2中第一行读数电压表读数为5V,电流表读数为4.99mA,根据欧姆定律式(6.1)计算:

$$I = \frac{U}{R} = \frac{5}{1000} = 5 \text{(mA)} \qquad (6.1)$$

(2)表6.2中第二行读数电压表读数为10V,电流表读数为9.9mA,根据欧姆定律式(6.2)计算:

$$I = \frac{U}{R} = \frac{10}{1000} = 10 \text{(mA)} \qquad (6.2)$$

(3)表6.2中第三行读数电压表读数为20V,电流表读数为19.9mA,根据欧姆定律式(6.3)计算:

$$I = \frac{U}{R} = \frac{20}{1000} = 20 \text{(mA)} \qquad (6.3)$$

从以上三组测试数据及与用欧姆定律计算数据进行对比可知,数据误差在1%以内,符合欧姆定律定义。相对误差在5%以内,就可以认为结果是正确的。

[实验实训报告范例分析]

以上范例展现了实验实训报告的格式,从实验目的、实验设备、实训内容、注意事项、实验要求几个方面举例进行了分析。

6.2.5 练习应用

(1)填空题

① 实验实训报告具有(　　)和(　　)作用。

② 实验实训的总结可以初步地培养和训练学生的(　　)能力。

③ 实验实训报告的书写是一项重要的(　　)训练。

(2)选择题

① 实验实训报告的表述,一般有(　　)描述方法。(多选)

A.图表　　　　　　　B.文字叙述　　　　　C.曲线图　　　　　D.照片

② 实验实训报告要求(　　)。(多选)

A.内容实事求是　　　B.分析全面具体　　　C.文字简练通顺　　D.字迹涂涂改改

③ 实验实训报告不需要(　　)步骤。(多选)

A.观察　　　　　　　B.分析　　　　　　　C.综合　　　　　　D.猜测

(3)问答题

实验实训报告的特点是什么?

(4)应用题

写一份大学生实验实训报告。

任务6.3　撰写实习报告

6.3.1 任务描述

了解实习报告的概念,掌握其分类、作用、特点写作要求,学会撰写各类实习报告。

6.3.2 相关知识

6.3.2.1 实习报告的概念和种类

(1)实习报告的概念

实习报告是指实习学生撰写的对实习期间工作学习经历进行总结的报告类文书。其中主要谈自己对某个专业问题的见解和心得体会,以及对专门知识和基本技能的掌握情况。撰写实习报告是实习教学的一个重要环节,是学生向教师报告自己的实习情况,同时也是学生获得专业能力的一种学习实践。

（2）实习报告的种类

按实习任务分，有课题实习报告、毕业实习报告等；按性质分，有综合实习报告、专题实习报告等；按范围分，有个人实习报告、小组实习报告等。

6.3.2.2 实习报告的特点

（1）自我性

实习报告是对自身社会实践进行回顾的产物，它以自身工作实践为材料，采用的是第一人称，其中的成绩、做法、经验、教训等都有自指性的特征。实习报告必须写自己的实习经历，可参考别人的资料，但不能抄袭。语言要求简练，符合公务文书的要求。不要过多地说"我"如何如何，在第一段介绍自己的实习时间、地点和分配到的任务后，下面的文字尽量少出现人称或不用人称。

（2）专业性

实习报告和实习总结的写法有区别。一般来说，实习总结偏重于实习中的政治思想、组织纪律、劳动态度、人际关系等方面的收获体会，而实习报告则偏重于专业理论方面。两者是有明显的区别的。

（3）概括性

实习报告是对实习期间的林林总总的材料进行归纳概括，选择典型的、有代表性的事例予以科学归纳和总结，而不是流水账式的"实习日记"。

6.3.2.3 实习报告的作用

（1）教育功能

大学生实习报告是职业教育人才培养方案的重要组成部分，是教学过程中最后一个重要的实践性教学环节。目的是培养学生综合运用所学的理论知识、专业知识和职业技能，提高独立分析和解决实际问题的能力；是完成高等技术应用型人才基本训练和培养从事技术应用与技术推广工作的初步能力的一个重要教学环节；也是培养优良的思维品质，进行综合素质教育的重要途径。因此，搞好顶岗实习和毕业实习报告工作，对全面提高教学质量具有重要意义。通过毕业实习报告的教学过程，培养学生综合运用所学的基本理论、专业知识和职业技能解决实际问题的能力；培养学生严肃认真的科学态度和严谨求实的工作作风；培养学生勇于实践、勇于探索和开拓创新精神。

（2）评价功能

撰写实习报告能使指导教师较全面、具体地了解学生的实习收获和有关情况，便于检查理论与实践相结合的教学效果。同时，也有利于实习生总结实习过程中的经验、教训，加深对理论知识与实践技能相结合的重要性认识，从而进一步提高思想觉悟，树立坚定的专业思想和良好的职业道德观念，实事求是地进行自我评价。

（3）参考功能

实习是学生接触职业实际、提高综合职业素质、增强分析问题和解决问题能力的重要教学环节，也是培养人才的重要途径。做好毕业实习工作有助于培养学生综合运用所学知识和技能分析问题、解决问题的能力；有助于学生更全面地了解企业、了解社会，树立理论联系实际、实事求是的工作作风和踏踏实实的工作态度；有助于检验所学理论知识在企业中的实际应用范围及适用程度，巩固和扩大所学专业知识，加强理论与实践结合，培养学生实际操作能力，使学生能较快地适应工作，顺利地走上就业工作岗位。学生的实习报告对实习生走上工作岗位具有参考作用。

6.3.3 撰写步骤

大学生实习报告必须以实践和研究为基础，应在指导教师的指导下进行，一般经历搜集、回顾、综合、写作四个步骤，又叫"四部曲"，具体如下。

（1）搜集

从开始实习的第一天起就要注意广泛收集资料，并以各种形式记录下来（如写工作日记等）。丰富的资料是写好实习报告的基础，主要收集以下一些资料。

① 社会实践工作中党的路线、方针、政策是如何在工作中贯彻执行的。比如实习单位组织学习的内容是什么、什么学习方式、学习后的效果如何、自己的思想是否提高。

② 专业知识在工作中是如何灵活运用的。例如法律文秘专业，注意直接将秘书实务、应用写作等科目中的问题带到实践中去，在实践中寻求理论与实践的结合点等。

③ 观察周围实习的同学或实习单位的指导人员是如何处理问题、解决矛盾的。实习是观察体验社会生活，将学到的理论知识转化为实践技能的过程，所以既要体验，还要观察。从同行、前辈的言行中去学习，观察别人的成绩和缺点，以此作为自己行为的参照。观察别人来启发自己也是实习的一种收获。

④ 实习单位的工作作风如何。比如单位的工作作风对自己将来开展工作、发展自己、提高自己有什么启发；同事的工作作风、办事效率哪些值得学习、哪些要引以为戒，对工作、对事业会有怎样的影响。

⑤ 实习单位的部门职能发挥得如何。比如对不同职能部门的工作作风、履行职能的情况有什么看法和认识。

（2）回顾

回顾既是搜集报告材料的必由之路，也是对自身实践作出正确评价，进而综合上升成为理性认识的基础。实习报告虽以自身实践为内容，但经历过的事情需要回顾，重新进行认识，才能收获四个"有所"，即有所发现、有所发明、有所创造、有所前进。回顾可以根据实习报告写作的需要进行，一般有"四回顾"：回顾实习过程、回顾实习范围、回顾实习内容、回顾实习计划。通过回顾，把握实习的时间、空间（地点）、项目、效果，为下一步进行综合准备素材。

（3）综合

综合是回顾的深化和提高。所谓综合，是指用有关的理论重新观察实践，对实践进行理性认识，并对自身实践作出理性评价。写实习报告，要做好以下四个方面的综合。

① 综合自身实践（即实习活动）材料，进行分类、取舍。在收集完材料后，把这些材料按照实习报告的大纲进行分类；为了方便撰文时对材料的安排，要沙里淘金，筛选出精华

材料，同时还要分清主次。

② 综合同类材料，提炼观点句。材料分类、取舍后，给同类材料提炼出观点句。观点句就是表明的看法和意见，是议论的语句。

③ 综合成功经验，找出规律性。撰写实习报告，最关键也是最难的一点是归纳总结出规律性来。所谓规律性，是指所总结出来的经验具有普遍的适用性和推广价值。这个经验是可以不断重复出现，在一定条件下经常起作用，并且决定着事物向着某种方向驱动、发展。规律性的阐释是体现实习报告价值的关键所在，因此要下功夫写好。

④ 综合实习全过程，思考得与失，归纳出感想和体会。实习体会是精华，着重归纳出对实习内容的总结、体会和感受。

（4）写作

① 构建报告框架。认真推敲材料，决定叙述的顺序和层次，考虑报告的结构和论点，从平易性和可读性考虑，明确报告的用词和语气。报告全文应有一个明朗的轮廓和清晰的思路，列出大纲和目录。

② 写初稿。起草报告应注意以下事项。

a.题目恰当，论述集中：题目可采用文种式，即直接写成"实习报告"；也可以采用实习内容或专业课名称加文种式，如"企业管理实习报告"；还可采用正副式，即正题概括全文的主旨、内容，副题交代实习的内容、文种等。论述应围绕一个主题进行。

b.广泛参考和运用文献资料，很好地消化和吸收：在实习报告的撰写过程中，需要广泛参考和运用文献资料，甚至要引用或借鉴其中某些观点、数据来集中论述自己的观点。材料要为内容服务，论点和论据要统一。材料是支撑论点的基础，一定要为内容服务，做到材料能证明观点。注意几个问题：一是要根据论点的需要决定材料的数量；二是要根据论点的要求决定材料的详略；三是要根据论点的要求决定材料的表现形式。

c.组织结构清楚，层次分明，逻辑性强：文章有了严密的结构才能达到"言之有序"，只有层次分明、富有逻辑性，才能把实习的内容有条理地表现出来。

d.语气统一，表达明确、平易：根据专业的不同特点，实习报告应选择合适的语气或术语，使表达明确、平易。

e.标题的引用要醒目和简洁：若想使题目鲜活别致、惹人注目、具有很强的吸引力，可以引用名言警句、成语典故、电影片名、歌曲名等拟题，如《救救孩子吧——在××县小学的实习报告》等，要做到典雅大方，简洁醒目，妙趣横生，新颖生动。

f.利用图表要简明易懂，有效果：文中只附必要的图表，图表中文字应与正文一致。图表应插入文中适当位置，要做到简明易懂。

③ 修改定稿

a.反复阅读草稿，认真推敲，最好朗读两遍，删去多余的字句和段落，修改不顺畅的语句。

b.调整标题和内容，使之协调一致。若出现材料不能为内容服务，论点和论据不统一时，要调整一下标题和内容。

c.名词术语要统一，图表格式要统一。郭沫若曾经说过，名词术语的统一是"一个独立自主国家在学术工作上所必须具备的条件，也是实现学术中国化的最起码的条件"。如文秘专业的档案管理工作中有"问题分类法"这个术语，而西方一些国家则称之为"事由分类法"。因此，在实习报告中应该始终统一。"图文并茂"是应用文的表达趋势。实习报告要求图表和文字的比例恰当、互补性强之外，还要求图表公式要统一。

6.3.4　范例分析

请扫描二维码进行相关内容的学习。

6.3.5　练习应用

（1）填空题
① 实习报告是对自身（　　）进行回顾的产物。
② 实习报告是指实习学生撰写的对实习期间工作学习经历进行总结的（　　）。
③ 实习报告是对实习期间的林林总总材料进行（　　）。

（2）选择题
① 实习报告的特点有（　　）。（多选）
A.自我性　　　　B.专业性　　　　C.概括性　　　　D.特殊性
②（　　）属于实习报告的作用。（多选）
A.教育功能　　　B.评价功能　　　C.参考功能　　　D.专业功能
③ 实习报告的写作步骤有（　　）。（多选）
A.搜集　　　　　B.评价　　　　　C.回顾　　　　　D.综合

（3）问答题
具体说明实习报告撰写第三步骤"综合"的内容。

（4）应用题
写一份大学生实习报告。

任务6.4　撰写社会实践报告

6.4.1　任务描述

了解社会实践报告的概念，掌握其特点、写作步骤和要求，学会撰写社会实践报告。

6.4.2　相关知识

大学生社会实践报告是指有目的、有组织、有计划地深入实际、深入社会，对完成的社会实践活动的一个总结报告。其起源于改革开放中提出的一系列的有关经济、生活、教育的方针、政策等，吸引在校学生了解社会现实。其作用在于增强大学生社会责任感，增加大学生社会阅历、职业阅历，并提高大学生就业竞争能力，使大学生接触社会、了解实际职业需求。其有三个方针：受教育、长才干、做贡献。

6.4.3　撰写步骤

（1）确定主题

主题是社会实践报告的灵魂，对社会实践报告写作的成败具有决定性的意义。因此，确定主题要注意：报告的主题应与实践主题一致；根据调查和分析的结果确定主题；主题宜小且宜集中；与标题协调一致，避免文题不符。

（2）取舍材料

对经过统计分析与理论分析所得到的系统、完整的"调查资料"，在组织调查报告时仍需精心选择，不可能也不必都写上报告，要注意取舍。那么如何选择材料呢？

选取与主题有关的材料，去掉无关的、关系不大的、次要的、非本质的材料，使主题集中、鲜明、突出；注意材料点与面的结合，材料不仅要支持报告中某个观点，而且要相互支持，形成面上的"大气"；在现有有用的材料中要比较、鉴别、精选材料，选择最好的材料来支持作者的意见，使材料以一当十。

（3）布局和拟定提纲

这是社会实践报告构思中的一个关键环节。布局就是指实践报告的表现形式，反映在提纲上就是文章的"骨架"。拟定提纲的过程实际上就是把实践材料进一步分类、构架的过程。构架的原则是：围绕主题，层层逼近，环环相扣。提纲或骨架的特点是它内在的逻辑性要求必须纲目分明，层次分明。

社会实践报告的提纲有两种，一种是观点式提纲，即将调查者在调查研究中形成的观点按逻辑关系一一地列写出来。另一种是条目式提纲，即按层次意义表达上的章、节、目，逐一地一条条地写成提纲。也可以将这两种提纲结合起来制作提纲。

（4）起草社会实践报告

这是社会实践报告写作的行文阶段。要根据已经确定的主题、选好的材料和写作提纲，有条不紊地行文。写作过程中，要从实际需要出发选用语言，灵活地划分段落。

在行文时要注意：结构合理（标题、导语、正文、结尾、落款）；报告文字规范，具有审美性与可读性，如"制定优惠政策，引进急需人才""运用竞争机制，盘活现有人才"；通读易懂，注意对数字、图表、专业名词术语的使用做到深入浅出，语言具有表现力，准确、鲜明、生动、朴实。

（5）修改社会实践报告

社会实践报告起草好以后要认真修改，主要是对报告的主题、材料、结构、语言文字和标点符号进行检查，加以增、删、改、调。在完成这些工作之后，才能定稿向上报送或发表。

6.4.4　范例分析

请扫描二维码进行相关内容的学习。

学习笔记

6.4.5 练习应用

（1）填空题

① 大学生社会实践报告是指（　　）地深入实际、深入社会。

② 布局和拟定提纲是社会实践报告（　　）中的一个关键环节。

③ 社会实践报告的提纲有两种，一种是观点式提纲，另一种是（　　）。

（2）选择题

① 撰写一篇大学生社会实践报告大致分为（　　）步。

A. 3　　　　　　　B. 4　　　　　　　C. 5　　　　　　　D. 6

②（　　）属于社会实践报告的步骤。（多选）

A. 确定主题　　　　　　　　　　B. 取舍材料

C. 布局和拟定提纲　　　　　　　D. 起草报告

（3）问答题

大学生社会实践报告的概念是什么？

（4）应用题

撰写一篇大学生社会实践报告。

------- 项 目 评 价 -------

针对此项目考核，相应的项目考核评分细则参见表6.3。

表6.3　评分细则

维度	评分标准	得分
知识（30分）	（1）熟悉大学生报告、实验实训报告、实习报告、社会实践报告的概念、分类、特点等（15分） （2）掌握大学生报告的写作基本要求、撰写思路等（15分）	
能力（40分）	（1）能根据实验实训任务要求撰写实验实训报告（20分） （2）能根据实习的种类及要求撰写实习报告（10分） （3）能根据社会实践的真实性、针对性、完整性撰写社会实践报告（10分）	
素质（30分）	（1）具备较强的自学能力及写作能力（10分） （2）具备脚踏实地、严谨、实事求是、认真的工作作风（10分） （3）具备理论联系实际的意识（10分）	
总计		

注：每项内容的得分不得超过该项的配分。

项目6-练习应用-参考答案

项目 7

文献检索与撰写论文

掌握文献检索的基本方法和学会撰写学术论文是应用文写作的提高和拓展。本项目从职业发展综合能力提升的实际需求出发,围绕技术技能岗位员工的具体要求设计了三个工作任务,通过这些任务的训练,学生可以达到该岗位的职业要求。

学习目标

知识目标

(1) 了解文献检索的基本概念。
(2) 掌握学术论文的基本结构。
(3) 掌握学位论文的写作方法。

技能目标

(1) 会正确进行文献检索。
(2) 能独立撰写学术论文。
(3) 能独立撰写学位论文。
(4) 能独立撰写毕业设计。

素质目标

(1) 培养创新思维,善于研究总结。
(2) 培养独立从事科学研究、发现问题与解决问题的职业精神。

任务 7.1　文献检索

7.1.1　任务描述

了解文献检索的相关概念,掌握文献检索的基本方法和常用检索网站,熟练地进行文献检索。

7.1.2 相关知识

7.1.2.1 相关概念

　　信息是人们对外部世界感知、认识过程中的一切数据、事实和消息。载体记录和媒体传播是信息的存在形式。信息具有客观性、传递性、依附性、时效性、共享性等特征。知识是人类在改造世界的过程中所获得的认识和经验的总和，是经过思维加工和提炼升华，大脑通过思维重新组合的系统化的信息，是信息的一部分。情报是激活、活化了的知识，是知识的一部分。当知识对特定的人有用时，则成为情报。文献是有历史价值或参考价值的图书资料，这是《现代汉语词典》（第7版）给出的定义。

　　检索分为狭义和广义两种。狭义的检索是指依据一定的方法，从已经组织好的大量有关文献集合中，查找并获取特定的相关文献的过程。这里的文献集合，不是通常所指的文献本身，而是关于文献的信息或文献的线索。广义的检索包括信息的存储和检索两个过程。信息存储是将大量无序的信息集中起来，根据信息源的外表特征和内容特征，经过整理、分类、浓缩、标引等处理，使其系统化、有序化，并按一定的技术要求建成一个具有检索功能的数据库或检索系统，供人们检索和利用。检索是指运用编制好的检索工具或检索系统，查找出满足用户要求的特定信息。文献检索是指根据学习和工作的需要获取文献的过程。近代认为，文献是指具有历史价值的文章和图书，或与某一学科有关的重要图书资料。随着现代网络技术的发展，文献检索更多是通过计算机技术来完成。

7.1.2.2 文献检索途径

　　所谓检索途径，是指从哪个角度或哪个方向进行信息检索。在用户检索信息时，往往是以信息的某一特征作为切入点。一般来说，文献信息的内容特征和外表特征都可以成为检索的切入点。信息人员在编制检索工具和检索系统时依据信息的特征和检索语言的原理，为用户建立多种多样的检索途径，如分类途径、主题途径、责任者途径、引文途径等。

　　（1）分类途径

　　分类途径是用户普遍使用的一种方法。分类途径是以科学分类为基础，结合信息的特征，运用概念划分的方法，把知识区分为许多大小类目，并用标记符号作为代号，使其形成一个有系统、有层次、逐级展开的排列表。

　　分类途径的局限性在于不能集中与事物有关的各方面的文献信息，不能有效满足用户检索综合性课题的需求；同时由于分类体系较为稳定，一些论述新概念、新事物的文献信息不能及时用新类目加以反映，容易漏检；还由于分类体系的单线排列，一些边缘学科、交叉学科、相关学科难以反映出来；等等。

　　（2）主题途径

　　通过文献资料的内容主题进行检索的途径，它依据的是各种主题索引或关键词索引，检索者只要根据项目确定检索词（主题词或关键词），便可以实施检索。主题途径检索文献关键在于分析项目、提炼主题概念，运用词语来表达主题概念。主题途径是一种主要的检索途径。

(3) 责任者途径

责任者途径是依据文献信息责任者的名称特征进行检索的途径。责任者一般指作者、译者、编者等，不仅有个人责任者，还有团队责任者。许多检索工具或检索系统对这些类型的责任者，都按其名称字顺编制相应的目录或索引。例如，图书馆的著者目录，检索工具或检索系统中的著者索引、机构索引、专利人索引等。

责任者途径可以查询到同一著者、同一机构发表的所有文献信息，但应该注意不同国家姓名的写法和用法。在一些检索刊物或检索系统中，经常提供责任者途径作为分类途径和主题途径的补充和配合。

(4) 引文途径

引文途径是根据文献所附参考文献或引用文献的特征进行检索的途径。每位论文作者在写作过程中一般都要参考其他一些文章，或作为理论依据，或作为比较对象，或取其数据，等等。文献之间的相互利用，体现了科研人员的相互交流，也在一定程度上表现了有关文献在内容上的联系。利用引文途径进行检索，一是依据某一论文后的参考文献或引用文献不断地追溯检索旧文献；二是利用引文索引循环途径检索相关文献。所谓引文索引，就是从被引论文去检索引用论文的索引。引文索引多用于新兴学科、交叉学科及其他复杂研究课题的文献信息检索。

当前著名的引文索引是美国文献学家尤金·加菲尔德创制、美国科学信息研究所编辑出版的《科学引文索引》（SCI）和《社会科学引文索引》（SSCI）。我国有《中国科学引文索引》（CSCI）和《中文社会科学引文索引》（CSSCI）。用户在进行信息检索时，一定要掌握一些常用的检索工具和检索系统，熟练地使用一些常用的检索方法和检索技巧，制订正确的检索策略以达到一定的查准率和查全率。

7.1.2.3 文献检索的基本方法

(1) 直接法

直接法又称常用法，是指直接利用检索系统（工具）检索文献信息的方法。它又分为顺查法、倒查法和抽查法。

① 顺查法。顺查法是指按照时间的顺序，由远及近地利用检索系统进行文献信息检索的方法。这种方法能收集到某一课题的系统文献，它适用于较大课题的文献检索。例如，已知某课题的起始年代，需要了解其发展的全过程，就可以用顺查法从最初的年代开始查找。

② 倒查法。倒查法是由近及远，从新到旧，逆着时间的顺序利用检索工具进行文献检索的方法。使用这种方法可以最快地获得最新资料。

③ 抽查法。抽查法是指针对项目的特点，选择有关该项目的文献信息最可能出现或最多出现的时间段，利用检索工具进行重点检索的方法。

(2) 追溯法

追溯法是指不利用一般的检索系统，而是利用文献后面所列的参考文献，逐一追查原文（被引用文献），然后再从这些原文后所列的参考文献目录逐一扩大文献信息范围，一环扣一环地追查下去的方法。它可以像滚雪球一样，依据文献间的引用关系，获得更好的检索结果。

（3）循环法

循环法又称分段法或综合法。它是分期分段地交替使用直接法和追溯法，以期取长补短，相互配合，获得更好的检索结果。

7.1.2.4 文献数据库及其检索

（1）中国知识资源总库介绍

国家知识基础设施（National Knowledge Infrastructure，CNKI）的概念，由世界银行于1998年提出。CNKI工程是以实现全社会知识资源传播共享与增值利用为目标的信息化建设项目，由清华大学、同方股份有限公司（原清华同方股份有限公司）发起，始建于1999年6月。CNKI工程经过多年努力，建成了世界上全文信息量规模最大的CNKI数字图书馆，并正式启动建设中国知识资源总库及CNKI网格资源共享平台，为全社会知识资源高效共享提供丰富的知识信息资源和知识传播与数字化学习平台。

中国知网平台收录的数据库种类众多，满足了各层次、各行业的需求，有学术期刊、学位论文、报纸、学术会议、年鉴、工具书、专利、标准等文献型数据库，有医药、农业、教育、城建、法律等行业知识库。另外，中国知网还和爱思唯尔（Elsevier）、斯普林格（Springer-Verlag）、泰勒弗朗西斯（Taylor & Francis）、威立（Wiley）等国际出版社合作。

（2）常用全文数据库简介

① 中国学术期刊（网络版）。它是世界上最大的连续动态更新的中国学术期刊全文数据库，"十一五"国家重大网络出版工程的子项目，是《国家"十一五"时期文化发展规划纲要》中国家"知识资源数据库"出版工程的重要组成部分。收录期刊以学术、技术、政策指导、高等科普及教育类期刊为主，学科覆盖自然科学、工程技术、农业、哲学、医学、人文社会科学等各个领域。收录年限自1915年至今，各刊年限不一，部分期刊回溯至创刊。

② 中国博士学位论文全文数据库。该库收录国内部分高校及研究机构的博士学位论文。学科覆盖基础科学、工程技术、农业、医学、哲学、人文、社会科学等各个领域。收录来自全国"双一流"等重点高校，中国科学院、社会科学院等研究所多家培养单位的博士学位论文。收录年限自1984年至今。

③ 中国优秀硕士学位论文全文数据库。该库收录国内部分高校及研究机构的硕士学位论文。学科覆盖基础科学、工程技术、农业、哲学、医学、哲学、人文、社会科学等各个领域。重点收录来自"双一流"高校、中国科学院、社会科学院等多家重点院校的优秀硕士学位论文，以及重要特色学科如通信、军事学、中医药等专业的优秀硕士论文。收录年限自1984年至今。

④ 国内外重要会议论文全文数据库。该库收录由国内外会议主办单位或论文汇编单位书面授权并推荐出版的重要会议论文。重点收录1999年以来，中国科协系统及国家二级以上的学会、协会、高校、科研院所、政府机关举办的重要会议以及在国内召开的国际会议上发表的文献。其中，国际会议文献占全部文献的20%以上，全国性会议文献超过总量的70%，部分重点会议文献回溯至1953年。收录年限自1953年至今。

⑤ 中国重要报纸全文数据库。该库是收录2000年以来中国国内重要报纸刊载的学术性、

资料性文献的连续动态更新的数据库，共收录国内公开发行的500多种重要报纸。

⑥ 中国引文数据库。该库收录了中国学术期刊（光盘版）电子杂志社出版的所有源数据库产品的参考文献，涉及文献类型有期刊、学位论文、会议论文、图书、专利标准、报纸等超千万次被引文献。该库通过揭示各种类型文献之间的引证关系，不仅可以为科学研究提供新的交流模式，也可以作文献数据库及其检索及评价工具。

⑦ 中国年鉴网络出版总库。该库资源种类完备、卷册收录完整。在先进的专业检索、知识挖掘、数字化学习与研究等技术支持下，它既能全面展示我国纸质年鉴资源的原貌，又深度开发利用了年鉴中的信息（情报）资源。年鉴按16种条目类型标引，具体条目为总结报告、远景规划、事实类、统计公报、法律法规类、文件、标准、人物、领导讲话、科研论文、大事记、统计图表、图片、机构、作品、其他，完整、客观、系统地展示了经济社会发展及各行业发展事实（数据）。年鉴详备记录了中国（省/市/区县）地域地情，支持快捷检索社会经济事实资料，挖掘利用国情、地情各行业发展信息。

（3）数据库检索方法

中国知网平台收录数据库数量多，学科全，功能强大，检索便利。中国知网平台需注册用户账号，付费下载资料。在中国知网平台的首页可以选择跨库检索，也可以选择单库检索，还提供各类导航，如图7.1所示。

图7.1　中国知网总库首页

① 一框式检索。进入中国知网首页，有一个检索框（一框式检索：选择检索字段+输入检索词）。这种检索一共分为三类，分别是文献检索、知识元检索和引文检索，可以根据自己的需求进行选择使用。

具体方法：选择主题、关键词、全文、作者、单位等（推荐"主题"检索）检索字段，然后在检索框下方进行单个或多个数据库的选择，最后在检索框中直接输入检索词，单击搜索按钮。这种检索方式的优点是非常便捷，能够获取全面而海量的文献资源，但如果想要更加精准地查找所需文献资源，可选择高级检索。

② 高级检索。中国知网高级检索可以同时设定多个检索字段，输入多个检索词，根据布尔逻辑在检索中对更多检索词之间进行关系限定——"或含（OR）、并含（AND）、不含（NOT）"三种关系，就会获取到更精准、更小范围的检索结果。

具体方法：选择多个检索字段，输入检索词，选择（并且、或者、不含）逻辑关系词。同时，可以在检索框的左侧和右上方（上方）进行文献分类和跨库选择（检索设置）。

检索入口：中国知网首页一框式检索右侧选择"高级检索"。

所以要使用高级检索的话，先要将关键词进行拆分，对检索词的模糊词、同义词等也进行检索。除了关键词，还可以对作者、发表时间、文献来源与支持基金这些限定条件进行同一层次的筛选，确保检索结果最后符合所查找的文献。如图7.2所示。

图7.2　中国知网高级检索页面

7.1.2.5　大学生信息素养

（1）目的阐述

信息素养对于现代大学生教育尤为重要，《中华人民共和国教育法》明确要求大学生要具备信息素养。信息素养教育不仅是培养大学生对现代知识的检索技能，更重要的是培养大学生对现代信息环境的理解能力，主要表现为应变能力，以及运用信息的自觉性、主动性、独立性、合理性和合法性。

① 信息素养是国际化人才的必备素质。21世纪需要的人才是面向全球的复合型人才，应具有较强的创新能力、信息交流能力、跨文化操作能力、国际化视野等，这种人才能在全球化竞争背景中立于不败之地。要达到这些素质的前提条件，必须具备较强的获取信息的能力，否则要成为一名国际化人才就是空谈。因此，信息素养是大学生成为国际化人才的必要素质。

② 信息素养是培养科研素养和创新能力的基石。一名科研人员在研究项目中用在查找和阅读情报资料的时间要占完成该研究课题时间的50%以上，而计划、思考的时间占比接近10%，实践和研究的时间占30%左右，编写研究报告的时间占10%左右。由此可见，查阅文献资料是科学研究的重要前提。如果能利用信息检索的方法，充分了解国内和国外、前人和他人对拟探索或研究的问题已做过的工作、已取得的成就、发展动向等信息，就能做到心中

有数，将有限的时间和精力用于创造性的研究中。

③ 信息素养是学习和职业发展的引导员。信息素养是终身教育的前提条件，无论是在校学习还是走进社会，具备信息素养就可以成为学习、择业的主体，终身受益。事实是，刚跨入大学校园的学生，如能及时了解自己所热爱的专业领域，了解每个阶段需要学习的内容或学习要求，了解从事未来的职业和事业需要什么学历、专业知识和能力等，就可以充实自己的学习内容，从容地考虑或确定自己的发展方向及毕业后职业选择等，实现人生目标。

（2）提升信息素养模式

大学生提升信息素养的主要模式有以下几种。

① 充分利用图书馆收藏的大量文献资料。图书馆是一个学校的文献中心，它是搜集、贮藏、传递知识信息的主要场所，是培养学生信息意识的有效途径。

② 参加信息知识讲座。图书馆都会针对不同年级的学生定期举办各种信息知识、文献科学的讲座。如介绍图书馆的馆藏情况、使用方法，举办专业文献数据库的使用介绍。通过这些讲座不仅可以学到科研方法和论文写作方法，更重要的是可以学会在科学研究和论文写作过程中充分利用文献情报信息，养成和提高在今后实际工作中自觉地利用文献情报资料的习惯和能力。

③ 参加文献检索课的学习，注重网络环境下信息能力的培养。文献检索课是提高文献检索能力的一种行之有效的方法。通过课程的学习可以学会如何根据检索课题精练检索概念，制订检索策略，熟悉各种数据库系统的检索指令、方法和步骤，熟悉使用数据库检索、光盘检索网络信息资源检索等，提高信息交流能力，拓宽获取与利用信息的途径。学生通过文献检索课的学习，可以避免在大量的新信息、新情报面前出现不知所措的情景，能在较短的时间内检索到自己需要的文献资料，从而为培养信息能力和提高学习质量提供有利条件。

④ 结合专业知识的学习培养信息素养。信息素养不是脱离其他学科而单独培养的，专业学习与培养信息素养这两者是相辅相成的。文献检索是一门基础的工具课，把信息意识融合在平时的专业学习活动中，如结合专业学习中的一些小型研究题目，利用文献检索课所学的信息知识自行去探索，到参考书和文献资料库中去找答案。这样，既加深了对专业知识的理解，提高了专业学习的兴趣，同时也形成了对文献检索的认识和体会，使专业学习和信息素养培养进入良性循环。

7.1.3　检索步骤

文献检索是一项实践性很强的活动，它要求我们善于思考，并通过经常性的实践逐步掌握文献检索的规律，从而迅速、准确地获得所需文献。一般来说，文献检索可分为以下步骤：明确查找目的与要求；选择检索工具；确定检索途径和方法；根据文献线索，查阅原始文献。

7.1.4　范例分析

请扫描二维码进行相关内容的学习。

学习笔记

7.1.5 练习应用

（1）填空题
① 广义的检索包括信息的（　　　）和（　　　）两个过程。
② 知识是人类在改造世界的过程中所获得的认识和经验的（　　　）。
③ 文献检索是指根据学习和工作的需要获取文献的（　　　）。
（2）选择题
① 文献检索途径主要包括（　　　）。（多选）
A.分类途径　　　　　B.主题途径　　　　　C.责任者途径　　　　D.引文途径
② 检索基本步骤包括（　　　）。（多选）
A.明确查找目的与要求　　　　　　　B.选择检索工具
C.确定检索途径和方法　　　　　　　D.根据文献线索，查阅原始文献
（3）问答题
① 具体说明检索与文献检索的概念。
② 具体说明文献检索的基本方法。
（4）应用题
在中国知网上检索"中小学研学"主题的相关文献资料，并进行相关论文的阅读。

任务7.2　撰写学术论文

7.2.1　任务描述

了解学术论文的相关概念，掌握其结构与写作要求，学会撰写学术论文。

7.2.2　相关知识

7.2.2.1　学术论文的概念

学术论文是某一学术课题在实验性、理论性或观测性上具有新的科学研究成果或创新见解和知识的科学记录，或是某种已知原理应用于实际中取得新进展的科学总结，用以提供学术会议上宣读、交流或讨论或在学术刊物上发表，或作其他用途的书面文件。学术的本质在于创新和发展知识。作为其成果的总结，学术论文理应提供新的科技信息，而不是重复、模仿、抄袭前人的成果。

7.2.2.2　学术论文的特点

（1）科学性
学术论文的论点、论据和论证都要符合科学性和规范性。立论必须客观、切实，论据必

须充分、有力，论证必须严谨、科学。

（2）创造性

这是学术论文的生命。论文作为用来进行科学研究和描述研究成果、传递学术信息的工具，必然要以独创性为特点。

（3）理论性

学术论文是对大量的事实、材料进行分析、研究，感性认识上升到理性认识。论文的内容必须符合历史唯物主义和唯物辩证法，符合"实事求是""有的放矢""既分析又综合"的科学研究方法。

（4）应用性

学术论文若能与社会生活密切相关，并能为解决实际问题提供依据、决策或方案，则体现学术论文的实践应用价值。

7.2.2.3 学术论文的选题

（1）选题原则

选题是学术研究的第一步，也是论文能否取得成功的首要环节。课题的选择必须遵循一些基本原则，应选择有一定学术价值、符合自己研究兴趣，且适合个人研究能力的题目。具体来说，选题把握以下一些原则。

① 实用价值。选择具有现实意义的题目，这是学术研究的根本目的所在。对大学生来说，则不仅能对所学知识作实践性的考察，而且能锻炼和提高自己分析问题和解决问题的能力。

② 理论价值。理论价值体现为对某一问题的学理上的探讨和观点上的创新，具有指导意义和启发性。通过学术论文，作者阐述自己对这些规律的了解与认识，给人以认识上的启迪。

③ 创新原则。一篇学术论文应该体现出新意，即在论文中表现自己的新看法、新见解、新观点。新意可以通过不同的研究方法、研究角度、新的研究材料等方式来获得。

（2）选题方法

如果有了初步的研究方向，必须进一步框定该选题的范围、研究价值、研究角度等，选题通常从以下几个角度考察。第一，已有的想法是否为理论空白，或能对前人的观点进行补充。如果是肯定的答复，则需要论证该选题的可行性，如果可以，则可以确定为研究题目；如果主客观条件尚不具备，就放弃。第二，已有的想法是否与别人重复。如果只是部分重复，就应缩小范围，在非重复方面进行深入研究；如果与别人没有差异，应该放弃。第三，捕捉新的想法。在阅读文献资料或调查研究中，经常会有新的想法和观点，这种思想火花往往是在对某一问题做了大量研究之后的理性升华，应及时捕捉，深入挖掘，往往可以形成很有价值的理论。所以，还是应该从材料着手，选择合适的论文题目。

7.2.2.4 学术论文的材料收集

撰写学术论文必须详尽地收集资料。资料是学术论文写作的基础，详尽地收集资料是学术论文写作之前的另一项极重要的工作。收集材料的过程是一个选题初选的过程,有必要做一些记录,将重要的观点、提法、论据摘录下来,以形成对某一个较大研究领域的初步了解。深度加工浏览记录,即对记录进行分类组合,寻找问题和发现问题。例如,在分类时可将材料按照总论、专论安排,在专论之下还可以列出对同一问题的几种不同观点的资料,最后再提炼主题。将研究体会与资料比较,确定哪些是空白,哪些可以补充,哪些可以深化,逐步缩小研究范围,选题目标就会渐渐明确起来。

(1) 资料类型

① 第一手资料。第一手资料包括与论题直接有关的文字材料、数字材料(包括图表),譬如统计材料、典型案例、经验总结等,还包括自己在亲自实践中取得的感性材料。第一手资料越多,越能保证论文的创新度。

② 他人研究成果。这是指国内外对有关该课题学术研究的最新动态。这类材料不仅提供论文以充分的论据,而且是论文研究的起点,能提供有益的启发、借鉴和指导。

③ 相关学科的材料。相关学科能够拓展研究视野和写作思路,提供多元化的分析方法和分析角度。例如,研究经济学的有关课题,就与管理学、社会学等方面的知识息息相关。

④ 权威论述、国家相关政策等。学术权威的论述或国家的方针政策可以作为提出、解决问题的重要证据。

(2) 资料收集的途径

资料可以分成直接资料和间接资料两种:直接资料是指从研究对象中直接获取的最新信息;间接资料是指科技文献、情报资料及其他存储的科技信息。因为来源不同,两者的收集采取不同的方法。

① 直接资料的搜集。直接资料的获得通常有两种方式:实验和实地考察。实验是指在较理想的条件下,使自然现象(或过程)可控制地重演,并使人们获取第一手资料。实验方法能够强化研究对象,有利于揭示新的规律。通过考察也可以获取直接信息,科技工作者在对研究对象不加任何干涉的条件下进行观察的过程就叫考察。

② 间接资料的搜集。间接资料可分为书面存储和非书面(包括计算机软件、影像等)存储信息两大类。间接资料的主要搜集方法包括各级各类图书馆馆藏文献资料查阅及文献检索平台获取等。

(3) 文献资料的整理加工

收集资料后,还要对文献资料进行整理、加工,这是开展进一步研究工作的必要环节,目的在于将材料有序化。

① 整理。查阅到有关的文献之后,把它进行摘录(标明出处,包含书名或论文题目、作者姓名、出版单位、版本、出版时间,还有期刊的年号、期号、报纸的具体日期等)或复印,然后按顺序排列、归类。

② 加工。对文献进行思考,剔除老旧过时的材料,对有价值的材料进行研究。这个阶段往往要做以下几方面的工作:写提要,做札记,写综述。

写提要,是对包含各种信息的研究文献进行总结,即把原文的基本内容、主题思想、观点、独到之处或其他数据,用自己的话加以概括;做札记,就是在笔记本上随时记下自己读书时的心得体会和各种想法;写综述,就是汇总某一类别的所有资料,然后进行加工处理,内化为自己的结构体系。每一份综述实际上就是一项研究报告，它能为自己或别人的研究提供有价值的东西。

（4）研究资料

研究资料是对资料内容的处理和加工，这一过程实际上是资料信息内容的辨析和发掘。它与论文的三大部分——论点的提出、论据的选择、论证的组织有着紧密的联系。在论题和体裁明确的前提下，展开分析与综合研究，整个研究过程是分析与综合的统一。明确观点、选定材料的过程有两种情况：一种是运用材料确立、框定观点；另一种是选择合适的材料验证自己的观点。

第一种情况是从材料出发确立论点，可做如下分析：这些材料中的哪些观点是正确的？为什么正确？怎样用它们来阐述我的论题？这些材料中的哪些观点是错误的？为何错误？能否在我的论题中提出与之相反的正确的观点？哪些观点还有不足之处？在我的论题中怎样进行补充修正来完善？论述其他问题的事实和数据材料是否切合我的论题？

在以上分析研究的基础上再进行综合研究：最能表述我的论题的观点有哪些？是否再进行归类？每一类的观点能否再综合成更大的观点？最终综合形成的最大观点将小观点统一起来？这就是确立观点的分析综合过程。

第二种情况是从已有的观点出发选择材料，可做如下分析：哪些是有用材料与无关材料？哪些是主要材料与次要材料？哪些是一手、二手、三手材料？哪些是新鲜材料与陈旧材料？最能支持自己论点的正面材料有哪些？反面材料有哪些？然后再作综合：哪些材料可以归并到那些分论点或小论点中去？各分论点和小论点是否都有了能证明自己观点正确的材料？怎么精用？怎么补充？这就是选用论据的分析综合过程。

在论文的写作过程中，要反复使用分析综合的方法。综合要在分析的基础上进行，分析又要为综合服务，以综合为归结点。

7.2.2.5 学术论文的撰写要点

论文写作的关键阶段——执笔撰写。在这一环节，最主要包括论文的结构、论点的提炼与安排、材料的组织、论证的方法等。

（1）论文结构安排的原则

一篇论文需要内容和形式的统一。内容包括主题和材料，形式是指结构和语言。结构就是作者为了表现主题思想，对材料加以组织、安排成一个有机的统一整体。结构直接关系到论文的逻辑性、严谨性和说服力。

结构的合理安排一般遵循四个原则：

第一，围绕主题，选择有代表性的典型材料，使主题思想得到鲜明、突出的表现。

第二，梳理思路，正确反映客观事物的规律，符合人们的认识规律。

第三，结构完整。论义必须是一个统一的整体，前后连贯。

第四，层次分明。按照主题思想的需要依次表达，有逻辑、有条理地表达主题思想。

（2）论文的基本结构

学术论文的基本格式可以分为绪论、本论、结论的三段式，也有一些常用的格式选择。

① 首括式结构。又称总提分述结构，先提出中心论点，然后分别从几个方面去论证，

阐明中心论点。它所采用的是演绎法。

② 尾括式结构。又称分总结构，即先逐个提出分论点，然后进行归纳，得出一个中心论点。这种结构的论证方式是归纳法。

③ 双括式结构。也称总分总结构，即先提出观点，然后分而述之，最后再得出结论。

④ 递进式结构。又称推进式结构，是指文章采取由浅入深、层层推进的论证方法。

⑤ 综合式结构。即采用几种方式来安排文章结构。

（3）论点的提炼原则

在一篇学术论文中，论点的提炼和表述是核心，它反映了作者的观点、见解、看法。因此，在提炼和表述论点时需要掌握以下原则。

① 科学性原则。科学性要求学术论文正确地反映客观事物，并揭示其规律。这首先表现为论点正确。必须用辩证唯物主义和历史唯物主义的原理和方法来分析问题、解决问题，才能提出合乎客观实际的结论。其次，论点的表达要准确。任何一个论点都是通过概念或判断来形成的，应准确地表达概念的内涵与外延，避免产生意义上的模糊和认识上的歧义。

② 客观性原则。客观性要求一切从实际出发，从中引出符合实际的结论。要避免先入为主、牵强附会或者随意曲解。应该在尽可能多地获取材料的基础上，根据事物或问题本身的规律来分析探讨、提出观点。

③ 创新性原则。学术研究本身是一种创造性的劳动，新的论点是其最重要的体现。论点的创新包括两种情况：一种是补充性论点，是对他人研究成果的肯定与发展；一种是匡正性论点，是对已有研究成果的否定与纠正。

（4）材料组织

写论文必须首先确立中心论点，这个中心论点要贯穿于论文的始终。但是，如果只有中心论点而缺乏若干与之相联系的分论点，中心论点就难以得到充分的论证。必须通过这些分论点把中心论点加以展开。要使论点正确、深刻、能说服人，作者需要使用切实有力的论据。切实有力的论据应当是真实的、典型的、适用的，主要注意以下几个方面。

① 资料的真实性。只有从真实可靠的资料中才能引出科学的结论。一般所用的比较方法是：把内容相关的不同机构或作者的资料相比较；把资料本身的论点和论据相比较；把实验数据与生产数据相比较；把历史资料与近期资料相比较；把一般资料与权威资料（如手册等）相比较；等等。

② 资料的适用性。即依据论文所要阐明的中心论点，来判定什么资料可用，什么资料不能用。在对资料进行选择的时候，必须始终把握中心论点，不能对资料曲解或作牵强附会的解释，也不能将所有资料照单全收，导致中心论点模糊不清。

③ 资料的新颖性。资料的新颖性包括两个方面的含义：一方面是指前所未有、近期出现的新事物、新思想、新发现、新方向；另一方面是指某种事物虽早已存在，但人们尚未发现其某方面的价值，这同样是新颖的资料。

④ 资料的典型性。资料的典型性是指这种材料对于它所证实的理性认识来说具有代表性，选择典型的材料作为论据能增强论文的逻辑性和说服力。

（5）论证的原则

学术论文的观点提出以后，必须经过科学论证。常用的方法包括演绎法、实证法和权威支持法。演绎法是通过逻辑推理、分析和归纳得出自己的结论；实证法是通过客观事实，包括大量数据肯定或否定某个观点；权威支持法则是通过引用一个领域内权威人士的观点来支持自己的观点。在三种论证方法中，实证法说服力最强，所以经常被采用。

在论证的过程中，要注意避免以下情况的发生：第一，只有理论分析，从理论到理论，缺少必要的案例和数据。第二，材料很多，但缺少周密、严谨的逻辑性。不能有选择地利用典型材料形成自己的观点；论据缺乏典型性、必要性；提出论点、罗列论据之后缺少深入分析，没有论证过程；以偏概全，以小论据支撑大论点，论据不足。第三，结构混乱，缺乏逻辑性。前后颠倒，层次不清，主次不分明，重点不突出。第四，前后论点有矛盾。中心论点与分论点有矛盾，分析不客观，没有进行必要和充分的论证。第五，结构单一，缺乏层次性。

7.2.3 撰写步骤

从事学术研究必须注重理论与资料，对研究题目的选择、问题陈述、文献评论、研究途径、研究架构、研究方法、论文结构、论文写作格式等有一定的要求。学术论文写作的过程一般包括五个主要环节：选择课题，搜集与研究资料，选定主题，执笔撰写，修改定稿。

（1）选择课题

选择课题是学术论文撰写的第一步，确定"写什么"的问题，确定科学研究的方向。

（2）搜集与研究资料

搜集是研究课题的基础环节，可以通过文献收集、实地调查研究、实验与观察等多种方式获得相关材料。研究资料则是对收集得来的材料的深度发掘，即对与研究课题有关的内容细致深入地研究和筛选的过程。

（3）选定主题

研究资料的目的是提出自己的观点和见解，确立基本论点和分论点，并组织材料。

（4）执笔撰写

这一过程重点在提纲的拟定和论文的格式。拟定提纲主要是帮助构建论文的基本框架。论文的格式一般来说由标题、摘要、正文、参考文献等内容构成。

（5）修改定稿

修改定稿是任何一种学术论文的必要环节。它保障写作意图、基本论点和分论点、材料运用、逻辑性，以及行文的科学性、准确性与规范性。

7.2.4 范例分析

请扫描二维码进行相关内容的学习。

7.2.5 练习应用

（1）填空题

① 学术的本质是（　　）和（　　）。

② 研究资料是这一过程实际上是资料信息内容的（　　）和（　　）。
③ 资料的典型性是指这种材料对于它所证实的理性认识来说具有（　　）。
（2）选择题
① 学术论文的特点有（　　）。（多选）
A.科学性　　　　　B.创造性　　　　　C.理论性　　　　　D.应用性
② 学术论文的选题原则是（　　）。（多选）
A.实用价值　　　　B.理论价值　　　　C.创新价值　　　　D.预见价值
③ 学术论文论点的提炼原则（　　）。（多选）
A.科学性　　　　　B.客观性　　　　　C.创新性　　　　　D.集中性
（3）问答题
① 学术论文的材料组织需要从哪几个方面着手？
② 学术论文写作的过程一般包括哪些主要环节？
③ 什么是学术论文？
（4）应用题
选择你感兴趣的主题尝试写一篇学术论文。

任务7.3　撰写学位论文

7.3.1　任务描述

了解学位论文的相关概念，掌握其结构与写作要求，学会撰写学位论文。

7.3.2　相关知识

7.3.2.1　学位论文的概念和种类

学位论文是高等院校毕业生用以申请授予相应学位而提出作为考核和评审的文章，也称毕业论文，分为学士、硕士、博士三个等级。

与一般论文有所不同，学位论文不仅规定篇幅和水平，而且要求公开，接受专家的审查。它有两大功能：第一是考核，第二是成果。作为考核手段，学位论文应达到一定水平，反映与学位相称的学识和能力；作为成果，学位论文是大学生向社会提供的知识产品，必须具备一定的价值。

7.3.2.2　学位论文的写作要求

写好学位论文，需要写作人具备相关的专业知识和文献资料的查阅技能，掌握论文写作的理论和格式，有一定的语法和文字上的素养。在具体写作之前，需要了解学位论文的一些原则性要求。

① 立论客观，具有独创性。文章的基本观点必须来自具体材料的分析和研究，所提出的问题在本专业学科领域内有一定的理论意义或实际意义，并通过独立研究提出了自己一定的认知和看法。

② 论据翔实，富有确证性。论文能够做到旁征博引，多方佐证，用论据说明自己持何种看法，有主证和旁证。论文中所用的材料应做到言必有据，准确可靠。

③ 论证严密，富有逻辑性。作者提出问题、分析问题和解决问题要符合客观事物的发展规律，全篇论文形成一个有机的整体。

④ 体式明确，标注规范。论文必须以论点的形成构成全文的结构格局，以多方论证的内容组成文章丰满的整体，以较深的理论分析辉映全篇。此外，论文的整体结构和标注要求规范得体。

⑤ 语言准确、表达简明。论文最基本的要求是读者能看懂。因此，要求文章想得清、说得明、想得深、说得透，要做到深入浅出、言简意赅。

7.3.2.3　学位论文的标准格式

（1）论文题目

论文题目基本要求是准确、简洁、清楚。

（2）目录

目录是论文中主要段落的简表，短篇论文不必列目录。

（3）摘要

摘要以提供文献内容梗概为目的，不加评论和补充解释，简明、确切地记述文献重要内容的短文。

（4）关键词

关键词是从论文的题名、提要和正文中选取出来的，是对表述论文的中心内容有实质意义的词语，便于信息系统汇集，以供读者检索。每篇论文一般选取3～5个词汇作为关键词。关键词是用作计算机系统标引论文内容特征的词语。作为关键词，另起一行，排在"摘要"的左下方。

主题词是经过规范化的词。在确定主题词时，要对论文进行主题分析，依照标引和组配规则转换成主题词表中的规范词语（参见《汉语主题词表》）。

（5）论文正文

第一部分是引言：引言又称前言、序言和导言，用在论文的开头。引言要短小精悍、紧扣主题，一般要概括地写出作者意图，说明选题的目的和意义，并指出论文写作论证过程和结论。第二部分是论文正文：正文是论文的主体，正文应包括论点、论据。一般包括：提出问题——论点；分析问题——论据和论证；解决问题——论证方法与步骤；结论。

（6）参考文献

一篇论文的参考文献是将论文在研究和写作中所参考或引证的主要文献资料，列于论文的末尾。参考文献应另起一页，标注方式按GB/T 7714—2015《信息与文献　参考文献著录规则》进行。参考文献的要求是：第一，所列参考文献应是正式出版物，以便读者考证；第二，所列举的参考文献要标明序号、著作或文章的标题、作者、出版物信息。

7.3.2.4 学位论文的写作要点

（1）提纲

提纲是学位论文写作前的必要准备，也是对学位论文谋篇布局的重要手段。在编写提纲的时候一般采用标题式。具体来说，提纲的编写有利于进一步提炼材料，使总论点和分论点有机确立并统一起来；有利于周密地安排篇章结构，使论文脉络清晰；有利于及时调整与修改，避免写作时出现不必要的返工。编写提纲的步骤如下。

第一步：先拟题目。

第二步：写总论点。考虑全篇总的安排——从几个方面、以什么顺序来论述总论点。这是形成论文结构的骨架。大的项目安排妥当以后，再逐个考虑每个项目的下位论点，直到段一级，写出段的论点句。依次考虑各个段的安排，把准备使用的材料按顺序编码，以便写作时使用。

第三步：全面检查，进行必要的增删。

（2）论文题目

论文题目的基本要求包括准确、简洁、清楚，恰当反映所研究的范围和深度，避免过于笼统。根据不同论文的内容确定，力求题目的字数要少，用词要精准。若题目过长，字数较多，则可利用正、副标题的方法解决。题目应是一个短语而不是一个句子，题目中尽量不用标点符号，避免使用未被公认的或不常见的缩略词、首字母缩写字、字符、代号和公式。一般不能用学科或分支学科的科目作为题目组成部分，不要出现一些形容词，如"新的""改进了的"等。

① 准确。题名要准确地反映论文的主要内容。作为论文的"标签"，题名既不能过于空泛和一般化，也不宜过于烦琐，使人得不出鲜明的印象。

② 简洁。题名应当言简意赅，以最少的文字概括尽可能多的内容。

③ 清楚。题名要清晰地反映文章的具体内容和特色，明确表明研究工作的独到之处，力求简洁有效、重点突出。

（3）摘要

摘要是在文章全文完成之后提炼出来的，具有短、精、完整三大特点。摘要应具有独立性和自含性，即不阅读原文的全文就能获得必要的信息。论文一般应有摘要，有些为了国际交流还有外文（多用英文）摘要。摘要应包含以下内容。

① 目的。研究工作的前提、目的和任务，所涉及的主题范围。

② 方法。所用的理论、条件、材料、手段、装备、程序等。

③ 结果。观察、实验的结果，数据，得到的效果，性能等。

④ 结论。结果的分析、比较、评价、应用，提出的问题，今后的课题，假设，启发，建议，预测等。

⑤ 其他。不属于研究、研制、调查的主要目的但具有重要的信息价值，从事这一研究的目的和重要性。

撰写摘要的注意事项：报道性摘要和报道-指示性摘要为300～400字；指示性摘要为100～150字；英文摘要一般不超过250个实词；应该用第三人称；不加注释和评论；不宜举例，不用引文；不宜与其他研究工作比较；不应用图表、公式、化学结构式等。

（4）关键词

关键词是标示文献关键主题内容，但未经规范处理的主题词。关键词必须实事求是，从论文中提炼出来，最能反映论文的主要内容。一般在论文的题目及摘要中都出现，可为编制主题索引和检索系统使用。关键词与摘要一样，也是论文主题内容的浓缩，但比摘要更精练，更能揭示论文的主题要点。关键词通常应具备下述三个特点：关键性，对全文内容具有串联作用；便于检索和索引，易于计算机技术处理；是名词或名词性词组。

关键词的选取方法：根据标题标引关键词，有的论文从标题上就可以一目了然地选出关键词；根据摘要标引关键词，有时单从标题上不能直接找出适当的关键词，即可从摘要中寻找适当的关键词；根据学科标引关键词，有的论文用上述两种方法无法确定出适当的关键词，需要在通读全文的基础上分析论文论述的内容，并根据学科和研究方向选取关键词。

编写关键词的注意事项：较定型的名词，多是单词和词组，用原形尽量不用缩略语等；无检索价值的词语不能作为关键词，如"技术""应用""观察""调查""作用""意义"等；未被普遍采用或在论文中未出现的缩写词、未被专业公认的缩写词不作为关键词；论文中提到的常规技术，内容为大家所熟知，也未加探讨和改进的不能作为关键词；每篇论文标引的关键词一般为3～5个；若有英文关键词，中英文关键词应相互对应，且数量完全一致。

（5）引言

引言又称前言，属于整篇论文的引论部分。其写作基本内容包括：介绍研究背景、提出研究问题、阐述研究目的、指明论文创新点。其主要内容包括：尽可能清楚地提出所研究问题的性质和范围，对有关重要的文献进行评述；阐述研究方法及选定这种特定方法的理由，阐述研究的主要结果及效益等，实验性的论文还应说明工作场所、协作单位和工作期限等。引言的措辞要精练，要吸引读者读下去。引言的篇幅大小并无硬性的统一规定，需视整篇论文篇幅的大小及论文内容的需要来确定，长的可达700～800字或1000字左右，短的可不到100字。

引言的注意事项：不要介绍众所周知的普通专业知识或教科书上的材料；不要推导基本公式；不要对论文妄加评论，夸大论文的意义；避免使用自夸性词语，如"填补了一项空白""达到了什么级先进水平""前人从未研究过"等；避免使用客套话，如"才疏学浅，疏漏谬误之处恳请指教""不妥之处还望多提宝贵意见"等；避免使用广告式语言。

（6）正文

正文是一篇论文的本论，属于论文的主体，它占据论文的最大篇幅。论文所体现的创造性成果或新的研究结果都将在这一部分得到充分的反映。因此，要求这一部分内容充实，论据充分、可靠，论证有力，主题明确。为了满足这一系列要求，同时也为了做到层次分明、脉络清晰，常常将正文部分分成几个大的段落。这些段落即所谓逻辑段，一个逻辑段可包含几个自然段，每一逻辑段可冠以适当标题（分标题或小标题）。

① 材料与方法的基本内容与写作要点如下。

a.对材料的描述应清楚、准确：在"材料"描述中应该清楚地指出研究对象的数量、来源和准备方法。对于实验材料的名称，应采用国际同行所熟悉的通用名。

b. 对方法的描述要详略得当、重点突出：在"方法"的描述中应给出足够的细节信息以便让同行能够重复实验，避免混入有关结果或发现方面的内容。必要时，应该完整地描述选择某种特定方法的理由。如果方法新颖且不曾发表过，应提供所有必需的细节；如果所采用的方法已经公开报道过，则引用相关的文献即可。

② 结果的主要内容与写作要点如下。

a. 对实验或观察结果的表达要高度概括和提炼：不能简单地将实验记录数据或观察事实堆积到论文中，应突出有科学意义和具有代表性的数据。

b. 数据表达可采用文字与图表相结合的形式：如果只有一个或很少的测定结果，在正文中用文字描述即可；如果数据较多，可采用图表形式完整、详细地表述，文字部分则用来指出图表中资料的重要特性或趋势。

c. 适当说明原始数据，以便让读者能清楚地了解作者此次研究结果的意义或重要性。

③ 讨论的基本内容与写作要点如下。

a. 对结果的解释要重点突出、简洁、清楚：讨论的重点要集中于作者的主要论点，尽量给出研究结果所能反映的原理、关系和普遍意义。

b. 推论要符合逻辑，避免实验数据不足以支持的观点和结论。根据结果进行推理时要适度，论证时一定要注意结论和推论的逻辑性。

c. 观点或结论的表述要清楚、明确：尽可能清楚地指出作者的观点或结论，并解释其支持还是反对已有的认识。

常见问题：引用的公式或模型欠妥；推论不合逻辑，公式推导有误；实验数据不足以支持作者的观点；讨论重点不突出；观点表述不清楚；数学模拟论文缺少相应实验验证。

（7）结论

论文的结论部分应反映论文中通过实验、观察研究并经过理论分析后得到的学术见解，应是该论文的最终的、总体的结论。换句话说，结论是整篇论文的结局，而不是某一局部问题或某一分支问题的结论，也不是正文中各段小结的简单重复。结论应当体现作者更深层的认识，且是从全篇论文的全部材料出发，经过推理、判断、归纳等逻辑分析过程而得的新的学术总观念、总见解。

结论的主要内容包括：作者本人研究的主要认识或论点，其中包括最重要的结果、结果的重要内涵、对结果的说明或认识等；总结性地阐述本研究结果可能的应用前景、研究的局限性及需要进一步深入的研究方向。

常见问题：部分重要结果未列入结论；涉及前文不曾指出的新事实；将某种假设条件下得出的推论写进了结论；与摘要大幅度重复；结论太长；结论未分条款。

（8）参考文献

在学术论文后一般应列出参考文献（表），目的在于反映出真实的科学依据；体现严肃的科学态度，分清是自己的观点或成果还是别人的观点或成果；对前人的科学成果表示尊重，同时指明引用资料出处，便于检索。需要强调的是，撰写学术论文过程中可能引用了很多篇文献，只需要将引用的最重要和最关键的那些文献资料列出即可。

根据GB/T 7714—2015规定，以英文大写字母方式标志以下各种参考文献类型：

M——普通图书、C——会议录、N——报纸、J——期刊、D——学位论文、R——报告、S——标准、P——专利。根据GB/T 7714—2015规定，参考文献有两种组织方法，具体如下。

顺序编码制：按论文正文部分引用文献出现的先后顺序连续编码，将序号置于方括号中。例如："[1]张才钧，张武学，马森，等.三角城藏羊红细胞钾型的研究[J].青海畜牧兽医杂志，1994，24（3）：4-6."。

著者-出版年制：参考文献表采用著者-出版年制组织时，按著者字顺和出版年排列。中文文献可以按著者汉语拼音字顺排列，也可以按著者的笔画笔顺排列。例如："汪冰，1997.电子图书馆理论与实践研究[M].北京：北京图书馆出版社：16."。

7.3.3 撰写步骤

学位论文的撰写概括为以下几个步骤：学位论文提纲的撰写；确定论文题目；摘要与关键词的选取；引言、正文和结论；参考文献与致谢。

7.3.4 范例分析

[关键词范例]

职业教育服务"一带一路"研究综述

摘要：随着"一带一路"倡议的提出和战略的推进，我国职业教育服务"一带一路"建设成为研究热点。大量的研究从实践层面探索了职业教育服务"一带一路"的动因、形式、内容、机制、影响因素等，也有学者采用经济学、管理学等学科观点，对职业教育服务"一带一路"的若干问题进行了理论分析。展望未来，现有研究还可从三个方面加强：深化和细化研究内容，增强研究对职业院校实践的指导力；规范和拓展研究方法，加强职业教育服务"一带一路"的实证研究；模拟和构建理论框架，开展职业教育服务"一带一路"的系统研究。

关键词：职业教育；"一带一路"；研究综述

关键词范例分析

通过学习关键词的特点和选取方法，在阅读范例的标题和摘要后，即可得出范例论文选取的关键词。

[参考文献范例]

普通图书著录格式示例：[1] 李克东.教育技术学研究方法[M].北京：北京师范大学出版社，2003：39.

期刊中析出文献著录格式示例：[1] 吴向东，王继华.Web2.0的教育应用现状及反思[J].中小学信息技术教育，2009（6）：14-15.

参考文献范例分析
通过学习参考文献的相关著录规则，即可得出范例中的文献标注。

7.3.5 练习应用

（1）填空题
① 摘要是在文章全文完成之后提炼出来的，具有（　　　　　　　）三大特点。
② 引言又称前言，属于整篇论文的（　　　）部分。
③ 正文是一篇论文的本论，属于论文的（　　　），它占据论文的最大篇幅。
（2）选择题
① 学位论文题目的基本要求是（　　　）。（多选）
A. 准确　　　　　　B. 简洁　　　　　　C. 清楚　　　　　　D. 深奥
② 期刊的标志是（　　　）。
A. C　　　　　　　B. J　　　　　　　C. D　　　　　　　D. M
③ 论文集的标志是（　　　）。
A. C　　　　　　　B. J　　　　　　　C. D　　　　　　　D. C
（3）问答题
① 学位论文中摘要的概念是什么？
② 关键词的选取方法是什么？
③ 学位论文结论的主要内容有哪些？
④ 参考文献的两种标注法是什么？
（4）应用题
请完成下列两道例题的参考文献标注。
参考文献第一篇：引用了韩毅发表在2016年第30期《中国职业技术教育》期刊上第94～96页的文章《论现代职业教育在"一带一路"国家发展战略中的服务策略》。
参考文献第二篇：引用了贵州财经大学的张英在2015年发表的毕业论文《当代大学生就业取向研究》。

任务7.4　撰写毕业设计

7.4.1　任务描述

了解毕业设计基本结构，掌握毕业设计具体写作要求，会使用模板格式撰写本专业的毕业设计，能将所学专业知识应用到实际生活中，解决生活中的实际问题。

7.4.2　相关知识

毕业设计集中表明了学生在专业学习中的收获与心得，是评判毕业生专业学习水平的重要依据和获得毕业证书的必要条件之一。毕业设计应包含封面、任务书、毕业设计成果(目录、正文、致谢、参考文献、附录)、毕业设计评阅表、毕业设计答辩记录和毕业设计成绩评定表。为进一步提高毕业生毕业设计的质量,规范毕业设计格式,本任务介绍毕业设计的具体写作要求。

7.4.2.1 写作规范的基本要求

毕业设计应采用国家正式公布实施的简化汉字和法定的计量单位。毕业设计中采用的术语、符号、代号必须统一,并符合规范化的要求。使用新的专业术语、缩略语、习惯用语等应加以注释。国外新的专业术语、缩略语必须在译文后用小括号注明原文。毕业设计中的图和附表应有对应的图题、表题及编号。

(1)图

由"图"字和从1.1开始的阿拉伯数字组成,如图7.3所示。

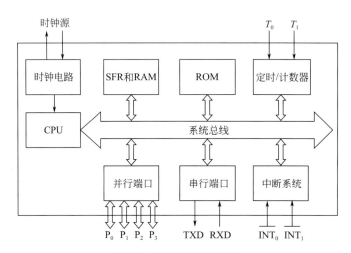

图7.3 单片机基本结构

图片尺寸要求7cm×9cm,居中。图应该清晰,模糊的图片一律不允许使用到毕业设计中。图题用五号宋体,行距22磅。每一张图的编号顺序为图1.1、图1.2,以此类推;另一章节图顺序为图2.1、图2.2,以此类推。

(2)表

由"表"和从1.1开始的阿拉伯数字组成,如"表1.1""表1.2"等。表格设置指定宽度85%,表注释宋体5号字体,行距22磅,靠左;每一张表的编号顺序为表1.1、表1.2,以此类推;另一章节表顺序为表2.1、表2.2,以此类推。

(3)公式

序号一律采用阿拉伯数字分章依序编排;如"(2.13)""(4.5)",其标注应于该公式所在行的最右侧。公式书写方式应在文中相应位置另起一行居中横排,对于较长的公式只可在符号处(+、-、*、/、≤、≥等)转行。公式必须要数学编辑或者Word编辑等编辑器编辑,公式要清晰;如果是第1章的公式用"1.1""1.2",依次增加类推;第2章则用"2.1""2.2"依次类推增加。

（4）毕业设计的文档格式

任务书的字体见"8.2.3 模板格式"目录，为三号黑体；目录内容见"8.2.3模板格式"中的目录格式；正文标题均加粗，段前后均0.5行。一级标题三号黑体，二级标题小三号黑体，三级标题四号黑体；正文为小四号宋体，行距22磅；参考文献为五号宋体，行距18磅。

毕业设计原则上用Word 2003以上版本打印输出。页边距：上3.5cm，下2.6cm，左3cm，右2.6cm；页眉2.4cm，页脚2cm。

7.4.2.2 各部分规范的具体要求

毕业设计装订在指导教师的指导下，由学生按规定顺序：封面、任务书、毕业设计成果（目录、正文、致谢、参考文献、附录）、毕业设计评阅表、毕业设计答辩记录、毕业设计成绩评定表，自上而下依次装订，并用白色塑料封皮包裹。封面不要页码，任务书页码用罗马数字"Ⅰ、Ⅱ、Ⅲ……"的格式标注；从第一章开始标注页码1，到评定表依此顺序标注页码。

毕业设计正文字数一般不低于8000字。毕业设计应该语句通顺流畅，叙述简明扼要，思路层次清晰，概括全面准确，重点突出，逻辑性强。过程成绩和设计质量成绩分别由指导老师和评阅老师赋分，答辩成绩由答辩小组赋分。指导老师统计分数后，给毕业设计评定等级：分数≥90分为优秀，分数≥80分为良好，分数≥60分为合格，60分以下为不合格。

7.4.2.3 参考文献要求

参考文献是毕业设计作者亲自考察过的对毕业设计有参考价值的文献，参考文献应具有权威性，要注意引用最新的文献。按照参考文献在文中出现的顺序采用阿拉伯数字连续编号，参考文献著录格式可因专业不同而有所差异，但各专业应统一著录格式。

（1）普通图书

格式：［序号］ 作者姓名.书名.出版地：出版者，出版年：引用部分起止页码.

示例：[1] 黄俊，王兆安.电力电子变流技术[M].北京：机械工业出版社，1994：35-46.

（2）学术刊物

格式：［序号］ 作者姓名.文章名.学术刊物名，年，卷（期）：引用部分起止页码.

示例：[1] 贾玉瑛，王臣.基于单片机控制的PWM直流调速系统[J].包头钢铁学院学报，2005（4）：334-337.

（3）会议录

格式：［序号］ 作者姓名.文章名.学术刊物名，年，卷（期）：引用部分起止页码.

示例：[1] Plunkett A B.A Current——controlled PWM Transistor Inverter Drive[C].IEEE IAS Annual Meeting Conference Record，1979，11（6）：352-360.

（4）学位论文

格式：［序号］ 作者姓名.毕业设计题目.（学位授予单位）学位毕业设计，年.

示例：[1] 胡才.PID控制算法在直流电机跟踪系统中的应用[D].湖南大学硕士学位毕业设计，2004.

其他类型毕业设计参考国家参考文献标准规范格式要求。注意：如果毕业设计（毕业设计）中出现其他格式，如程序、系统总设计图、AUTCAD、PROTELL图、仿真图等大图片，不便于在文中体现，则使用附件形式放在参考文献的后面一页。

7.4.3 模板格式

请扫描二维码进行相关内容的学习。

7.4.4 撰写步骤

以电类专业的产品设计类的毕业设计为例。

（1）根据任务书的要求搜集资料

围绕已经给定的任务书要求进行选题，回顾相关的知识和技能。通过各种途径和已有的方法搜集自己所需的材料，并进行整理与归类，为下一步工作作准备。

（2）进行系统方案比较与分析

通过对题目的选取及资料的分析确定系统设计方案。方案比较就是对多种设计方案进行综合分析、计算、比较和评价。从中选取技术上先进、经济上合理的最优方案，为顺利完成毕业设计撰写工作提供科学依据。

（3）进行系统硬件选择及电路分析

通过方案的确定，从而分配好与各输入量和输出量对应的元件，并着手设计系统硬件电路原理图，包括外部电路接线图、其他部分的电气原理等。根据电路原理图选择合适的功能模块及元器件，在选用模块与元器件时要深入分析其功能，明确相应的技术参数。

（4）进行系统流程图设计以及程序编写

在编写控制程序之前，一般先设计系统控制流程图。流程图直观简单，易于设计。在设计好控制流程图之后，再开展程序编辑。程序编辑之前，要深入了解编程软件的功能及指令特点。

（5）进行系统仿真调试

系统仿真调试主要用来检测设计方案能否满足任务书设计要求，仿真调试一般分为以下两步。

① 模拟调试。用户程序一般需要先进行模拟调试，有些厂家的编程软件提供模拟调试甚至仿真功能，可在不外接输入信号和输出执行器件的情况下，通过内部继电器强制点的接通或断开设置，实现开关信号的通、断模拟，并通过输出LED显示或软件的监控功能，实现对内部继电器包括输出继电器的监控。在调试时应充分考虑各种可能的情况，系统各种不同的工作方式、有选择序列的流程图中的每一条支路、各种可能的进展路线，都应逐一检查，不能遗漏。

② 现场调试。现场调试要等到系统其他硬件安装和接线工作完成后才能进行，此类调试需要具有相应的实训条件。在调试过程中将暴露出系统中可能存在的传感器、执行器和硬件接线，以及流程图设计与程序编写等多方面的问题，应该对出现的问题及时加以解决。

（6）总结设计过程的体会、收获

总结是一项常规性的工作，是对毕业设计撰写过程的全过程回顾、检查、分析、评判，并从中找出问题、发现问题、解决问题，总结经验与教训，实事求是地对设计过程作出正确评价。

（7）按写作规范进行整理、写出毕业设计

这是写作过程的最后一步，也是关键的一步。经过前面的理论学习，硬件、软件设计以及仿真调试，我们具备撰写毕业设计的所有素材，此时，我们还需要对素材进行归档，按照学校指定格式进行排版，这样才能顺利完成毕业设计。

7.4.5 范例分析

请扫描二维码进行相关内容的学习。

7.4.6 练习应用

（1）填空题

① 毕业设计应包含封面、（　　　）、毕业设计成果（目录、正文、致谢、参考文献、附录）、毕业设计评阅表、毕业设计答辩记录和毕业设计成绩评定表。

② 毕业设计中的图和附表应有对应的（　　　）。

③ 参考文献是毕业设计作者亲自考察过的对毕业设计有参考价值的文献，参考文献应具有（　　　），要注意引用最新的文献。

（2）选择题

① 毕业设计目录应包括毕业设计的（　　　）。

A. 标题　　　　　　B. 参考文献　　　　　C. 致谢　　　　　D. 全部都是

② 毕业设计正文字数一般不低于（　　　）字。

A. 4000　　　　　　B. 6000　　　　　　　C. 8000　　　　　D. 10000

③ 指导老师统计分数后，给毕业设计评定等级，分数大于或等于（　　　）为优秀。

A. 90　　　　　　　B. 85　　　　　　　　C. 80　　　　　　D. 75

（3）问答题

毕业设计在指导教师的指导下进行装订，装订顺序是什么？

（4）应用题

根据某职业技术学院毕业设计模板格式要求，撰写一篇内容与电气自动化技术专业有关的毕业设计，要求呈现完整的毕业设计成果。

------ 项 目 评 价 ------

针对此项目，相应的项目考核评分细则参见表7.1。

表7.1 评分细则

维度	评分标准	得分
知识 （40分）	（1）了解文献检索的基本分类（10分）	
	（2）掌握文献检索的基本途径（10分）	
	（3）掌握学术论文、学位论文和毕业设计的特点（10分）	
	（4）掌握论文资料常用的收集途径（10分）	

续表

维度	评分标准	得分
能力（30分）	能根据研究兴趣与专业学习目标收集论文素材，撰写格式标准、有一定研究价值的学术论文或学位论文或毕业设计（30分）	
素质（30分）	（1）具备创新思维、善于研究总结的工作作风（15分） （2）具备独立从事科学研究、发现问题与解决问题的职业精神（15分）	
合计		

注：每项内容的得分不得超过该项的配分。

项目 7-
练习应用 - 参考答案

项目 8

撰写职场应用文

撰写职场应用文是应用文写作的重要组成部分,它在人们求职、岗位调整、岗位竞聘、职业生涯规划、述职演说、岗位推荐等事务中被应用。本项目从撰写简历和自我鉴定开始,重点围绕竞聘词、求职信及职业生涯规划书设计了五个工作任务,通过这些任务的训练,学生可以达到本任务的教学目标,以满足大学生初入职场所需要的基本知识及技能。

职场应用文具备一定的规范性,在学习如何书写职场应用文的同时,还需要学习规矩的重要性,进而培养严谨的敬业精神;职场应用文在其形成过程中,将传统文化的"礼、义、仁、智、信"优良传统融入其礼节性中来,推崇人际交往的和谐关系;同时,职场应用文是一个需要更多站在对方角度思考问题的文体,要求求职者充分考虑受文者要求和感受,这对于培养自身换位思考能力有极大的推进作用。

学习目标

知识目标

（1）了解职场应用文的概念、特点及写作要求。
（2）了解简历、自我鉴定的概念、特点、类型及写作要求。
（3）了解竞聘词的概念、特点及写作要求。
（4）了解求职信的概念、特点、类型及写作要求。
（5）了解职业生涯规划书的概念、意义及注意事项。

技能目标

（1）能独立撰写简历、自我鉴定、竞聘词。
（2）能独立撰写求职信、职业生涯规划书。

素质目标

（1）具备在职场中诚实守信、爱岗敬业、服务群众、奉献社会的思想品质。
（2）具备在职场中开拓创新、实事求是、积极进取、严肃认真的工作作风。
（3）具备在职场中立足岗位、勤勉履职、勇于担当、创先争优的奋斗精神。

任务8.1　了解职场应用文

8.1.1　任务描述

了解职场应用文的概念，掌握其特点和写作要求。

8.1.2　相关知识

8.1.2.1　职场应用文的概念

职场应用文特指人们在求职、职位调整、岗位竞聘，以及规划职业生涯时所使用的一类应用文书，主要包括简历、自我鉴定、竞聘词、求职信、职业生涯规划书等。

8.1.2.2　职场应用文的特点

（1）规范性

职场应用文内容明确，使用范围有固定区域，一般限于求职、岗位调整、岗位竞聘和述职演说、职业生涯规划等几个方面。

（2）自我认知性

职场应用文的一个共同特点是对自我的认知，无论是求职简历、自我鉴定，还是求职信、职业生涯规划书，它们的制订均是以自我认知为前提。

（3）自我推荐性

职场应用文的写作目的大部分都是在进行自我推荐。不论是个人简历中所写的自己过去的个人经历和成就，还是求职信中所写的自己的能力、未来的追求，抑或是竞聘词中对自己能力的阐述，均是带有自荐的性质。

（4）真实性

职场应用文一般都如实地描述自己真实的基本情况，不浮夸、不贬低自我，这在职场中不仅是对自己负责，同时也是对用人单位负责，体现了诚信与真实，为自己进入理想职位提高印象分。

（5）礼节性

职场应用文中大部分内容的目标群体都是理想中的用人单位进行阅览的，具有一种自我展现及思想交流从而拉近情感距离的作用。因此语言一般较为温和，措辞一般有理有据，体现礼节性。

8.1.2.3　职场应用文的写作要求

（1）客观真实

职场应用文写作的最大要求是客观真实，即真实描述本人的基本情况，不夸大优点，不隐瞒不足，以便于让受文者根据所写内容作出正确的评判与选择，这样对于本人以及受文者的未来可持续发展大有裨益。

（2）重点突出

每个人有不同的优势之处，无法将最符合职业需求的优势展现出来，就会不利于自我推荐。因此，职场应用文书写中要将条件罗列清晰，善于取舍，突出重点，将自己身上所具备的才能和用人单位感兴趣的方面凸显出来。

（3）有礼有节

由于当下职场竞争激烈，很多人在职场表现得过于张扬或者过于谦卑，这会导致其他人觉得此人骄傲或者缺乏自信。因此，职场应用文在书写时要不骄不躁，不卑不亢，有礼有节。

（4）简约清晰

职场应用文要简洁易懂、言辞恳切、情感真实，让受文者能对本人有直观了解。

8.1.3 练习应用

（1）填空题

① 职场应用文特指人们在（　　　　　　　　　　）所使用的一类应用文书。

② 职场应用文的写作目的大部分都是（　　　　　　　　）。

③ 职场应用文语言一般较为温和，措辞一般有理有据，体现（　　　　）。

（2）选择题

①（　　）不属于职场应用文。

A.简历　　　　　　B.自我鉴定　　　　C.求职信　　　　D.请示

②（　　）不属于职场应用文的特点。

A.真实性　　　　　B.规范性　　　　　C.约束性　　　　D.礼节性

③ 职场应用文内容明确，（　　）不属于职场应用文。

A.竞聘词　　　　　　　　　　　　　　B.通告

C.自我鉴定　　　　　　　　　　　　　D.职业生涯规划书

（3）问答题

① 职场应用文的特点有哪些？

② 职场应用文的写作要求有哪些？

任务8.2　撰写简历、自我鉴定

8.2.1 任务描述

了解个人简历和自我鉴定的概念，掌握其结构，学会撰写简历及自我鉴定。通过对例文的学习及感悟，模拟撰写简历和自我鉴定。

8.2.2 相关知识

8.2.2.1 简历的相关知识

（1）简历的概念

简历，也称作履历，是求职者在求职、评聘时向用人单位或评审团提供个人情况的一种应用文。它的主要内容包括本人基本情况、个人履历、能力和专长、求职意向、联系方式等基本要素，其写作目的是把自己介绍给用人单位或评审人员进行选聘参考。内容真实、情感真诚的简历更能体现学生的诚信精神，同时也更容易获得受文者的青睐和信任。

（2）简历的特点

① 简洁明了。简历的字数一般不超过1200字，排版、设计应清新、大方，简历内容精简、段落分明。对于之前的学习经历、工作经历和业绩最好能够用真实数据加以说明，少用浮夸的形容词。

② 重点突出。简历是招聘者对求职者的第一印象，尤为重要。因此将对招聘单位及岗位重要的部分写出来，对于不重要部分做好舍弃，可以让招聘者一目了然就看到求职者的优势，增强竞争力。

③ 真实正面。简历所提供的内容需要保证真实、准确、可靠，不能随意夸大自己的成绩，同时要远离负面内容，不影响招聘者的观感。

④ 明确定位。求职者要对自己岗位方向明确化，在进行求职时有针对性，以获得求职的岗位为目的。

（3）简历的类型

① 表格型简历。表格型简历以时间为顺序，设有不同的栏目，除了学习和工作经历外，可增加个人特长、奖励情况和自我评价等。

② 时序型简历。即从最近经历开始，逆着时间顺序逐条列出个人信息。这种类型的简历清晰、简洁，便于受文者阅读。

③ 个人资料库式简历。这种简历全面突出求职者的基本情况、学习经历、业务能力、专业知识、工作经历、兴趣爱好、性格特点等部分，反映出求职者的资格和能力。

（4）简历的写作要求

① 真实可靠。"人而无信，不知其可也"，诚信是大学生求职的重中之重。因此，要从自身实际条件出发，提供真实可靠的数据和客观公正的自我评价。

② 逻辑清晰。简历内容的呈现要上下呼应、语言规范、条理清楚，内容不要出现重复信息。

③ 扬长避短。简历的目的含有自我推荐性，要突出自己的综合素质和专业素质，体现自身价值，让招聘者注意到你的价值，再定取舍。在简历中可以少提自身缺点。

8.2.2.2 自我鉴定的相关知识

（1）自我鉴定的概念

自我鉴定是个人在一个时期、一个年度、一个阶段对自己的学习和工作生活等表现的自我总结。其应该篇幅短小，语言概括、简洁、扼要，具有评语和结论性质。自我鉴定同组织鉴定、学习成绩单、学位证明、学历证明等一起归入个人档案。自我鉴定是给用人单位的第一印象材料，是帮助领导、组织、评委了解自己，作为入党、入团、职称评定、晋升依据的材料，所以需要高度重视它，实事求是、恰如其分地写好自我鉴定。自我鉴定需要展现学生对国家新时期的路线、方针、政策的认识，这就要求学生及时关注国家最新动向及政策文件，将自身的思想认识、个人理想融入党和国家的事业中来，做有理想、有追求、有担当的青年大学生。

（2）自我鉴定基本内容

① 政治表现，主要包括对国家在新时期的路线、方针、政策的认识和态度，以及在各项社会活动中自己的思想认识和表现等。

② 学习表现，主要包括学习目的、学习态度、学习成绩、学习成就及体育锻炼情况。

③ 工作和道德表现，主要包括曾从事过的职业及表现情况，能否自觉遵守公共行为准则和学校的各项规章制度的情况，以及尊敬师长、团结同学、爱护集体、遵守公共道德等方面的情况。

④ 缺点及今后努力的方向。多数学生在谈论到自己的优点时能够侃侃而谈并且进行举例说明，可一旦说到缺点则避重就轻。其实正确认识自己的缺点并且能确定今后努力的方向对未来发展更有益处，所以在谈到自己的缺点时完全可以坦而言之，不过表达要准确，用词要恰当。

（3）自我鉴定的作用

① 总结以往思想、工作、学习方面的内容，展望未来，发扬成绩，克服不足，指导今后工作。

② 帮助领导、组织、评委了解自己，做好入党、入团、职称评定、晋升的依据材料准备工作。

③ 重要的自我鉴定将成为个人历史生活中一个阶段的小结，具有史料价值，被收入个人档案。

（4）自我鉴定的格式及写作要点

自我鉴定篇幅短小，语言概括、简洁、扼要，具有评语和结论性质。一份完整的自我鉴定一般由标题、正文和落款三部分构成。

① 标题。自我鉴定的标题有两种形式：一种是性质内容加文种构成，如"学年教学工作自我鉴定"；另一种是用文种"自我鉴定"作标题，如果是填写自我鉴定表格则不写标题。

② 正文。正文由前言、优点、缺点、今后打算四部分构成。

a.前言：概括全文，常用"本学年个人德能勤绩鉴定如下""本期业务培训结束了，为发扬成绩，克服不足，以利今后工作学习，特自我鉴定如下"等引出正文主要内容。

b.优点：一般习惯按政治思想表现、业务工作、学习等方面的内容逐一写出自己的成绩和长处。

c.缺点：一般习惯从主要缺点写到次要问题，或只写主要的，次要一笔带过。

d.今后打算：用简洁明了的语言概括今后的打算，表明态度，如"今后我一定……，争取进步"等。

自我鉴定的正文行文可用一段式，也可用多段式。要实事求是，条理清晰，用语准确。

③ 落款。在右下方署名，并在下面注明年、月、日。

（5）自我鉴定的写作原则

① 实事求是。简历的真实性是招聘单位及招聘部门一致的要求。

② 找到闪光点。自我鉴定在书写时要突出自身亮点，让招聘者被吸引，进而依据鉴定推断你的品质、能力、优势，以便组织能够对你有所了解，合理使用。

③ 语言简练。态度要端正，字迹要工整。有些同学对自我鉴定不太重视，常常条理混乱，文笔不畅，内容烦琐，字迹潦草，口号连篇，敷衍了事。这种鉴定容易给人留下缺乏责任心、玩世不恭、水平不高的印象，让人怀疑其能力。

8.2.3 撰写步骤

8.2.3.1 简历的撰写步骤

（1）标题

直接写"个人简历"或前加姓名"××简历"。

（2）本人基本情况

列出自己的姓名、性别、年龄、籍贯、民族、政治面貌、学历、学位、毕业学校及专业、婚姻状况、健康状况、身高、爱好与兴趣、家庭住址、联系方式等。

（3）个人履历

按照时间顺序列出自己从读书阶段开始至就业前所获的最高学历阶段之间的经历，前后时间的年、月应该相接。同时罗列出所学主要课程及学习成绩，在学校和班级担任的职务，在校期间所获得的各类奖励和荣誉，以及所参加的专业知识和技能培训情况。

（4）本人的实践、工作经历

按照实践顺序列出参加工作至今所有的从业记录，包括单位名称、所任职务、就任及离任时间，应该突出所任每个职位的职责、工作性质等。

（5）本人能力与业绩

介绍要恰如其分，尽可能使专长、兴趣、性格与所谋求的职业特点及要求相吻合，重点写出自己所取得的骄人业绩，以及自己在本学科的建树和影响力。

（6）求职意向和自我评价

内容简短清晰，主要表明本人对感兴趣的岗位、行业，要与自己所学专业和自己的特长相符合。自我评价要对自己的职业素养和能力作出评价，应该客观、自信。

（7）联系方式

联系方式包括详细通信地址、邮政编码、固定电话号码、移动电话号码、电子邮箱等。

（8）证明材料

证明材料包括学历证书、学位证书、专业资格证书、获奖证书等。

8.2.3.2 自我鉴定的撰写步骤

第一步：在最上方正中央写标题“自我鉴定”，或者在自我鉴定前面加上称谓，如“大学生自我鉴定”“毕业生自我鉴定”等。

第二步：简单介绍自己的姓名、年龄、出生年月、民族等基础信息。

第三步：一般从四个方面分角度来进行自我鉴定。主要包括：思想方面，学习了何种思想、精神，获得了何样的思想感悟；学习方面，学习了哪类的知识，获得怎样的提高；生活方面，不奢靡、不浮夸，保持勤劳节俭的生活状态；工作方面，简述个人的基本工作，做出了什么样的成绩；

第四步：阐述自己的优点，对日后工作或学习提出新的要求和目标，不断前进。

第五步：列出自己的不足之处，提出需要改进的地方，客观地进行自我批评。

第六步：进行总结。

8.2.4 范例分析

[简历范例1]

大学生求职个人简历

一、个人基本情况

姓名：李××	性别：女
毕业院校：××工程职业学院	学历：大专
所学专业：电气自动化专业	政治面貌：中共党员
年龄：21岁	身高：178cm
移动电话：138××××5314	固定电话：0731-××××567
电子邮箱：1088××××@163.com	QQ号：331××××49

二、教育经历

2019.8—2021.7：××工程职业学院电气自动化专业

所学课程：电气控制技术、安全用电、电气机械基础、电力电子技术、电气绘图、自动调速系统、电气产品工艺、传感器与检测技术、工业网络与组态技术、电工技术应用。

三、专业技能

具有自动化系统分析、设计的基本能力，综合素质高；能从事生产过程自动化控制系统的运行、维护、管理；熟练使用计算机操作系统和Word、Excel等Office办公软件。

四、社会实践

2020—2021学年参加青年志愿者义务活动；

2021—2022学年参加校外实习。

五、荣誉证书

2019—2020学年获得国家励志奖学金；2020—2021学年获得“三好学生”；2021—2022学年获得“优秀学生干部”。

六、资格证书

电工证、全国大学英语四级证书、全国计算机二级证书、普通话二级甲等证书。

七、自我评价

性格乐观开朗，做事认真负责，不轻易放弃，有强烈的敬业精神。

简历范例1分析

该份简历是应届大学生求职简历，详细阐述了教育经历、专业技能、社会实践及所获荣誉及证书，多角度进行自我展示，内容清晰明了，重点突出，能让用人单位对其是否符合招聘岗位的要求一目了然，是一份不错的简历。

[简历范例2]

个人简历

姓名	陈×	性别	男	出生年月	2001年8月	近期彩照	
学历	大专	专业	会计	籍贯	××省××市	政治面貌	共青团员
求职意向	公司出纳							
专业技能	专业知识扎实，已考取会计证，具备良好的沟通表达能力，善于组织						
教育背景	毕业学校：××工程职业学院 2019年9月—2022年7月 会计专业 所学课程：管理学、微观经济学、宏观经济学、统计学原理、审计学、财务管理、管理会计学、会计电算化、高级财务会计、管理统计学、会计学原理、会计学基础						
社会实践与工作经历	2019年10月—2020年1月 参加学校青年志愿者义务活动； 2020年2月—2020年3月 参加社区服务志愿者活动； 2021年7月—2021年9月 在肯德基兼职前台收银员； 2022年3月—2022年6月 在中石化参加校外实习						
所获证书	会计专业技术资格证、全国大学英语四级证书、普通话二级甲等证书、全国计算机二级证书、2019—2020学年国家励志奖学金、2020—2021学年"优秀学生干部"						
自我评价	学习认真努力，个性开朗，能够很好地处理人际关系，责任心强、有耐心，能够长时间面对数字工作						
联系电话	手机：138×××5314 邮箱：1088××××@163.com 地址：××省××市××区新华北路 邮编：××2000						

简历范例2分析

这是一份典型的表格式简历，该表格详细罗列了姓名、性别、出生年月等基本信息，清晰阐述了本人的求职意向、专业技能优势以及接受教育和社会实践情况，突出自己的优势，详细描述自己的获奖情况，信息较为全面。有利于招聘单位清晰地了解求职者，从而作出是否录用的决定。

[自我鉴定范例]

自我鉴定

  时光如梭,大学三年是我一生的重要阶段,是学习专业知识及提高各方面能力为以后谋生发展的重要阶段。从跨入大学校门的那一刻起,我就把这一信念作为人生的又一座右铭。

  大学三年里,在提高自己科学文化素质的同时,我也努力提高自己的思想道德素质,使自己成为德、智、体诸方面全面发展、适应21世纪发展要求的复合型人才,做一个有理想、有道德、有文化、有纪律的社会主义建设者和接班人。

  德,即思想道德。大学三年系统全面地学习了习近平新时代中国特色社会主义思想、马克思主义、红色文化、红色精神。用先进的理论武装自己的头脑,热爱祖国,拥护中国共产党的领导;遵纪守法,维护社会稳定,自觉遵守学生行为准则和学校规章制度,尊敬师长,团结同学,关心集体;坚持真理,修正错误,自觉抵御封建迷信等错误倾向;树立集体主义为核心的人生价值观,正确处理国家、集体、个人三者之间的利益关系,当个人与集体、国家利益发生冲突的时候,坚持把国家、集体的利益放在第一位;认真参加学校及学院组织的各项政治活动,积极主动地向党组织靠拢。

  智,即科学文化知识。端正个人学习目的、学习态度。大学三年,我系统全面地学习了本专业的理论基础知识,同时把所学的理论知识应用于实践活动中,把所学知识转化为动手能力、应用能力和创造能力。力求理论和实践的统一。在学习和掌握本专业理论知识和应用技能的同时,还努力拓宽自己的知识面,培养自己其他方面的能力;积极参加学生科协及科学研究活动中的各项活动。

  体,包括身体和心理两个方面。大学三年里,我掌握了科学锻炼身体的基本技能,养成了良好的卫生习惯,积极参加学校、学院和班级组织的各项体育活动。身体健康,体育合格标准达标。在心理方面,锻炼自己坚强的意志品质,塑造健康人格,克服心理障碍,以适应社会发展要求,塑造了一个健康、充满自信的我。

  自信来自实力,但同时也要认识到眼下社会变革迅速,对人才的要求也越来越高,社会是在不断变化、发展的,要用发展的眼光看问题,自身还有很多的缺点和不足,要适应社会的发展,不断提高思想认识,完善自己,改正缺点。作为一名工程建设者,所受的社会压力将比其他行业更加沉重,要学会学习,学会创新,学会适应社会的发展要求。

自我鉴定范例分析

  大学生毕业时都要进行自我鉴定,该鉴定将会永远载入个人档案之中,在一定程度上将会影响前途和事业,因此一定要重视。自我鉴定说简单一些就是对自我的评价,包括自己在思想品德修养、知识与技能、综合素质、身体和心理素质等各个方面的情况。这篇例文从德、智、体三方面来写,紧紧契合自我鉴定要求,文章层次清晰、主旨明确。

8.2.5 练习应用

(1) 填空题

① 简历分为（　　　　　　　　　　　　）三种类型。

② 自我鉴定的学习表现主要包括（　　　　　　　　　　　）。

③ 自我鉴定是个人在一个时期、一个年度、一个阶段对自己的学习和工作生活等表现的（　　　　　）。

(2) 选择题

① 自我鉴定的写作原则是（　　）。

A.夸大其词　　　　B.语言华丽　　　　C.找到闪光点　　　　D.谦虚

② 自我鉴定的格式是（　　）。

A.标题、正文、落款　　　　　　　　B.正文、结语

C.标题、正文、结语　　　　　　　　D.正文

③ 简历的特点是（　　）。

A.内容多样　　　　B.简洁明了　　　　C.真实正面　　　　D.明确定位

(3) 问答题

① 简历的写作要求有哪些？

② 自我鉴定的基本内容有哪些？

③ 自我鉴定的作用是什么？

(4) 应用题

① 请指出下面这则求职者简历中存在的问题并进行修改。

个人简历

姓名：吴××　　　　　　　　　性别：男

民族：汉　　　　　　　　　　政治面貌：团员

学历：大专　　　　　　　　　专业：电气自动化专业

联系电话：0731-×××3345　　手机：138×××3516

联系地址：××市××区　　　邮编：××2000

E-mail：88645××××@qq.com

毕业院校：××工程学院2022届铁道供电与电气学院

其他培训情况：电工证、有驾照

自我评价：业余爱好广泛，喜爱打篮球，大学期间为校篮球队员

本人性格开朗、自信、自律，相信贵公司会觉得我是适合此职位的人选！期盼和贵公司面谈。

---

② 请根据自己在校期间所学专业以及个人能力、爱好，完成一篇自我鉴定。

任务8.3　撰写竞聘词

8.3.1　任务描述

了解竞聘词的概念，掌握其特点、结构及写作要求。通过对范例的学习及分析，学会撰写竞聘词。

8.3.2　相关知识

8.3.2.1　竞聘词的概念

竞聘词，又称竞聘演说词，是演讲稿的一种。它是指竞聘者为了竞争某一个岗位而向大家展示自己优势和对未来工作构想的文稿。它是竞聘演讲的主要依据，是竞聘上岗的重要环节。

8.3.2.2　竞聘词的特点

（1）方向明确性

竞聘词在文章最开始即要写出所要竞聘的方向，而文中所阐述的所有材料和运用的一切手法也都是为了达到自己竞聘成功这个目标。

（2）内容突出性

每一个好的公司都会吸引很多人应聘，竞聘岗位的竞争非常激烈，如果在阐述自己的内容中过于谦虚，不突出自己的优势，就难以战胜对手竞聘成功。因此，在竞聘的时候要尽可能凸显出自己的优势。

（3）主题典型性

竞聘词的主题要突出典型，围绕重点，不能一股脑儿将所有东西全部展示，让招聘者摸不着头脑。

（4）严密逻辑性

竞聘词是语言组织能力、思维逻辑能力的一个重要展示，内容要清晰明理、逻辑性强。

8.3.2.3　竞聘词的写作要求

（1）开头新颖，突出优势

竞聘词的开头要新颖、生动，结合竞聘岗位的特点和自身的条件，突出自己的优势，给人一个良好的第一印象，为自己脱颖而出奠定良好的基础。

（2）语言准确，注意分寸

要准确阐述自己的学历、个人经历、政治素养、业务能力、过往荣誉等，所谈事实和所用的材料都要真实准确。同时要注意分寸，不能夸大其词，让人产生反感，造成演讲失败。

（3）材料实用，符合实际

要从个人实际情况和工作实际情况出发，选用对自己有利的材料来展现自己的优势，阐述未来的工作措施。不能让评委产生所表达的内容华而不实、流于形式的不好印象。

（4）篇幅短小，言简意赅

篇幅不要冗长，一般字数控制在2000字左右；演讲时间不宜过长，演讲时间以10～13分钟为宜。

8.3.3 撰写步骤

（1）确定标题

标题有三种写法。第一种是文种式标题，只需要写"竞聘词""竞聘演讲稿"。第二种是公文式标题，由竞聘人和文种构成，或竞聘职务和文种构成，如《关于竞聘××公司××部的演讲稿》。第三种是文章式标题，可采用单行标题，也可采用正副标题，如《开拓创新，勇争一流——在学生会主席竞选大会上的演讲》。

（2）确定称谓

一般用"尊敬的领导""尊敬的各位评委""各位同学"等称呼在座的评委或者听众。

（3）撰写开端

竞聘演讲一般都有时间限制，因此精彩有力的开头尤为重要。成功的竞聘演讲稿的开头分为三个层次。

首先，用诚挚的态度表达自己的感谢，与听众产生交流吸引听众注意力。例如："非常感谢组织、领导给了一次展示自我、参与竞争的机会。"其次，介绍个人的基本情况，比如姓名、学历、工作经历、荣誉等。例如："我叫××，2021年毕业于××铁路科技职业技术学院铁道供电与电气学院，2020年非常荣幸加入中国共产党，现任部门主管一职。"最后，要明确概述竞聘演讲的主要内容。例如："我今天演讲的内容主要包含两个方面：一是我竞聘部门经理一职所拥有的经验和优势；二是如若我成功当选，我未来从事此工作的思路和举措。"

（4）撰写中间内容

中间内容是竞聘词的主体部分，主要是竞聘者展示自我优势以及应聘成功之后的举措。在展示自我优势部分阐述自己为什么要应聘，凭什么可以应聘该岗位。根据自己应聘的岗位介绍自己的专业、所学内容、个人经历、政治素养、业务能力、已取得的成绩等。例如，"我今天竞聘部门经理有如下几个优势：第一，我曾经在学校学生会担任过部长一职，有较丰富的管理工作经验……；第二，在校期间多次负责过学校开展的大型活动，有较强的组织协调能力……；第三，在面对学生群体时，有较强的服务意识和自律能力……；第四，获得多次荣誉，有较好的业绩……"。在阐述完优势之处之后，还可以简要介绍自身的不足之处，以显示自己的真诚和虚心。在阐述自己任职后的措施部分，要紧紧围绕该岗位当下热点、难点问题，提出明确的目标和可行的方案。例如，"在对部门经理这个岗位进行调研时，我深知做好这个岗位是不容易的，必须全力以赴，找准工作切入点，脚踏实地落实工作。如果我有幸担任部门经理一职，我将……开展工作。在突出重点方面，我将……；在跟进措施方面，我将……；在创新理念方面，我将……；在勤奋务实方面，我将……"。

（5）撰写结尾

好的结束语可以全面概括主题、加深评选者对竞聘者的印象。结尾要表明自己竞聘的决心、信心和期望。例如，"如果公司委以我部门经理的重任，我将不辜负大家的期望，充分发挥我的聪明才智，以昂扬的工作状态加倍努力工作。请各位评委相信我，为我投上一票，我将一定做好部门经理这个岗位"。

8.3.4 范例分析

请扫描二维码进行相关内容的学习。

学习笔记

8.3.5 练习应用

（1）填空题

① 竞聘词是指竞聘者为了竞争某一个岗位而向大家展示（　　　　　）的文稿。

② 竞聘词的特点是（　　　　　）。

③ 竞聘词标题有（　　　　　）三种写法。

（2）选择题

① 竞聘词的特点不包括（　　）。

A.明确方向　　　　B.内容多样　　　　C.主题典型　　　　D.严密逻辑

②（　　）不符合竞聘词称谓的要求。

A.尊敬的各位评委　B.各位同学　　　　C.尊敬的领导　　　D.帅哥美女们

③（　　）不符合竞聘词写作中开头的要求。

A.新颖、生动　　　B.突出个人优势　　C.结合个人特点　　D.语言浮夸

（3）问答题

① 竞聘词的写作要求有哪些？

② 具体说明竞聘词的特点。

③ 竞聘词一般从哪几个层次进行撰写？

（4）应用题

学院学生会即将竞聘学习部部长，请为自己写一篇竞聘演讲词竞争该岗位。

任务8.4　撰写求职信

8.4.1 任务描述

了解求职信的概念和特点，熟知求职信的类型、结构、写法、写作要求。通过感悟范文的写作格式，学习如何撰写求职信。

8.4.2 相关知识

8.4.2.1 求职信的概念

求职信就是用来表达求职者求职意向的书信。求职信包括自荐信和应聘信两类，狭义的求职信专指应聘信，指求职者向公开招聘的单位表明自己的任职兴趣和任职条件的专用文书，是随着社会经济的发展而产生的一种新的实用文体。

8.4.2.2 求职信的特点

（1）指向性

针对本身所选定的具体岗位的实际情况，结合个人的求职目标和个人专业能力素质来写求职信，指向性强。

（2）自荐性

首因效应很重要，求职信是求职者与用人单位的第一次间接接触，需要将本人的基本情况、能力、特长、优势展现在用人单位面前。作为展示自我的机会，要以推荐自我的形式展现，以争取到面试机会。

（3）特殊性

求职信是社会经济快速发展、以最快速度选拔人才的方式，求职者需要展现独特的优势。

8.4.2.3 求职信的类型

根据有无具体目标，求职信的种类分为以下两种。

（1）定向求职信

定向求职信是指毕业生在收集到需求信息后，有目的地向某个用人单位做的自我介绍。这类求职信是求职者在已经充分了解用人单位的各种情况下写的，包括单位名称和性质、主要经营项目、人员需求概况、公司构成等内容，因此具有高度的针对性。

（2）非定向求职信

非定向求职信无具体的求职目标，不分职业、单位和对象，因而具有一定的盲目性，求职方向不确定。大学毕业生普遍使用此类求职信，主题在于向用人单位介绍自己的基本情况，让招聘者对自己感兴趣。

8.4.2.4 求职信的写作要求

（1）内容真实，评价适当

求职信的内容要真实，如果有明确的数据支撑最好写进去，显得有说服力。自我评价要适当，对自己的优点不要夸大和过分包装，但也不用过于谦逊，更不用进行自我贬低。内容要有理有据，自信大方，给受文者良好的印象。

（2）语言简洁，个性明了

受文者在面对众多的简历时阅读速度会比较快，如若想让自己的求职信留下深刻印象，求职信就不能千篇一律，要把自己的个性和优势尽可能展现出来。

（3）重点突出，层次清晰

内容要突出应聘单位的人才需求，突出契合岗位需求的专业知识和能力，少写和岗位无关的内容。文字的表述能力要能够凸显出一个人的逻辑思维能力，在进行表述时要注意逻辑是否清晰合理。

（4）一般不提薪酬

求职信的目的是争取面试的机会，一般不要在求职信中体现自己想要的工资待遇，而要等到聘用时双方再进行协商。如若需要书写，可将自己目前职位的工资或者其他公司类似岗位的大概薪酬填上，以备招聘者参考。

8.4.3　撰写步骤

（1）确定标题

正文居中位置写"求职信""应聘书"等。

（2）确定称谓

一般用敬语，如"尊敬的××领导""尊敬的××总"等，也可以直接写招聘信息上指定的联系人称谓。

（3）设置问候

求职语与一般的友人书信是有区别的，问候语表达礼貌，一般用"您好"独占一行。

（4）撰写正文

正文部分写得好，能够给用人单位留下良好的第一印象，为求职者争取面试的机会。最好内容简洁有效，中心突出，把求职者的实力与优势之处进行充分展示。一般包含以下几方面内容。

① 求职目标。招聘单位在进行招聘时要面对多份应聘书，阅读速度会比较快，因此在正文最开始就要明确自己的求职目标。确定求职目标要从自身的实际出发，以使自己的专长能够展示、发挥，为自己未来在公司的发展设定清晰明了且可达成的目标，进而获得招聘单位的肯定，提高求职的成功率。

② 求职理由。在明确了求职目标的前提下，需要真实、充分地阐述自己的求职理由，陈述的求职理由既要符合自己的专业特长及未来发展，同时要考虑招聘单位的人才需求及公司所需的人才特质。

③ 求职优势。求职优势是求职者能够在众多求职信中脱颖而出的关键。突出优势能够让招聘单位根据自己所需的人才进行择优选择。因此，在求职信中需要特别重视这一部分的书写。针对自己的求职目标，要真实、具体地陈述自己符合该目标的成绩、专业优势、技术特长等，还可以提出自己已取得的成果、所获得的奖励、过去工作的经验、自身解决问题的能力。对于大学生来说，可以写自己在校期间的社会工作经历等。通过对自己优势的阐述，来吸引用人单位的注意和考虑，实现求职愿望。

④ 致谢和祝词。求职者在筛选企业，企业也会筛选人才。求职者要做好心理准备，既

要自信也要保持谦逊，并不是发出的每一封求职信都会有回应，因此在最后要表明自己愿意接受下一步的考查，并且表明自己对得到该工作岗位的迫切愿望，如"期盼佳音"等。

（5）撰写致敬语

求职信的致敬语和问候语相呼应，也属于礼节性用语。常用"此致敬礼""谨祝顺达"等内容。致敬语占两行，第一行空两格写，第二行顶格写。

（6）落款

在右下方写上求职者的姓名，另起一行右下方写上日期。

（7）补充附件

附件包括求职材料目录、个人简历、在校期间所学课程、在校成绩表、学位证书，以及各类荣誉、奖励等佐证材料。对于刚出校门的大学生，除了学历证书、学位证书、获得过的奖励证书、获奖学金的情况，评三好学生、优秀学生干部的荣誉证书同样也可以作为自荐材料。附件材料的选择需要和所聘岗位相契合，展示自己的长处。

8.4.4 范例分析

[求职信范例1]

求职信

尊敬的领导：

　　您好！

　　非常感谢您在百忙之中翻阅我的求职信，这对一名即将毕业进入工作岗位的我来说深感荣幸。

　　我是××工程学院电气自动化专业即将要毕业的一名学生。获悉贵公司在招聘电气工程师，我对此岗位抱有极大兴趣，并且一心想向电气工程师这个方向发展，十分渴望为贵公司未来发展尽一份绵薄之力，很荣幸向您呈上我的个人资料。

　　三年的大学生活如白驹过隙，在过去三年中我从未荒废过时间，将所有时间和精力都放在了学习、工作当中。在大学期间，我努力学习专业知识，刻苦向上，成绩一直名列前茅，并多次获得"学习标兵"荣誉称号。同时我还考取了电工证，掌握了牢靠的电工基础知识。我的专业能力完全符合电气工程师的要求。同时，我了解电气工程师需要认真的专注度才能做好这个岗位，而我的性格细致沉稳，非常符合电气工程师的需求。虽然我没有过相关的工作经验，但是我相信通过我不断地学习和努力地工作，可以掌握电气工程师所需的专业知识和技能，并为企业做出自己的贡献，在此真诚地希望贵公司给我一个展现的机会。

　　在过去三年的大学生活中我认真对待学习，积极参加学校组织的各项比赛和活动。在校期间专业课成绩平均分80分以上，先后获得了英语四级证书、计算机合格证、电工证，同时在大学生创新创业比赛中取得省级奖项一项，校级奖项两项的好成绩。在大一时便积极参与学生会中来，通过不断学习能够熟练使用办公软件，并且在部门管理中深刻感受到了责任心的重要性。付出才有收获，在大学的学习和实践中，我充分认识到无论从事何种工作，踏实肯干的精神、坚韧不拔的意志、团结协作的做事方式都是必不可少的，而这些领悟让我在日后的工作中奠定了良好的基础，对我以后的工作产生积极的作用。学校培养的是思维方式，我相信在未来的工作当中我将保持积向上的状态，以饱满的热情面对未来的种种，在未来的工作中取得良好的成绩。

期望各位领导能够对我予以研究，我相信以我的知识和能力、诚恳与敬业，定能很快适应贵单位的工作环境并胜任自己的工作，热切期盼您的答复。

此致
敬礼！

求职人：张××
2021年8月9日

求职信范例1分析

这篇例文用词真诚恳切，开头便表明自己的求职目标，让应聘企业一目了然。同时展示了自己在校期间的专业知识和能力，突出自己的优势和水平，且表明了加入公司的期望和诚意。

[求职信范例2]

求职信

尊敬的领导：

您好。

作为一名即将要毕业的在校大学生，非常感谢您能抽出时间看我的求职信，倍感荣幸。我叫××，22岁，是会计学专业的一名大专生，毕业于××经济贸易学院，即将获得会计证。在校期间，我是一个性格开朗、乐于助人的人，平常经常帮助同学；我的兴趣爱好是唱歌，在学校组织的"十佳青年歌手"比赛中取得好成绩，我还喜欢跳舞，多次作为舞蹈代表参加学院的各项活动；我的学习成绩良好，在班级成绩排名中名列前茅，这得益于我在日常学习中积极向上、努力学习，遇到不懂的问题及时请教老师，从不让疑难问题留在我的课堂里，在每次的考试中我都提前一个月就开始进行复习，也因此获得了理想的成绩；在大学期间我还担任团支书一职，经常组织班上同学开展各项活动，有较好的组织能力。

我认为，作为大学生就是要在大学奠定良好理论和行为习惯的基础，因此要不断学习；而作为职场人就是要不断奉献、开拓进取，因此要勤勤恳恳，为公司创造价值。如果有幸加入贵公司，我定付出一切，努力工作，不辜负您对我的信任。

作为一名大学生，我肩负着建设祖国的历史重任，特别希望为自己的家乡做出自己的贡献，因此选择在家乡就业，也期望您给我一个奉献的机会！

　　此致

敬礼！

求职人：××
2021年6月9日

求职信范例2分析

这份求职信语言烦琐，结构凌乱。整篇求职信未说明自己求职哪个岗位，也没有突出自己的重点和优势，让招聘者不知所云。可在文中一开始就阐述自己想求职的岗位，说明自己的优势时更多地从所聘岗位的需求来陈述，减少各类形容词的使用，以增加应聘成功的概率。

8.4.5　练习应用

（1）填空题

① 求职信包括（　　　　　）两类。

② 求职信是指求职者向（　　　）表明自己的任职兴趣和任职条件的专用文书，是随着社会经济的发展而产生的一种新的实用文体。

③ 根据有无具体目标，求职信的种类分为（　　　　　　　）两种。

（2）选择题

①（　　）不属于求职信的特点。

A.针对性　　　　　B.指向性　　　　　C.自荐性　　　　　D.特殊性

②（　　）不放入求职信附件中。

A.个人简历　　　　B.成绩表　　　　　C.荣誉证书　　　　D.个人梦想

③ 求职信的写作要求不包括（　　　）。

A.内容真实　　　　B.评价适当　　　　C.语言华丽　　　　D.重点突出

（3）问答题

① 求职信的写作要求有哪些？

② 具体说明求职信的特点。

③ 求职信的正文部分一般包含哪几个方面内容？

（4）应用题

① 假设大学三年的学习生活即将要结束，请根据自己的实际情况以及求职目标，撰写一封求职信投入人才市场。

② 株洲市××公司因扩大业务范围开辟新的公司服务区域，经公司讨论通过，现招聘电工10名。招聘条件如下：熟悉电路基本维护，能够对电气设备进行日常运用操作及保养服务工作；电气自动化等相关专业，有电工证，优秀毕业生优先考虑；能够吃苦耐劳，勤奋踏实，动手能力强；具备良好的沟通能力，有团队精神。假定你是有电工证的应届毕业生，请针对以上材料，写一封求职信。

任务8.5 撰写职业生涯规划书

8.5.1 任务描述

了解职业生涯规划书的概念及意义,熟练掌握职业生涯规划书的基本构成和写作注意事项。通过理解范文的内容和写作形式,学会撰写职业生涯规划书。

8.5.2 学习内容

8.5.2.1 职业生涯规划书的概念

职业生涯规划是指通过对决定一个人的职业生涯的主客观因素进行分析和测评,确定一个人的事业奋斗目标,选择实现这一事业目标的职业,编制相应的实施计划,并对每一步实施的时间、顺序、方法和措施作出初步安排的过程。

职业生涯规划书是对职业生涯规划的书面呈现,是对自己职业生涯发展目标的选择、实施计划及行动方案的书面表达。它不仅能呈现宏观的职业生涯规划,还能对具体的学习和工作起到指导及鞭策作用。

职业生涯规划对各个年龄段的职业人都至关重要,而大学生的职业生涯规划更折射出了当代年轻人的个人职业理想,是"中国梦"的综合体现之一,大学生个人梦想的实现是推进中国未来美好社会蓝图实现的重要基础。因此,当代大学生更应该正确处理好中国梦与个人梦想的关系,准确把握中国梦的航向标,把个人的职业理想编织于国家振兴的历史潮流之中,以实现中国梦为己任,为中国富强、民族复兴、人民幸福贡献自己的力量。

8.5.2.2 职业生涯规划的意义

职业生涯规划书的作用主要是通过设计自己的努力方向和实施方案,使个人充分利用自身条件和外界所提供的最优化的机会,来实现个人的阶段性或长期性人生目标。好的职业生涯规划能够帮助大学生更好地实现个人目标,筹划未来。

首先,职业生涯规划可以发掘自我潜能,增强个人的实力;其次,职业生涯规划可以增强发展的目的性与计划性,提升成功的机会;最后,职业生涯规划可以提升应对竞争的能力。

8.5.2.3 职业生涯规划书的写作注意事项

(1) 正确认识自己

包括认识自己的性格特点、个人能力、个人喜好等。在进行职业生涯规划书写作的时候发挥自己的强项,将重点放在自我评估、环境评估、目标实施上,只有建立在对自我和职业的充分认识上才能体现出它的科学性和可行性。好的职业生涯规划可以让人少走弯路,最终实现自己的人生目标。

（2）明确目标，切实可行

职业生涯规划既不能过于理想化、脱离实际，也不能将目标设定得太低，妨碍个人发展。职业生涯目标的确定应在认识自己的基础上设定适当的、可行的目标。

（3）立足当下，展望未来

在制订自己的职业生涯规划时，既要看到当下自己的实际情况，也要展望未来十年、二十年自身能达到的目标，以及行业发展的前景、社会的职业需求等。在制订职业生涯规划时要从适合自己的岗位中，找到未来社会所需求的职业，并为之努力。

（4）分解合理，措施具体

目标分解、实现路径的选择要有理有据，而且分解路径之间存在联系。措施要具体化，确保在实施过程中能够顺利实现。

（5）内容精练，重点突出

职业生涯规划书在书写过程中，语言要简洁真实，用词要准确精练，上下逻辑要合理清晰，撰写时要注意整篇文章的结构和重心。在对内容进行分析阐述时，要紧紧围绕职业目标这条主线来进行展开，体现文章的逻辑性和连贯性。

8.5.3 撰写步骤

（1）封面设计

个人职业生涯规划书需要有封面、扉页、目录和前言。封面可以自行设计，以简约为主，让人一目了然；扉页填写学生姓名、学院、班级、联系方式等信息。

（2）自我剖析

职业生涯规划要根据自己的特点、兴趣、过往经历等，将自己定位在一个最能发挥自己长处的位置，这样可以最大限度地实现自我价值。自我剖析可以包括主观分析和客观分析，主观分析主要是个人兴趣爱好、性格特点、能力和潜质，以及特殊才能、价值观念和个人追求的自我剖析；客观分析主要依据现存的测评系统和软件以及过往的成就和不足，对自己的智力、职业兴趣、人格特质、职业倾向和能力、职业价值观等进行测评，形成分析报告，同时还可以加入其他人对自己的评价内容。通过自我剖析弄清楚自己想干什么、能干什么、要干什么，以及在众多的职业面前会作出何种选择，这是职业设计的第一步。

（3）外部环境分析

一个人的选择和最终结果不仅仅取决于自身的条件和能力，同时还受到成长环境、工作环境的影响。在进行职业规划时，我们需要全面、客观、正确地分析和了解自己所处的环境和将要面临的环境，做到"知己知彼，百战不殆"。外部环境包括家庭环境（家庭经济情况、家人期望、家族文化等）、学校环境、社会环境（社会经济环境、文化环境、就业环境、个人价值观念等）、行业环境（职业的特点和要求、行业发展情况、行业前景和趋势，以及行业对从业人员的要求、行业与自己实际相结合的情况等）等方面。

（4）职业定位

职业定位就是确定职业目标，在自我剖析和对外部环境分析的基础上，确立自己的职业定位。有了切实可行的目标，就会排除不必要的犹豫和干扰，致力于目标的实现。

目标的设定要以自己的最佳才能、最优性格、最大兴趣、最有利环境等信息为依据。要为职业目标与自己的潜能及主观条件谋求最佳匹配。良好的职业定位都是以对自己的分析和外部环境分析等信息为依据的，进而选出适合自己的发展路径。在思考自己的职业定位时可以反复考虑以下问题：想从哪方面发展？能从哪方面发展？在进行目标设定时可以定得比实际高一点点，以促进自己不断地前进和发展。

在进行职业定位时可以参考SWOT分析法。SWOT分析法中的S指优势（Strengths）；W指劣势（Weaknesses）；O指机会（Opportunities）；T指威胁（Threats），即基于内外部竞争环境和竞争条件下的态势分析。就是将与研究对象密切相关的各种主要内部优势、劣势，以及外部的机会和威胁等，通过调查列举出来，并且按照矩阵形式排列，然后用系统分析的思想把各种因素相互匹配起来加以分析，从中得出一系列相应的结论，而结论通常带有一定的决策性。运用这种方法，可以对研究对象所处的情景进行全面、系统、准确的研究，从而根据研究结果制订相应的发展战略、计划和对策等。

（5）制订行动方案

任何一场活动或者行动都需要落到实际操作当中来，职业生涯规划也不例外，有效的职业生涯设计也需要切实可行的行动方案，只有具体可行的行动方案才能帮助自己一步一步脚踏实地地完成规划，实现目标。一般来讲，制订行动方案要从以下几个方面进行考虑。

一是确定总目标，确定职业生涯发展方向，根据该方向确定自己毕业后及工作后想要达到的目标是什么，有什么大方向的计划。

二是在总目标之下确定好可行的阶段性目标，如在校期间各个阶段的目标是什么，该做出哪些努力、完成哪些学习及工作内容。以阶段性目标来支撑总目标的实现，对总目标进行细化、可行性化。

三是为了实现目标，该如何强化自身素质，根据对自我的剖析制订提升的计划。

（6）评估调整

目标和行动确定好后就要付诸实践。而职业生涯规划是个动态的过程，在实践中根据所遇的实际情况进行总结和提炼，修正对自我以及环境的认知，进而调整职业生涯规划的设定。首先要根据实践过程及结果不断评估自我、职业目标、职业路径及实施策略；同时要评估完成时间；最后要评估可能会出现的影响目标实现的危险因素，及时进行调整并制订备选方案。

8.5.4 范例分析

请扫描二维码进行相关内容的学习。

8.5.5 练习应用

（1）填空题

① 职业生涯规划是指通过对决定一个人的职业生涯的主客观因素进行分析和测评，确定一个人的事业奋斗目标，并选择实现这一事业目标的职业，编制相应的实施计划，并且对

（　　　　　　　　　　　　　　　）作出初步安排的过程。

② 个人职业生涯规划书的封面设计中需要有（　　　　　　　　）。

③ 职业定位就是确定职业目标，在（　　　　　　　　）的基础上，确立自己的职业定位。

（2）选择题

①（　　）不属于职业生涯规划书写作的注意事项。

A. 正确认识自己　　B. 目标不明确　　C. 立足当下　　D. 措施具体

② 职业生涯规划的意义是（　　　）。

A. 赚钱　　　　　　　　　　　　B. 完成老师布置的作业

C. 拓宽想象力　　　　　　　　　D. 帮助自己实现个人目标

③ 职业生涯规划书的自我剖析不包括（　　）。

A. 过往经历　　B. 精神世界　　C. 自身特点　　D. 自身兴趣

（3）问答题

① 职业生涯规划的意义有哪些？

② 职业生涯规划书写作时需要注意哪些事项？

③ 在撰写职业生涯规划书制订行动方案时需要考虑哪几个方面？

（4）应用题

请根据自身的实际情况撰写一份职业生涯规划书。

项目 8-练习应用-参考答案

---- 项 目 评 价 ----

针对此项目，相应的项目考核评分细则参见表8.1。

表8.1　评分细则

维度	评分内容及标准	得分
知识 （30分）	（1）熟悉职场应用文的概念、分类、特点及写作要求（5分） （2）掌握简历和自我鉴定的概念、特点、类型、写作要求（10分） （3）掌握竞聘词的概念、特点、写作要求（5分） （4）掌握求职信的概念、特点、类型、写作要求（5分） （5）掌握职业生涯规划书的概念、意义、写作注意事项（5分）	
能力 （40分）	（1）能根据具体要求正确、熟练地撰写简历、自我鉴定（10分） （2）能根据具体要求正确、熟练地撰写竞聘词（10分） （3）能根据具体要求正确、熟练地撰写求职信（10分） （4）能根据具体要求正确、熟练地撰写职业生涯规划书（10分）	
素质 （30分）	（1）具备诚实守信、敬业乐业、务实肯干的职业素养（10分） （2）具备脚踏实地、勤勉履职、积极进取的职业精神（10分） （3）书写材料真实，内容情真意切（10分）	
合计		

注：每项内容的得分不得超过该项的配分。

项目 9

撰写法律文书

撰写法律文书是应用文写作的基本功。本项目从法律事务岗位、文秘岗位的实际需求出发，围绕法律事务岗位、文秘岗位员工的具体要求设计了五个工作任务通过这些任务的训练，学生可以达到该岗位的职业要求。

学习目标

知识目标

（1）了解法律文书的概念、分类，掌握其特点及写作要求。
（2）了解起诉状的概念、功能、种类及基本格式，掌握其特点及写作的基本要求。
（3）了解答辩状的概念、功能、种类及基本格式，掌握其写作的基本要求。
（4）了解授权委托书的概念、功能、种类及基本格式，掌握其写作的基本要求。
（5）了解法律类申请书的概念、制作的基本格式，掌握其写作的基本要求。

技能目标

（1）具备解构、识别、归因、预判及综合能力。
（2）具备法律分析、逻辑推理与事实论证能力。
（3）具备口头表达与人际沟通交往能力。
（4）能正确撰写起诉状、答辩状、授权委托书、法律类申请书等法律文书。

素质目标

（1）具备尊重法律、捍卫法治价值、信仰法治理念的思想精神。
（2）具备脚踏实地讲事实、讲法律、讲证据、讲政治的工作作风。
（3）具有较强的话语策略能力、巧妙的法律修辞能力、精妙的诘问与辩论技巧、完美的书写技巧能力。

任务9.1　了解法律文书

9.1.1　任务描述

了解法律文书的概念及分类，掌握法律文书的特点及写作要求。体味例文，模拟写作，培养撰写法律文书的能力和法律意识。

9.1.2　相关知识

9.1.2.1　法律文书的概念

法律文书有广义和狭义之分。广义的法律文书是指公安机关、国家安全机关、检察机关、法院、监狱等司法机关，以及律师组织、公证机关、仲裁机关、当事人及诉讼参与人依法制作的，处理各类诉讼案件及非诉讼案件的具有法律效力或法律意义的文书的总称。狭义的法律文书仅指司法机关在办理各类诉讼案件中依法制作的各类文书，具有国家公文的性质，是严格意义上的司法文书。

9.1.2.2　法律文书的分类

法律文书体系浩繁，种类繁多，分类的维度不同，种类也就不同。

（1）按制作主体分类

按制作主体分类可分为公安机关法律文书、检察机关法律文书、审判机关法律文书、狱政机关法律文书、行政机关法律文书、公证文书、仲裁文书等。

（2）按性质分类

按性质分类可分为行政类法律文书、经济类法律文书、诉讼类法律文书三类。诉讼类法律文书主要包括刑事诉讼法律文书、民事诉讼法律文书、行政诉讼法律文书。

（3）按制作方式分类

按制作方式分类可分为文字叙述式（如起诉书）、填空式（如批准逮捕决定书）、笔录式（如讨论案件笔录）和表格式（如送达回证）等法律文书。

（4）按处理问题的途径或方式分类

按处理问题的途径或方式分类可分为诉讼类和非诉讼类法律文书。诉讼类法律文书可按诉讼的性质分为刑事的、民事的（含经济的）和行政的三种。非诉讼类法律文书包括公证证明的、仲裁裁决的、人民调解的、行政机关处理处罚的和复议的等。

9.1.2.3　法律文书的特点

作为国家司法机关行使法律职能或公民行使法律权利时制作的文书，法律文书除了具有一般文书的特点外，还有其自身固有的基本特点。

（1）内容的合法性

作为司法实践的应用公文，法律文书是为保证法律的具体实施而制作，必须依法制作。

① 制作主体法定。法律文书是由司法机关及案件当事人、律师在解决诉讼或非诉讼案件时使用的文书，其制作主体是法定的。

② 制作必须符合法定程序。法律文书是在司法实践中应用的公文，它的应用直接反映、影响着司法活动的进展，所以必须依照程序法的相关规定制作。如民事案件的处理，从起诉和受理、开庭审理、诉讼中止和终结、判决和裁定，到审判监督、督促、公示催告，再到执行，诉讼的每一个环节都必须按照《中华人民共和国民事诉讼法》规定的条款制作相应的法律文书，同时将其作为诉讼案件活动的文字凭证。

③ 制作必须正确适用实体法。制作法律文书过程中，民事、刑事诉讼双方当事人在维护作为法人、公民的权利义务过程中，必须正确适用实体法，要弄清案件或事件法律诉讼当事人双方彼此法律行为的权利责任和义务，弄清楚法律法规的施行范围，引用法律法规要具体、明白、正确，于法有据，合理合法。

（2）格式的规范性

法律文书是执法的公文，为保证其在全国范围内统一行使，制作和使用时要求规范化，内容要素要完整，格式要统一。

① 结构固定。法律文书尽管体系浩繁，种类繁多，但其结构是固定的，一般由首部、正文、尾部三部分组成。首部由文书标题、文书编号、当事人身份事项、案由、案件来源等项目组成；正文由请求事项、案件事实、处理（请求）理由、处理决定（意见）等内容组成，是法律文书的核心内容；尾部由有关事项、署名、日期、用印、附注事项等内容组成。

② 称谓固定。法律文书中对当事人的称谓必须按法律规定书写，不能自行其是，如刑事诉讼的当事人称"被害人""自诉人""犯罪嫌疑人""被告人""附带民事诉讼的原告人和被告人"。

③ 事项要素化。每种法律文书都有其特定的事项，固定不变，缺一不可。如当事人身份事项表述应写明姓名、性别、年龄、民族、职业、工作单位、职业、住所、联系方式等要素。叙述犯罪事实必须反映犯罪构成的"七要素"，即时间、地点、目的、动机、情节、手段、结果。

④ 用语程式化。法律文书作为实用性很强的公文，其特定内容的表达相对固定，一般不能随意变动。例如，一审公诉案件刑事判决书的案由及来源、审判组织、审判方式等内容部分必须用这样的写法表达："××××人民检察院于××年×月×日以被告人××犯××罪向本院提起公诉，本院受理后，依法组成合议庭（或依法由审判员××独任审判），公开（或不公开）开庭审理了本案。××人民检察院检察员（或长）××出庭支持公诉，被害人×××及其辩护人×××，证人×××到庭参加诉讼。本案现已审理终结。"而在判决书尾部交代上诉事项时，则写为："如不服本判决，可在接到本判决书后的第二日起××日内，通过本院或直接向×××人民法院提出上诉。书面上诉的应交上诉状正本一份，副本×份。"结构用语程式化。

（3）表达的严谨性

作为执法工具，法律文书文字的运用必须做到准确无误，文字表述不允许产生歧义。力求使用准确、朴实、浅显易懂的语言，切忌行文不通俗，用语深奥生涩。要避免使用方言土语，案情中的污言秽事不宜直叙，不能采用文学上渲染、描绘、形容、夸张、双关、拟人和比喻等手法；不能引用革命导师的话和引用典故来作说明，不能滥用文言文，而且切忌文白掺杂、故意转文以及随意减缩某些规范化的语言。在造句方面，一般采用肯定、陈述、判断句式，不采用反问、疑问、设问、感叹等加强语气和加浓感情色彩的句式。总之，法律文书写作一定要缜密严谨，力戒矫揉造作、华而不实，以保持法律文书的严肃性和真实性，从而达到准确地反映客观事物的目的。

（4）生效执行的强制性

法律文书一旦付诸实施，就具有法律效力。在执行上具有强制性，主要表现在发生法律效力的法律文书，应当立即执行或履行，任何机关、任何人都不能任意改变或撤销。如出现不执行、不履行的情况，有关机关和当事人可以请求人民法院予以强制执行。法律强制性以国家权力为后盾保证其执行，如人民法院的判决文书已经生效执行，被告人就要服从判决，否则应依法追究其法律责任。

9.1.2.4 法律文书的写作要求

法律文书是法律文书的制作者以法律关系主体的身份，对其实施的法律行为进行文字表达的结果，其制作有不同于其他文书制作的独特要求。

（1）格式程序化

受法律文书文体的制约，法律文书的制作表现出格式程序化的特点。一般的文书忌讳形式、结构上的千篇一律，而法律文书却特别讲究格式，要求格式规范。因此，法律文书的制作必须遵循其独特的制作规律，严格按有关格式制作，不得随心所欲，且应认识到不按格式是违反法律规定的，是违法的行为。

（2）结构严谨化

法律文书是有关法律活动的忠实记录。为准确、明晰、简约地反映客观事实，保证法律文书的完整性和严肃性，法律文书在制作结构上要求非常严苛。制作开头后就要求立即转入叙事，继而切事依法而论，最后作出结论。整个制作过程要求叙其事、论其理，相互衔接，相互渗透，事中寓理，理中论事，章法结构上必须布局严谨紧凑。

（3）写作方法多样化

法律文书虽然格式固定，章法结构要求严谨，但法律文书写作同样要求多样化。如在引用法律规定时，既可明引，也可暗引；辩护词引言的写作手法更是变化各异，可简，可繁，可委婉，也可直截了当。

（4）修辞消极化

法律文书是具体实施法律的工具，其涉及国家、集体、个人根本利益或合法权益，要求全面、准确、如实地记载和保留案件材料和证据，使法律机关及法律组织与案件当事人及时沟通、互相交流，从而保证案件处理的公正、公平，维护法律的尊严。其修辞只能是消极修辞，讲究内容和语意上的明确、通顺及形式上的均衡，不为艺术欣赏；只为达意，不为传情；只为服人，不为形象感人。

9.1.3 范例分析

[法律文书范例]

民事申诉状

申诉人（原审原告）：××电脑硬件公司，地址××市××路21号。

法定代表人：朱××，职务经理。

被申诉人（原审被告）：××网络公司，地址××市××路109号。

法定代表人：谢××，职务经理。

案由：硬件购销合同纠纷

申诉人对××市××人民法院2020年2月16日（20××）宁字××号判决不服，特向人民法院提起申诉。

请求事项：

1. 撤销××市××人民法院（20××）宁字××号判决；
2. 退还货款20万元人民币并支付违约金5万元人民币。

事实和理由：

（应详述，此略。）

基于上述事实，特向人民法院提起申诉，请求人民法院重新审理本案，撤销原判决，判令××网络公司返还货款20万元人民币并支付违约金5万元人民币，以维护申诉人合法权益。

此致

××省高级人民法院

附：

1. 原审判决书一份
2. 申诉人与被申诉人硬件购销合同一份

申诉人：××硬件公司（盖章）

2021年6月8日

法律文书范例分析

民事申诉状是法律文书的一种。法律文书在制作和使用时要求规范化，内容要素要完整，格式要统一。一般由首部、正文、尾部三部分组成。以民事申诉状为例。首部应注明文书标题"民事申诉状"；申诉人和被申诉人基本情况（申诉人姓名、性别、出生年月、民族、文化程度、工作单位、职业、住址，申诉人如为单位，应写明单位名称、法定代表人及职务、单位地址；被申诉人姓名、性别、出生年月、民族、文化程度、工作单位、职业、住址，被申诉人如为单位，应写明单位名称、法定代表人及职务、单位地址）；案由，写明申诉的案件名称，作出生效判决、裁定的人民法院的名称，判决、裁定编号及制作日期，并表明对该裁判不服，提出申诉的态度。正文应注明请求事项，概括写出请求人民法院解决什么问题，从原则上说明要求达到的目的；事实和理由，写明申诉的事实依据和法律依据，应针对原终审判决认定事实、适用法律或审判程序上存在的问题和错误陈述理由。尾部应注明致送人民法院名称；申诉人签名、盖章；申诉日期；附项。

9.1.4 练习应用

（1）填空题

① 法律文书依写作和表达方法不同，可分为文字叙述式、表格式、笔录式及（　　）。

② 法律文书制作的根本目的是（　　）。

③ 法律文书内容的合法性主要体现在（　　）。

（2）选择题

① 制作法律文书对语言的基本要求是（　　）。

A.形象生动　　　　B.高度概括　　　　C.高度精确　　　　D.浅显易懂

② 法律文书格式的规范性不包括（　　）。

A.标题固定　　　　B.称谓固定　　　　C.事项要素化　　　　D.用语程式化

③ 法律文书写作要求不包括（　　）。

A.格式程序化　　　　　　　　　　B.结构严谨化

C.写作方法多样化　　　　　　　　D.修辞积极化

④（　　）属于法律文书。

A.大学录取通知书　　B.国务院公报　　C.人事任命书　　D.通缉令

⑤（　　）不属于法律文书主体部分。

A.案情事实　　　　B.处理理由　　　　C.用印　　　　D.处理意见

⑥ 法律文书叙写案件事实涉及财物名称和数量时，必做到（　　）。

A.层次清楚　　　　B.记叙确切　　　　C.归纳总结　　　　D.简明扼要

⑦（　　）属于法律文书程式性的特点。

A.结构固定和用语程式化　　　　　　B.写作方法和结构固定化

C.写作形象化法律化　　　　　　　　D.结构和修辞固定化

（3）问答题

① 法律文书按制作主体的不同，可以分为哪几种类别？

② 法律文书语言表述有哪些具体要求？

③ 简述法律文书的基本特点。

（4）应用题

以下是申请人根据案情所写的一份起诉状，请运用所学知识分析该起诉状，回答以下问题。

案情：2022年7月21日，××市民言××来到一酒店就餐。由于酒店地面洒了些油水，走近餐桌时言××不慎摔倒，造成左脚踝关节骨折，遂起纠纷。双方就赔偿事宜争执不清，言××遂起诉至法院。

> **起诉书**
>
> 岳阳楼区人民法院：
>
> 　　我叫言××，今年35岁。今年7月21日，我应朋友之邀，到××大酒店去吃饭，结果因餐馆地面泼有许多油水，导致我上桌时摔了一跤，摔成骨折。而酒店方却拒绝赔偿我医药费。我实在无法忍受，只好用打官司的方式来解决问题。请人民法院做主，判决××酒店赔偿我的全部医药费。
>
> 　　此致敬礼

① 该诉状从格式上看，有几处错误？
② 首部错在何处？
③ 正文部分有无问题？错误在何处？
④ 尾部错在何处？

任务9.2　撰写起诉状

9.2.1　任务描述

　　了解起诉状的概念、功能、种类及基本格式，掌握起诉状的特点及写作的基本要求。体味例文，模拟写作，培养撰写各种起诉状的能力和法律意识。

9.2.2　相关知识

9.2.2.1　起诉状的概念

　　起诉状是指在民事、刑事、行政案件诉讼过程中，公民、法人或其法定代理人为保护和实现自身的合法权益，依法行使诉讼权时，向人民法院递交的书面状词，也叫诉状，俗称"状子"。

　　根据我国《中华人民共和国民事诉讼法》和《中华人民共和国刑事诉讼法》的规定，任何国家机关、企事业单位、社会团体或公民个人，在认为自己的合法权益受到侵害或是与他人发生纠纷时，都可依法向人民法院提起诉讼，以求得法律上的保护。

9.2.2.2　起诉状的功能

　　起诉状是国家机关、企事业单位和人民群众广泛使用的一种请求性司法应用文，是人民法院审查立案和审理案件的根据，是当事人寻求法律保护的重要手段和工具，其作用重大。

（1）启动作用

起诉状是启动司法程序的必要条件。起诉状是使诉讼程序启动和运作的必要前提和依据。人民法院只有收到、受理当事人的起诉状，诉讼程序才正式开始。

（2）表达作用

起诉状的内容具有表达功能。除了表示当事人要求起诉的意思之外，它还通过表达当事人的起诉理由和请求，让人民法院了解案件的事实真相，明白诉讼当事人对案件的看法、主张和要求，便于人民法院立案审理，依法进行判决。

（3）凭据作用

起诉状是法院对案件进行审判的重要依据。起诉状是审理案件或调解纠纷的重要凭据，也是被告人应诉答辩的根据。

9.2.2.3　起诉状的特点

（1）显著的告诉性

起诉状的告诉性主要体现为原告为了维护己方的合法权益，就所受伤害或有关权利义务的争议而向法院提出告诉，其目的是要求法院依法裁判。

（2）形式的程式性

一是制作格式的程式性，二是使用语言的程式性。

（3）显著的法定性

按照法律规定，只有具有起诉权的人才有资格起诉，即案件当事人的自身权益受到侵犯已成既定事实时，当事人及其法定代理人才依法拥有起诉权。

9.2.2.4　起诉状的种类

起诉状按内容的性质分民事起诉状、刑事起诉状、行政起诉状；按使用上作用的不同，分为民事起诉状、刑事起诉状、刑事附带民事起诉状、行政起诉状。

9.2.2.5　起诉状的基本格式

（1）首部

① 标题。即起诉状的名称。一般由案件性质类别和文种组成，如"民事起诉状""刑事附带民事诉状""行政起诉书"等。

② 当事人基本情况。当事人包括原告和被告，先写原告，后写被告。如果当事人是自然人的，分段依次写明姓名、性别、年龄、民族、文化程度、籍贯、职业、工作单位、住址和邮政编码等。当事人是法人的，写明其名称、地址，另起一行写明法定代表人的姓名、职务、电话等。凡有诉讼代理人的，另起一行写明其姓名、单位、职务，或与当事人的关系等。如属委托律师代理，只需写明其姓名和职务。

（2）正文

这是起诉状的主体部分，包括请求事项、事实和理由、证据和证据来源三部分。

① 请求事项。请求事项是原告提起诉讼要达到的根本目的，即向人民法院提出解决纠

纷的意见和要求。要写得明确、具体、合法，各自独立的请求事项要分条列出。最后一项通常为诉讼费用的负担要求。

② 事实和理由。事实和理由是起诉状的核心内容，是原告提起诉讼，请求人民法院受理案件和依法审判的重要依据。事实应写明原告合法权益受到侵害和与他人发生争议的具体事实，包括纠纷发生的时间、地点、涉及的人物、起因、过程和结果等。叙述事实要分清主次，突出重点，并明确双方争执的焦点。理由是在讲清事实的基础上分析纠纷的性质以及被告应承担的法律责任。阐述理由要有针对性地引用法律条文，分清是非责任，以论证其诉讼请求的合理合法。

③ 证据和证据来源。证据和证据来源是向人民法院提供有关证明，以证明事实和理由的可靠性。一般分条列出证据来源、证人姓名和住址等。有的证据如物证、书证比较简单，可作附件处理。起诉人负有举证责任，诉状中所叙述的主要事实都要列举相应的证据。

（3）尾部

尾部包括致送人民法院名称、附件、具状人名章、具状时间。写明起诉状所致送的人民法院名称，格式为"此致××人民法院"，分两行书写。附件写明起诉状副本份数、证据名称和数量等，即本状副本×份（按照被告人的人数提出诉状的副本），物证××（名称）×件，书证××（名称）×件。最后具状人署名盖章，下行写明具状时间。如由律师代书，应在具状人之后写明律师的姓名、工作单位和职务。

9.2.2.6 起诉状的写作要求

起诉状的制作从形式到内容都有法定要求。

（1）叙述事实时的基本要求

① 忠实于事实真相。诉状中所列事实必须原汁原味，不能夸大、缩小或改制，更不能伪造、推测或揣度，一定要严格忠实于事实真相。

② 写清因果关系。制作起诉状要注意撰写清楚因果关系，即损害结果是否由于被告人行为引起。

③ 关键情节具体、详细。制作起诉状时关键性情节的撰写要具体、详细。

（2）列举证据时的基本要求

① 针对主要事实列举证据。制作起诉状要善于搜集关键性的证据，将最能反映案情特点，或引起纠纷争执的关键环节凸显出来。凡能证明事实真实性的证据都应列举，以便达到证据确实、充分的程度。

② 要注意对证据进行分析说明。诉讼是摆事实、讲道理的过程，要注意对证据进行分析说明，特别是对于那些可能有争议的证据，应加强其分析、论证，以说明所列证据的可信度。

③ 列举证据的方法。可以单独写一段文字，也可以随写事实随列证据。单独列举证据，应注意证据间的连锁性。

（3）撰写理由时的基本要求

定性要准确；引用法律条文要确切、全面，切勿断章取义；对被告人如何处罚应如实写明。

9.2.3 撰写步骤

（1）确定标题

标题一般为"民事起诉书"或"民事起诉状"。

（2）列明诉讼主体

原告和被告是基本的诉讼主体。有第三人的，还要列明第三人。

自然人诉讼主体的，按照姓名、性别、民族、出生年月日、职业、住址、身份证号、联系方式的顺序写明。其中姓名、性别、出生年月日（确实不清楚的可以写个大概年龄）、住址、联系方式五项是必须有的。单位诉讼主体的，要写明单位名称、法定代表人、住址（住所地）、联系方式，最好能附有其营业执照的复印件。

（3）写清楚诉讼请求

诉讼请求要用序号分开，每条按照"请求依法判令……"的格式来写。另外，现在有的法院要求诉状要列明案由，但案由不是必须有的部分。

（4）说明事实与理由

起诉状要先说明事实（比如受到侵害），再说明要求赔偿的理由（实体法的规定）和提起诉讼（程序法的规定）的理由。实践中为了简便，有些简单的案件也可以不详细列明理由，只写"依法应承担责任""依法起诉至贵院"即可。

（5）文尾

文尾要写清递交诉状的法院、具状人（原告）、起诉时间。向人民法院递交的诉状中，必须有至少一份是由具状人亲笔签字（盖章、按手印）的原件。

9.2.4 范例分析

请扫描二维码进行相关内容的学习。

9.2.5 练习应用

（1）填空题

① 诉讼状按内容的性质分，可分为民事诉讼状、（　　）、行政诉讼状三类；按使用上的作用分，可分为（　　　　　　　）四类。

②（　　）是民事原告为维护其民事权益，就有关民事权利和义务的争执而提起民事诉讼的诉讼应用文。

（2）选择题

① 民事起诉状是民事案件的原告或法定代理人向（　　）提起诉讼的诉状。

A.人民政府　　　　　B.公安局　　　　　C.检察院　　　　　D.人民法院

② 表述错误的说法是（　　）。

A.民事起诉状是人民法院对民事案件立案审理的依据

B.民事起诉状必定会引起民事诉讼程序的发生

C. 民事起诉状也可成为民事被告答辩和反诉的依据

D. 从立法精神看，民事诉讼只能采取书面形式递呈起诉状

③（　　）的表述符合民事起诉状写法。

A. 由法定代理人代为诉讼的民事起诉状，应写明法定代理人与被代理人之间的关系

B. 民事起诉状包括开头、中间、结尾三部分

C. 被告的基本情况，不必像原告的基本情况一样，必须一一写明

D. 第一行的正中可写可不写标题"民事起诉状"或"民事诉讼"

④ 有关"诉讼请求"为表述正确的是（　　）。

A. 诉讼请求一般可以写得多一些

B. 诉讼请求可以写得含糊其词，以便进退自如

C. 诉讼请求必须明确具体，有理有据

D. 诉讼请求必须围绕要求被告赔偿损失来写

（3）问答题

① 何谓起诉状，它有哪些功能？

② 具体说明起诉状的种类。

（4）应用题

根据以下谈话笔录，请代写一份民事起诉状。要求格式正确，正文部分内容之间相互协调。

问：同志，您有啥事？

答：您是令律吧，我想请您为我们公司代写一份民事起诉状。我们要状告××钢铁厂无理拒不履行合同，该厂厂址在××市××路××号。

问：请介绍一下您的身份。

答：我叫宋××，是××市建筑公司的经理，今年40岁，我公司地址在××市××路××号。

问：介绍一下基本情况。

答：2021年1月28日，我公司采购员刘××拿着一份电报来找我，就是这份电报（交电报原文），对我说："××钢铁厂给我们公司来电报，推销钢板，看我们公司需不需要。"我见电报上写着"备有2.5mm×1000mm×1500mm钢板50吨，每吨价格8000元，装运费由供方负责，如要，速汇40万元，1月30日准时装车发货"。当时我们公司正需要此种钢板，我就同意了这个买卖，并于1月29日通过银行给××钢铁厂转账了40万元货款。同时发了电报，电文大意是：经刘××介绍，我公司想买这50吨钢板，完全同意供方在电报中提出的条件，今转账40万元货款，希望供方于1月30日准时发货。并告知了到货地址和收货单位名称。

2021年2月15日，××钢铁厂厂长邓××来我公司，说货款他们早已收到，也愿意与我们做这笔买卖，只是无合同，要求与我公司签订此项购销合同。经双方协商，当时就签订了合同，就是这份合同。合同规定，供货方于2021年2月25日发货，钢板的规格和价款都没有改变，与上次他们发来的电报中所讲的一样。合同签订后，却一直没供货。

问：货款退给你们了吗？

答：没有。

问：你们有哪些诉讼请求？

答：我们有三个请求。第一，要对方立即履行合同，在2022年5月把货付给我们；第二，要求对方按合同规定偿付我公司十个月的违约金4万元；第三，赔偿催货的差旅费7338元。

任务9.3　撰写答辩状

9.3.1　任务描述

了解答辩状的概念、功能、种类及基本格式，掌握答辩状写作的基本要求。体味例文，模拟写作，培养撰写各种答辩状的能力和法律意识。

9.3.2　相关知识

9.3.2.1　答辩状的概念

答辩状，顾名思义，就是答复和辩驳的书状。答辩状是诉讼当事人或其法定代理人收到人民法院送来的起诉状副本或上诉状副本后，就起诉状或上诉状的内容进行答复或辩驳的书面材料。

9.3.2.2　答辩状的功能

答辩状一般适用于原告向第一审人民法院起诉后，被告就诉状提出答辩状；或是案件经第一审人民法院审理终结后，一方当事人不服，提起上诉，被上诉人就上诉状提出答辩状。答辩状之所以在司法活动中被广泛使用，成为司法应用文的重要组成部分，是由它的功能决定的。

（1）体现诉讼当事人权利义务平等

答辩是当事人的一种权利。答辩状的设计体现了诉讼当事人在诉讼活动中权利义务平等的原则。有了答辩状这个工具，权利义务平等这个法律的精髓得到了充分的体现。

（2）维护法律的公平公正，维护当事人的合法权益

人民法院在收到原告的起诉状或上诉人的上诉状以后，应当在规定的期限内将副本送达被告或被上诉人，被告或被上诉人应当在法定的期限内提交答辩状。

答辩状的运行有利于法院兼听诉讼双方或多方的意见和要求，全面了解案情，查明案件事实，剖析矛盾症结，分清双方是非，做到兼听则明，公平公正审理案件，维护法律的公平公正，维护当事人的合法权益。

9.3.2.3 答辩状的分类

根据案件的性质不同，答辩状可以分为民事答辩状、刑事答辩状和行政答辩状三类。

（1）民事答辩状

民事答辩状是民事被告、被上诉人针对原告或上诉人的起诉或上诉，阐述自己认定的事实和理由，予以答复和辩驳的一种书状。

（2）刑事答辩状

刑事答辩状是刑事自诉案件被告人针对自诉人控诉向法院以书面形式提交的辩解材料。

（3）行政答辩状

行政答辩状是被告或被上诉人针对原告或上诉人在起诉状或上诉状中提出的起诉或上诉请求事项、事实和理由向人民法院作出的书面答复。

9.3.2.4 答辩状的特点

（1）内容的针对性

对于起诉状的答辩，被告要有针对性地从事实和法律两方面对起诉的事实与理由进行驳诉。对于上诉状的答辩，作为一审胜诉方的答辩人，既有可能是原审原告，也有可能是原审被告。如果是原审原告上诉，答辩状只要针对上诉状的内容，补充提出确凿的证据和法律、法规依据，将对方上诉理由——驳倒即可。如果原审被告上诉，答辩人还要有针对性地从事实和法律两方面对上诉状进行驳诉。

（2）制作者的特定性

答辩状只能由民事、行政案件的被告，上诉案件的被上诉人，刑事案件的被告人提出。

（3）时间上的规定性

人民法院收到起诉状或上诉状后，按法律程序应当在规定的期限内将起诉状或上诉状副本发送被告或被上诉人，被告或被上诉人要在规定的时限内提出答辩状。

（4）行文方式的论证性

答辩状的提出是一种应诉的法律行为，答辩状必须针对起诉状或上诉状中提出的诉讼请求、事实或理由以及证据等内容进行答辩。答辩人要摆事实、讲道理，运用有利的论据、有关的法律条文进行论辩和反驳。

9.3.2.5 答辩状的写作要求

（1）尊重事实，实事求是

制作答辩状应遵循尊重事实、实事求是的原则，即按所争执的事实的本来面貌，如实、客观、全面地反映情况，答复诉状或上诉状中所提出的诉讼请求。

（2）依法论理地辩护

答辩状的制作要以法律为准绳依法依理辩护。法律是诉讼中判断是非的"准绳"，答辩状的制作不仅要列举客观事实和证据材料作为论据，揭示对方当事人法律行为的谬误性，更要善于援引法律条文，就案件实体或程序上的错误或不当之处作为反驳对方论点的依据，说明自己论点正确，证明自己行为的合法，请求人民法院依法作出判决。

（3）有的放矢反驳

答辩状的制作一要有的放矢。针对原告和上诉人在诉状、上诉状中提出的事实、理由和诉讼请求逐条论证，逐个答辩，切忌答非所问。二要抓住关键。根据双方在案件中争执的焦点，紧扣影响诉讼胜败的问题，找出对方诉状中的破绽和矛盾，列举事实，阐明理由，击中要害；不横生枝蔓，以防偏离中心，冲淡主题。

（4）法定期限内提出

答辩状要按法定期限提出，对追索赡养费、抚养费、抚育费、抚恤金和劳动报酬的案件，应当要收到诉状、上诉状副本后十日内；其他案件应在十五日以内。

（5）注意语言的运用

答辩状言辞应恳切、简洁，做到言简意赅；语气应平和，以理服人，不能恶言嘲讽甚至人身攻击。若被告或被上诉人确有错误，应坦率承认，不宜回避。

9.3.3 撰写步骤

（1）确定首部

① 标题。一般写明"答辩状"三字即可，最好根据案件类别写明诉讼的名称，如"民事答辩状""刑事答辩状"等；属于二审程序中的答辩，即写"民事上诉答辩状""刑事上诉答辩状"等表示性质和限制的文字。

② 答辩人基本情况。答辩状与其他诉状在这一部分中的不同之处是它只有答辩人一方的基本情况，无须再写原诉人的基本情况。即直接写明答辩人的姓名、性别、年龄、民族、籍贯、职业或工作单位、职务和住址等项目。如答辩人是未成年人的，应在答辩人项后写明其法定代理人的姓名、性别、职业或工作单位，以及职务、住址及与答辩人的关系。如果答辩人委托律师代理诉讼，在答辩人项后只写明律师姓名及律师所在的律师事务所的名称。如当事人是法人或其他组织的，写明单位全称、所在地，法定代表人的姓名与职务、电话，工商登记核准号，经营范围和方式，开户银行和账号等。

（2）撰写正文

① 答辩缘由。写明是对何人起诉或上诉的何案提出答辩，然后用过渡句"现提出答辩如下"来承上启下。

② 答辩理由。应针对原告或上诉人的诉讼请求及其所依据的事实与理由进行反驳与辩解，要清晰地阐明自己对案件的主张和理由。

③ 答辩请求。答辩请求是答辩人在阐明答辩理由的基础上向人民法院提出的要求和主张。写答辩请求，要有事实根据，要符合法律规定，要针对当事人的诉讼请求列举有关法律规定，论证自己的主张的正确性，请求人民法院保护自己的合法权益。

④ 证据。答辩状中有关举证事项，应写明证据的名称、件数、来源或证据线索。有证人的，应写明证人的姓名、住址。

（3）撰写尾部

① 致送人民法院的名称。

② 答辩人签名、盖章。如果委托律师代书答辩状，应在最后写上代书律师所在的律师事务所名称。

③ 书写答辩状的时间。注明年、月、日。

④ 附项。在附项中应注明有关的人证、物证、书证等。

9.3.4 范例分析

请扫描二维码进行相关内容的学习。

9.3.5 练习应用

（1）填空题

① 答辩状应该在开头先写上（　　），然后用过渡句"现提出答辩如下"来承上启下，再进行答辩。

② 根据案件的性质不同，答辩状可以分为（　　　　　　　　）三类。

③ 答辩状的主要特点有（　　　　　　　　）四个。

（2）选择题

①（　　）属于答辩状的首部。

A. 答辩请求　　　B. 答辩理由　　　C. 答辩意见　　　D. 标题

② 根据《中华人民共和国行政诉讼法》第六十七条的规定，人民法院受理行政诉讼案件后，应当在立案之日起5日内，将起诉状副本发送给被告。被告应当在收到起诉状副本之日起（　　）日内向人民法院提交作出具体行政行为的证据和所依据的规范性文件，并提出答辩状。

A. 5　　　　　　B. 10　　　　　　C. 15　　　　　　D. 20

③ 答辩状的正文是文书的核心内容，主要应当写明（　　）。

A. 答辩的请求事项　　　　　　　　B. 答辩的证据

C. 答辩的理由　　　　　　　　　　D. 答辩所依据法律条款

④ 民事答辩状的制作主体是（　　）。

A. 原告（上诉人）　B. 被告（被告人）　C. 上诉人　　　D. 被上诉人

⑤ 在民事诉讼案件中，答辩状不记明被告的（　　）。

A. 姓名　　　　　B. 性别　　　　　C. 年龄　　　　　D. 收入

（3）问答题

① 请简述答辩状的概念和功能。

② 何谓行政答辩状？其写作有哪些要求？

（4）应用题

请根据以下案情制作一份人身损害赔偿纠纷答辩状。

案情如下：2022年6月28日，鲁×驾车与骑自行车的吕××发生剐擦，公安交通管理部门认定鲁×承担事故全部责任。事后，吕××向×县人民法院起诉鲁×，要求鲁×赔偿

8400.14元医疗费、6000元误工费、3450元护理费、100元交通费、585元车辆保管费、850元皮鞋损失费及200元代驾费、2000元精神损害抚慰金。

任务9.4　撰写授权委托书

9.4.1　任务描述

了解授权委托书的概念、功能、种类及基本格式，掌握授权委托书写作的基本要求。体味例文，模拟写作，培养撰写各种授权委托书的能力和法律意识。

9.4.2　相关知识

9.4.2.1　授权委托书的概念

授权委托书也叫代理证书，是指由被代理人出具的证明代理人具有代理权并指明其代理权限的书面法律文件，是代理资格的证明。授权委托书的基本内容是授权人将自己在民事商务或法律诉讼活动中的权利的全部或部分授权代理人行使，其核心是代理权问题。

授权委托书是一种法律应用文。它是委托人实施授权行为的标志，是产生代理权的直接根据。

9.4.2.2　授权委托书的分类

（1）根据授权委托书性质分类

根据授权委托书的性质，授权委托书一般分为民事诉讼代理授权委托书和民事行为代理授权委托书。

① 民事诉讼代理授权委托书。这是当事人、第三人、法定代理人委托他人代为诉讼的一种应用文，是委托代理人为被代理人进行诉讼活动的依据。这类代理书的基本内容为授权代理人代行诉讼权利，如查阅案卷、陈述辩论、审查证据等。在实际使用中，这类授权委托代理书写好后，被代理人应当向受理案件的人民法院送交，以证明代理权的确定及其范围。如果变更或解除代理权，被代理人应当书面报告人民法院，并通知有关当事人。案件在审结、裁判或双方和解后，授权委托书的效力即告终结，代理权也同时消失。

② 民事行为代理授权委托书。这是非诉讼性的委托代理应用文，由被代理人委托代理人在一定权限范围内进行民事法律行为，如委托他人出售、管理房屋等。这类授权应当依法进行，不得违反法律、法规的规定，必须出于被代理人的自愿，代理人不得强行要求代理。委托人委托的代理权限应具体明确，不能笼统含糊。

（2）根据授权行为主体分类

根据授权行为主体，授权委托书可分为法人代表授权委托书和个人授权委托书。

① 法人代表授权委托书。法定代表授权委托书是企业法人委托他人代为行使某种法律行为的法律应用文。法定代表人因事不能亲自作为某种行为时,可以通过授权委托方式,指派他人办理。这时,需制作法定代表人授权委托书,被委托人在授权范围进行活动,对委托人直接产生法律效力。

② 个人授权委托书。个人授权委托书是指公民因为各种原因不能参加诉讼活动或不能直接行使有关民事权利时,委托他人代为参加诉讼活动或行使民事权利的书面证明文件。

(3) 根据授权委托书的内容分类

根据授权委托书的内容,授权委托书可分为商务授权委托书、房屋出售委托代理书、著作权委托代理书等多种。

9.4.2.3 授权委托书的功能

① 授权委托书是代理人行使代理权的有效证明。实践中代理人实施代理行为时,只需出具授权委托书,即可表明其代理权的存在,而不必出示委托合同。

② 授权委托书是委托人行使自己权利的一种形式,是当事人维护自身合法权益、实现各种民事权利的途径。

③ 保证审判工作的正常进行。在审判实践中,会遇到当事人是未成年人、精神障碍患者、生理上有缺陷的人的情况,也会遇到由于某种原因不能自身到庭应诉的人。他们有的还没有诉讼行为能力,有的丧失了诉讼行为能力,有的虽有诉讼行为能力但不能亲自参与诉讼:如因年迈多病;因急事外出;因卧病在床;或认为自己不懂法律,对法律或某专业术语不甚明了,在接受与理解方面存在一定障碍,缺乏应诉的技能技巧;或认为自己出庭说不清理由;因法律知识不全;由于工作缠身、时空阻隔,分身乏术;或属于外籍人士,对中国的法律体系不明白等。在这些情况下,就要书写授权委托书,委托他人代为诉讼。这不仅可以使审判工作正常进行,而且在案件审理中能使事实摆得更清楚,理由说得更充分,案件的实质提示得更透彻,有利于审判工作的进行和提高审判工作的效率与质量。

9.4.2.4 授权委托书的基本要素

按照《中华人民共和国民法典》第一百六十五条的规定,授权委托书应当载明代理人的姓名或者名称、代理事项、权限和期限,并由被代理人签名或者盖章。可见,授权委托书必须具备以下几个要素。

① 必须写明代理人的姓名或名称,以及代理事项。

② 应写明代理权限。代理事项和代理的权限范围应明确、具体,不易发生歧义。依照法律或者惯例应予特别授权的代理行为,代理证书未特别指明的,视为未予授权。《中华人民共和国民法典》第一百六十五条规定,委托代理授权采用书面形式的,授权委托书应当载明代理人的姓名或者名称、代理事项、权限和期限,并由被代理人签名或者盖章;第一百六十七条规定,代理人知道或者应当知道代理事项违法仍然实施代理行为,或者被代理人知道或者应当知道代理人的代理行为违法未作反对表示的,被代理人和代理人应当承担连带责任。

③ 要写明代理权行使的有效期限。因为代理人实施代理行为时只需出具代理证书，只要代理证书没有收回，委托人又未公开声明代理证书无效，则代理人持代理证书对善意相对人的法律行为，其法律效果仍归于被代理人。因此，委托代理书必须写明代理权的行使期限。

9.4.3 撰写步骤

授权委托书分民事诉讼代理授权委托书和民事行为代理授权委托书，两者在制作上不尽相同。

（1）撰写民事诉讼代理授权委托书

民事诉讼代理的授权委托书一般由标题、委托人和受委托人的基本情况、委托代理事项、落款四个部分组成。

① 标题。授权委托书的标题一般十分简洁，直接标"授权委托书"即可。

② 委托人（被代理人）和受委托人（委托代理人）的基本情况。委托人（被代理人）和受委托人（委托代理人）的个人基本情况包括姓名、性别、年龄、民族、籍贯、职业、住址。

受委托人可以是当事人的近亲属，即夫妻、父母、成年子女和同胞兄弟姐妹，也可以是律师、人民团体和当事人所在单位推荐的人，或是人民法院许可的其他公民。未成年人或被剥夺政治权利的人，不能担任代理人；参与案件审理的审判员以及他们的近亲属，不能担任本案的代理人。

③ 委托代理事项。委托代理事项部分一般分两个层次写。

a.点明委托代理事项：要写明案件的名称，如离婚案、物业纠纷案、继承案或是经济合同纠纷案等。

b.具体说明委托的事项和权限：诉讼委托书应说明是特别授权委托还是一般委托。如果是特别授权委托，应说明其期限，如代为承认、放弃、变更诉讼请求、进行和解、提起原诉或者上诉。其目的是明确责任，以便受委托人按委托人明确的委托权限进行诉讼。如有超越代理权限的行为，对委托人不发生效力。

按照诉讼委托书中所规定的代理权所实施的一切诉讼行为，其法律后果均由委托人承担。因此，诉讼委托书在具体说明委托事项和权限时，其法律用语的含义应十分明确，不能笼统。

④ 落款。委托人和受委托人分别签名或盖章，注明具文日期（年、月、日）。

（2）撰写民事行为代理授权委托书

民事行为代理的授权委托书也由以上四个部分组成，其写法与诉讼代理大致相似，主要区别在于委托代理事项部分。委托事项部分的写作应根据具体情况表述。如果是一次性有效的委托书，应当规定实施某一特定行为的权限；如果是专门委托书，应当规定在某一时期内实施同一行为的权限（如某公司委托某人出售产品的委托书）；如果是全权委托书，应当规定实施由于经营财产所产生的各种法律行为的权限（如全权代理处理房产的委托书）。

9.4.4 范例分析

[授权委托书范例1]

理财委托书

建设银行证券营业部：

一、本人（机构）兹委托俞××（被授权人，身份证复印件附后）代理本人在贵营业部就证券交易有关业务活动，处理以下事项（可选择或详细填写）：

1.全权代理（包括：开户、委托证券交易、配股、申购新股、存取结算资金、申请指定交易、撤销指定交易、转托管、代领分红派息、销户及与证券交易有关的其他一切事项）；

2.交易代理（包括：委托证券交易、配股、申购新股）；

3.其他授权事项（由授权人选择填写）。

二、本委托书有效期限：

自本委托书签订之日起至本人向贵营业部书面撤销本委托书之日止。

三、本人郑重承诺：

1.被授权人具有合法的证券市场投资资格；

2.被授权人在上述授权范围及委托书有效期内所进行的操作，均视为本人操作行为，其后果由本人承担；

3.本授权书为授权方和被授权方之间委托代理法律关系的证明性文件，并可作为解决双方纠纷的有效依据；

4.本人郑重承诺本委托书内容真实、有效；

5.此委托书如需变更或撤销，需授权人前来营业部办理；

6.本授权委托书一式三份，授权人、被授权人、证券营业部各持一份，效力等同。

授权人（盖章）：　　　　被授权人（盖章）：

授权人身份证号码：　　　被授权人身份证号：

资金账户：

深圳A股账户：　　　　　深圳B股账户：

上海A股账户：　　　　　上海B股账户：

联系电话：

联系地址：

签订日期：2021年6月15日

授权委托书范例1分析

本授权委托书严格按授权委托书的格式书写，要点明白，委托事项清楚，授权事项与范围清楚明白，准确无误地交代了委托人与被委托人的责、权、利。

[授权委托书范例2]

授权委托书

委托人：廖××，工作单位××大学经济管理学院。

受委托人：张×，××诚信律师事务所，律师。

现委托张×在我与邹××关于遗产继承纠纷一案中，作为我的诉讼代理人参加诉讼。委托权限如下：

一、一般代理：（X）

二、全权代理：（J）

1.代为提起诉讼；2.代为答辩；3.代为承认、放弃、变更诉讼请求；4.代为调查收集证据；5.代为出庭参加诉讼；6.代为调解；7.代为和解；8.代为提起反诉；9.代收法律应用文。

授权人（签名）：　　　　　　　　被授权人（签名）：

授权人身份证号码：　　　　　　　被授权人身份证号码：

联系电话：　　　　　　　　　　　联系电话：

2022年2月9日

注：

1.本委托书供公民当事人委托参加诉讼的委托代理人用。

2.本委托书由委托人签名或盖章后递交人民法院。

授权委托书范例2分析

以上授权委托书严格按授权委托书的格式书写，要点明白，委托事项清楚，要言不烦，言简意赅。授权事项与范围清楚明白，准确无误地交代了委托人与被委托人的责、权、利。

9.4.5 练习应用

（1）填空题

① 根据授权行为主体，授权委托书可分为（　　）授权委托书和（　　）授权委托书。

②《中华人民共和国民法典》第一百六十七条规定，代理人知道或者应当知道代理事项违法仍然实施代理行为，或者被代理人知道或者应当知道代理人的代理行为违法未作反对表示的，（　　）和（　　）应当承担连带责任。

③ 民事诉讼代理授权委托书主要由（　　　　　　　　）四个部分组成。

（2）单选题

①（　　）不属于授权委托书应当载明的要素。

A.被授权人姓名

B.被授权办理的事项

C.被授权的权限

D.被授权人的收入

② 对授权委托书的相关内容，描述不正确的是（　　）。

A.根据招标项目的特点和需要，招标人或招标代理机构也可以要求投标人对授权委托书进行公证

B.法定代表人应在授权委托书上亲笔签名

C.授权委托书一般规定代理人可以再次委托

D.授权委托书中写明投标人名称、法定代表人姓名、代理人姓名、授权权限和期限等

③ 关于授权委托书，（　　）为描述不正确。

A.除合同相对方公司的法定代表人外，其他任何代为签字人员均须提供授权委托书

B.授权委托书中需写明授权人和被授权人信息、授权权限、授权期间以及是否可以转委托

C.直系亲属之间可以不提供授权委托书，直接代为行使相关权利

D.授权事项必须明确具体，写明具体工程及授权办理业务内容

④ 授权委托书必须记明（　　）。

A.委托事项和权限　　B.起诉的时间　　　C.起诉的理由　　　D.起诉的证据材料

（3）问答题

① 简述授权委托书的概念。

② 简述授权委托书的功能。

③ 简述授权委托书的基本要素。

（4）应用题

注册于中华人民共和国的××有限公司现授权林×（总经理）为本公司的合法代理人，就2022年住宅楼节能改造工程的投标，以本公司名义处理一切与之有关的事务。请你代××有限公司代拟一份授权委托书。

任务9.5　撰写法律类申请书

9.5.1　任务描述

了解法律类申请书的概念、制作的基本格式，掌握法律类申请书写作的基本要求。体味例文，模拟写作，培养撰写各种法律类申请书的能力和法律意识。

9.5.2　相关知识

9.5.2.1　法律类申请书的概念

法律类申请书是指依照程序法的有关规定，享有法定权利的一方当事人在诉讼开始前或者诉讼进行中，为保护其合法权益，向人民法院申请允许实施或制止某种法律行为及确认某项法律事实的法律文书。法律类申请书的使用有利于维护法律的严肃性与权威性，有利于保护当事人的合法权益。

9.5.2.2 撰写法律类申请书的注意事项

① 当事人提出的申请，必须具有法律依据。有的是法律有明文规定的事项，有的要依据法院的判决或裁定。

② 当事人提出的申请，一定要掌握时限性。有的要根据诉讼进展情况而采取必要的法律行为，有的是法律有明确规定的期限。

③ 法律申请书具有固定的程式与具体的内容，书写者必须遵照执行。

9.5.3　撰写步骤

（1）撰写首部

① 标题。法律申请书的标题通常采用应用文式标题，用文种加内容中心词，如"法律援助申请书""司法鉴定申请书""执行申请书""刑事再审申请书"。

② 当事人基本情况。分别写清申请人和被申请人的基本情况，包括姓名、性别、年龄、民族、现职及家庭住址。如果被申请人是法人，写明其名称、所在地址、法定代表人或主要负责人的姓名和职务、电话号码、邮政编码等。

（2）撰写主体

① 请求事项。通常与申请书标题相联系。如"撤诉申请书"应写明"请求撤销对××案的起诉"。

② 事实和理由。要写清申请内容的法律依据及与请求事项相联系的具体事实，并对请求事实进行分析论证，提供相应的证据。

（3）撰写尾部

写呈送的人民法院名称、申请人署名及时间、附件的名称及份数。

9.5.4　范例分析

请扫描二维码进行相关内容的学习。

学习笔记

9.5.5　练习应用

（1）填空题

① 我国法律规定，发生法律效力的民事判决、裁定，当事人必须履行。一方拒绝履行的，对方当事人可以向人民法院申请执行。但只有当事人提交（　　）申请书，法院才能启动强制执行程序。

② 先予执行申请书是指民事诉讼的权利人因生活、生产、经营急需或其他急需等法定事由，在人民法院受理案件后（　　）判决前，请求人民法院责令义务人预先履行义务的法律应用文。

③ 宣告死亡申请书必须说明申请被宣告死亡人的（　　）、申请人与被申请人的（　　）。

④ 取保候审申请书由委托律师代写的，以（　　）的名义为被捕的人申请取保候审。

⑤ 回避申请书主要阐明当事人请求被申请人回避的（　　），被申请人具有法律规定应当回避的具体情形，有何事实材料予以证明。

（2）单选题

① 诉前财产保全申请须具备的条件有（　　）。
A. 利害关系人因情况紧急，不立即申请财产保全将会使其合法权益受到难以弥补的损
B. 无须利害关系人提出
C. 申请人不必提供担保

② 管辖异议申请书提出的主体必须是本案的（　　）。
A. 当事人　　　　　　B. 原告　　　　　　C. 人民法院　　　　　　D. 人民检察院

③ 宣告死亡申请书必须说明申请被宣告死亡人死亡的（　　）。
A. 时间　　　　　　B. 收入　　　　　　C. 原因和理由　　　　　　D. 被申请人的年龄

（3）问答题

① 简述管辖异议申请书应满足的条件。
② 简述通知证人到庭作证申请书的概念。
③ 取保候审申请书需要写明哪些基本信息？

------- 项 目 评 价 -------

针对此项目，相应的项目考核评分细则参见表9.1。

表9.1　评分细则

维度	评分标准	得分
知识 （30分）	（1）熟悉起诉状、答辩状、授权委托书、法律申请书的概念、功能、分类、特点等（15分） （2）掌握各类法律文书写作的基本要求、撰写思路等（15分）	
能力 （40分）	（1）具备较高的解构、识别、归因、预判及综合的能力（10分） （2）具备较高的法律分析、逻辑推理与事实论证的能力（10分） （3）具备较强的口头表达与人际沟通交往能力（10分） （4）能正确撰写起诉状、答辩状、授权委托书、法律申请书等法律文书（10分）	
素质 （30分）	（1）具备尊重法律、捍卫法治价值、信仰法治理念的思想精神（10分） （2）具备脚踏实地讲事实、讲法律、讲证据、讲政治的工作作风（10分） （3）具有较强的话语策略能力、巧妙的法律修辞能力、精妙诘问与辩论的技巧、完美书写的技巧能力（10分）	
合计		

注：每项内容的得分不得超过该项的配分。

项目 9-
练习应用 - 参考答案

参考文献

[1] 邵美华，梅敬. 应用文写作[M]. 北京：机械工业出版社，2012.
[2] 黄高才. 常见应用文写作暨范例大全[M]. 北京：中国人民大学出版社，2012.
[3] 王轩. 现代应用文写作大全[M]. 北京：金盾出版社，2015.
[4] 夏晓鸣，张剑平. 应用文写作[M]. 北京：首都经济贸易大学出版社，2018.
[5] 刘畅. 新编现代应用文写作与范例大全[M]. 北京：清华大学出版社，2015.
[6] 贾勇. 应用文写作[M]. 北京：北京理工大学出版社，2012.
[7] 岳海翔. 专业化：最新公文写作人员能力培训速成大全[M]. 北京：东方出版社，2020.
[8] 陈涛涛. 党政机关公文写作处理：规范方法与范本党员干部从政必备的基本功[M]. 4版. 北京：中国法制出版社，2021.
[9] 欧阳旭辉. 新时代党支部常用公文范例实用手册[M]. 北京：研究出版社，2018.
[10] 陈洪山. 公务文书写作指南[M]. 北京：电子工业出版社，2021.
[11] 《实用公文写作与经典范例》编写组. 实用公文写作与经典范例[M]. 北京：化学工业出版社，2022.
[12] 黄晓明. 最新日常公文处理一本通（下册）[M]. 北京：中共中央党校出版社，2021.
[13] 岳海翔. 公文写作指南与范例[M]. 北京：中共中央党校出版社，2022.
[14] 李百川. 应用文写作教程[M]. 北京：机械工业出版社，2017.
[15] 刘金同. 应用文写作教程[M]. 北京：清华大学出版社，2022.
[16] 林红卫，李康. 现代应用文写作[M]. 北京：机械工业出版社，2022.
[17] 周蓓新. 社交文书写作模板与范本[M]. 北京：中国纺织出版社，2016.
[18] 夏晓鸣. 应用文写作[M]. 上海：复旦大学出版社，2008.
[19] 高智. 新编大学实用文体写作教程[M]. 合肥：中国科学技术大学出版社，2021.
[20] 顾涵. 电气信息类专业毕业设计（论文）指导教程[M]. 北京：科学出版社，2018.
[21] 顾菊芬，李俊. STC15系列可仿真单片机项目化应用教程（C语言）[M]. 北京：机械工业出版社，2016.
[22] 吴延熊、黄勇. 信息检索[M]. 北京：中国传媒大学出版社，2010.
[23] 黄如花. 信息检索[M]. 武汉：武汉大学出版社，2019.
[24] 姚中平，张善杰，李军华. 现代信息检索[M]. 上海：上海交通大学出版社，2019.
[25] 黄丹. 职场写作实训：公务员实用写作[M]. 北京：中国人民大学出版社，2012.
[26] 李展. 高职应用文写作[M]. 北京：中国人民大学出版社，2015.
[27] 王正东. 应用文写作[M]. 北京：石油工业出版社，2007.
[28] 张帅旗，李泽华. 应用文写作[M]. 北京：高等教育出版社，2012.
[39] 张瑞年，张国俊. 应用文写作大全[M]. 北京：商务印书馆，2018.
[30] 梁国英. 大学生应用文写作实训教程[M]. 北京：北京师范大学出版社，2015.
[31] 任万强. 电工电子技术实验与实训（第二版）[M]. 北京：水利水电出版社，2015.